Política externa e democracia no Brasil

FUNDAÇÃO EDITORA DA UNESP

Presidente do Conselho Curador
Mário Sérgio Vasconcelos

Diretor-Presidente
José Castilho Marques Neto

Editor-Executivo
Jézio Hernani Bomfim Gutierre

Assessor Editorial
João Luís Ceccantini

Conselho Editorial Acadêmico
Alberto Tsuyoshi Ikeda
Áureo Busetto
Célia Aparecida Ferreira Tolentino
Eda Maria Góes
Elisabete Maniglia
Elisabeth Criscuolo Urbinati
Ildeberto Muniz de Almeida
Maria de Lourdes Ortiz Gandini Baldan
Nilson Ghirardello
Vicente Pleitez

Editores-Assistentes
Anderson Nobara
Jorge Pereira Filho
Leandro Rodrigues

Dawisson Belém Lopes

Política externa e democracia no Brasil
ensaio de interpretação histórica

© 2013 Editora Unesp

Fundação Editora da Unesp (FEU)
Praça da Sé, 108
01001-900 – São Paulo – SP
Tel.: (0xx11) 3242-7171
Fax: (0xx11) 3242-7172
www.editoraunesp.com.br
www.livrariaunesp.com.br
feu@editora.unesp.br

CIP–Brasil. Catalogação na publicação
Sindicato Nacional dos Editores de Livros, RJ

L855p

Lopes, Dawisson Belém
    Política externa e democracia no Brasil: ensaio de interpretação histórica / Dawisson Belém Lopes. – 1. ed. – São Paulo: Editora Unesp, 2013.

    ISBN 978-85-393-0411-0

    1. Ciência política. 2. Brasil – Relações exteriores. 3. Política internacional. 4. Democracia – Brasil. I. Título.

13-00595   CDD: 320
                                                                            CDU: 32

Este livro contou com o apoio da Fundação de Amparo à Pesquisa do Estado de Minas Gerais (Fapemig).

Editora afiliada:

A Patrícia, esposa –
a alegria de viver.
A Pedro, Ana e Aline, pais e irmã –
a melhor parte de mim.

Essa perturbadora ausência/distância/exclusão das grandes maiorias na elaboração ou, pelo menos, na discussão e vigilância da política externa brasileira, talvez seja menos a expressão da apatia das massas em relação aos problemas internacionais e muito mais a característica da relação dirigentes-dirigidos na experiência histórica nacional. A competência específica de nossas elites políticas na condução da política exterior, dada por sua vivência internacional, exibe uma notável continuidade no tempo: seu cosmopolitismo excludente constitui, no plano das relações internacionais, a cara moderna de um coração conservador. Assim foi, assim é, e, ao que tudo indica, assim será.

Gerson Moura
Sucessos e ilusões, Ed. FGV, 1991, p.X

Sumário

Prefácio XI
Embaixador Celso L. N. Amorim

Agradecimentos XVII

Relação de figuras, siglas e abreviações XIX

Introdução 1

1 A análise da política externa
brasileira em evolução 11

2 Os avanços e retrocessos nas propostas de
democratização da política externa brasileira
entre 1985 e 2010 31

3 Política externa e democracia:
conexões *in abstracto* 83

4 Política externa brasileira e democracia:
relacionamento difícil 141

5 Rearranjando fatores: uma hipótese (residual)
para entender o Brasil 209

Conclusão – Uma nova estratégia de legitimação
para a política externa brasileira?   269

Anexos   293

Referências bibliográficas   313

Prefácio

Embaixador Celso L. N. Amorim[1]

A elevação da estatura internacional do Brasil na última década foi inseparável do fortalecimento de nossa democracia. Um intelectual de esquerda, um líder sindical e uma ex-guerrilheira foram eleitos sucessivamente para a Presidência da República, em um contexto de plenas liberdades individuais. No governo do presidente Lula, crescimento econômico e inclusão social tiveram como pano de fundo um sistema político maduro para gerar um ritmo até então inédito de prosperidade no país.

A política externa *ativa e altiva* que me coube conduzir não só foi possibilitada por essa nova conjuntura, como também a fortaleceu. Iniciativas como a criação de um mecanismo de diálogo entre as três maiores democracias do Sul (o Fórum IBAS, reunindo Índia, Brasil e África do Sul) reafirmaram nossa identidade democrática no plano externo, enquanto a cláusula democrática assinada no âmbito da União de Nações Sul-Americanas (Unasul) reforçou o quadro jurídico de apoio aos regimes democráticos em nossa região. A democratização das instituições da

---

1 Ministro de Estado das Relações Exteriores (1993-1995 e 2003-2011) e da Defesa (desde 2011) da República Federativa do Brasil.

governança global, como forma de reforçar a igualdade soberana entre os Estados e ampliar a voz de países em desenvolvimento, também constituiu bandeira permanente do nosso governo.

A política externa se tornou um tema presente no debate público dos últimos anos. Não foi a primeira vez que a diplomacia alcançou as preocupações do cidadão comum. Recordo, em minha juventude, da enorme repercussão da chamada Política Externa Independente de Afonso Arinos e San Tiago Dantas. O interesse se devia ao desassombro e retidão com que o Brasil se posicionou em relação à questão da suspensão de Cuba da Organização dos Estados Americanos (OEA) – e não faltaram críticas à orientação autonomista daquele grande chanceler. Tendo o privilégio de comparar duas experiências à frente do Itamaraty, posso notar que tem havido uma intensificação do debate sobre a nossa política externa. Da primeira vez em que fui ministro, no governo do já saudoso presidente Itamar Franco, a política externa não atraía os olhares nem a atenção da opinião pública que veio a conquistar recentemente. Suspeito que essa mudança possa ser, em boa medida, atribuída à consolidação da nossa democracia e ao crescente papel que o Brasil vem desempenhando nas relações internacionais.

No governo do presidente Lula, as posições independentes do Brasil suscitaram polêmicas, até porque toda inovação é polêmica. Mas também conquistaram muito apoio por parte da nossa população – apoio esse que pude sentir ao conversar com pessoas na rua, com nossos parlamentares, em meus contatos com os estudantes nas universidades etc. Mais importante, tanto o dissenso quanto a aprovação ocorreram em um regime de plena liberdade de expressão que minha geração aprendeu a valorizar.

É desse cenário de politização da política externa que a obra de Dawisson Lopes se ocupa. Com lastro empírico e solidez analítica, o autor traça um amplo panorama histórico e teórico do sistema de formulação da política externa brasileira, apontando limites, dilemas e potenciais do processo de democratização dessa política – afinal – pública. O jovem professor mineiro procura construir uma solução dialética entre os conceitos originários de *democracia* e de *república* em nossa história diplomática. Trata-se de uma contribuição valiosa para um debate ainda incipiente no país.

É antiga a tensão entre as relações exteriores como política de Estado ou como política de governo. Não pretendo dar-lhe solução teórica: tal tarefa é dos acadêmicos. Claro está, entretanto, que a influência da sociedade na produção da política externa é hoje um fato inegável – e bem-vindo. A começar pelos programas de política externa dos candidatos à Presidência, passando pelos extensos debates nacionais acerca dos temas na ordem do dia, a participação cidadã não apenas legitima as decisões do Itamaraty como também confere credibilidade às nossas posições negociadoras. É nesse jogo político interno que os posicionamentos externos possíveis se desenham e se fortalecem.

Evidentemente, toda política externa tem de estar atenta a interesses imediatos ou setoriais. Mas posso dizer que, na diplomacia do governo Lula, não se permitiu que tais interesses se sobrepusessem a imperativos mais amplos, de longo prazo, do nosso interesse nacional. Jamais me furtei a prestar contas ao Congresso Nacional, em todos os momentos. Dialogamos com sindicatos, ONGs, empresários, movimentos sociais. Mantivemos um canal permanentemente aberto com a mídia, particularmente nos momentos em que esta se mostrava especialmente crítica. Na área comercial, abrimos nossas delegações a conferências internacionais e representantes de diferentes setores. Organizamos conferências com a academia, facilitando, assim, um rico intercâmbio de ideias entre operadores e analistas de nossa política externa. O Itamaraty não escapou do ímpeto irresistível das mídias sociais: está hoje no *Facebook*, no *Twitter* e no *Youtube*, ampliando os canais de diálogo e prestação de contas com a sociedade.

Não é exagero falar em uma "arte da diplomacia". Mais do que minúcias técnicas, que não deixam de ser importantes, ela engloba a prudência e o conhecimento especializado. Como na metáfora de Platão sobre o timoneiro, aliás, retomada por Dawisson Lopes nesta obra, o diplomata também detém qualificações especiais para a execução de seu ofício. Mas isso não exime os responsáveis pela diplomacia de ouvir diferentes opiniões, tampouco de buscar refletir, ou mesmo antecipar, os sentimentos do povo. A tomada de decisões deve considerar esses insumos como um fator a ser ponderado junto àqueles ligados ao juízo mais especializado dos profissionais da área.

A eleição do presidente Lula em 2002 trouxe consigo, além de todos os sinais de que nossa democracia amadurecia, um sentido de autoestima que a política externa deveria converter em fonte de energia. Afinal, nosso governo havia recebido das urnas um mandato de transformações, do qual o Itamaraty jamais se distanciou.

Outro desafio para a democratização da política externa está na composição do serviço exterior brasileiro. E é possível dizer sem hesitação que um legado do governo Lula foi aprofundar a democratização do Ministério das Relações Exteriores. Reforçamos os programas de ação afirmativa iniciados no governo anterior; no concurso de admissão, equiparamos o peso da avaliação dos conhecimentos de língua inglesa ao das demais matérias exigidas em caráter eliminatório, como forma de ampliar as condições de acesso à carreira diplomática (sem que, com isso, o certame tenha se tornado infimamente mais fácil); aumentamos o número de vagas do concurso, diversificando a proveniência dos novos funcionários e ampliando os quadros do Itamaraty; e adotamos uma política de promoção funcional de modo a não criar dificuldades artificiais a afrodescendentes ou a mulheres. Um dos últimos atos administrativos em minha gestão à frente do Itamaraty foi a adoção de cotas para afrodescendentes na primeira fase do concurso de admissão ao Instituto Rio Branco.

Medidas como essas alteraram a percepção que os jovens têm hoje da política externa, democratizaram o *ethos* da instituição e geraram novos modelos a serem seguidos, por exemplo, pelo impacto da nomeação de embaixadoras para alguns de nossos principais postos multilaterais no exterior. Um serviço exterior mais representativo da população brasileira colabora para estreitar o relacionamento entre a nossa política externa e a sociedade.

Dentro do Itamaraty, procuramos igualmente preservar um ambiente plural, com garantias à liberdade de expressão. Exemplos dessa determinação, os jovens diplomatas do Instituto Rio Branco criaram e mantêm uma revista anual, a *Juca*, para a qual podem escrever livremente, sem qualquer forma de censura ou constrangimento. Na minha geração, mesmo antes de 1964, uma iniciativa dessa natureza seria impensável.

A democratização ocorreu, e seguirá ocorrendo, fora e dentro do Itamaraty. Como observa provocadoramente Dawisson Lopes, a inevitabilidade desse processo coloca dilemas para a condução da política externa. A mediação entre interesses variados e entre objetivos de curto e de longo prazo seguirá importante para a diplomacia de um país que, cada vez mais, procurará influir sobre os destinos do mundo, de modo a torná-lo mais justo e democrático.

Rio de Janeiro, 1º de outubro de 2011.

Agradecimentos

Este livro é produto de incontáveis colaborações – interações construtivas, diretas e indiretas, deliberadas ou não. Temo não conseguir listar nominalmente, na sequência, todos aqueles que participaram, de um jeito ou de outro, da concepção deste trabalho. Prometo tentar ser equilibrado nas menções, mas não garanto, infelizmente, a justeza dos resultados...

Sou profundamente grato a minha esposa, Patrícia, pela desmesura do seu amor, por acreditar no meu sonho, por cultivar a paciência oriental ao longo desses 14 anos de relacionamento, pelas noites insones, por cada pequeno gesto de incentivo aos meus esforços. Agradeço penhoradamente a meus pais, Pedro e Ana, pelas oportunidades proporcionadas no decorrer de minha vida, os sacrifícios pessoais e a retidão moral, e as aulas de gramática da língua portuguesa (nem tão bem assimiladas pelo aluno, a despeito da qualidade da docência); e a minha irmã, Aline, agradeço o companheirismo e o carinho, as risadas cúmplices, o testemunho tão próximo e fiel do que foram os trinta e poucos anos que agora acumulo.

Sou, evidentemente, grato a minha orientadora de doutorado, Maria Regina Soares de Lima, pelas apuradas lições sobre política internacional e pelo notável rigor científico. Agradeço aos embaixadores Celso Luiz Nunes Amorim, Gelson Fonseca Jr., Luiz Felipe Lampreia e Rubens Ricupero, e ao ministro Alexandre Parola, pela disponibilidade demonstrada e prontidão em colaborar com a feitura deste livro. Sou agradecido aos professores Antonio Jorge Ramalho, Carlos Aurélio Pimenta de Faria, Cesar Guimarães, Letícia Pinheiro e Marcelo Jasmin pelos substanciosos comentários feitos às distintas versões deste trabalho. Aos diplomatas Filipe Nasser e Luiz Feldman sou gratíssimo pelas leituras cuidadosas do meu manuscrito e por me abastecerem, ao longo dos anos, de material e de conselhos preciosos. Agradeço ainda ao professor Guilherme Casarões, parceiro de tantas empreitadas acadêmicas, por ser sempre um rico interlocutor para os assuntos de política externa e internacional.

Uma nota de gratidão vai para os colegas da Universidade de Itaúna, do Centro Universitário de Belo Horizonte, da PUC Minas e da Universidade Federal de Minas Gerais, pelo apoio moral e logístico. Dentre os que generosamente contribuíram com seu tempo e intelecto para o desenvolvimento desta obra, permito-me também citar: Alexandra Nascimento, Alysson Parreiras, André Luiz Coelho, Aziz Saliba, Bruno Reis, Carlos Frederico Gama, Cesar Kiraly, Geraldine Duarte, Renata Bichir, Rogério Farias, Túlio Ferreira, Tullo Vigevani e Wantuil Barcelos. A vocês o meu "muito obrigado".

Estendo os agradecimentos aos meus alunos de graduação e de pós-graduação, em especial os que cursaram as disciplinas de "Política Externa Brasileira", por transformarem nossas aulas em um laboratório profícuo de reflexões e experimentações sobre meu objeto de pesquisa.

Ressalto, por fim, que sem o apoio financeiro da Fundação de Amparo à Pesquisa do Estado de Minas Gerais, esta publicação não teria sido viabilizada.

Relação de figuras, siglas e abreviações

Figuras

Figura 1: Sistema de política externa de Israel segundo Brecher   23

Figura 2: Organograma resumido do Ministério das Relações Exteriores 185

Figura 3: Média anual de ausências do país dos presidentes do Brasil 196

Siglas e abreviações

ABDI: Agência Brasileira de Desenvolvimento Industrial.

Afepa: Assessoria Especial de Assuntos Federativos e Parlamentares.

AG ou AGNU: Assembleia Geral das Nações Unidas.

Alca: Área de Livre Comércio das Américas.

Alcsa: Área de Livre Comércio Sul-Americana.

APE: Análise de Política Externa.

Arena: Aliança Renovadora Nacional.

Bird: Banco Internacional de Reconstrução e Desenvolvimento ou Banco Mundial.

BNDES:	Banco Nacional de Desenvolvimento Econômico e Social.
CACD:	Concurso de Admissão à Carreira Diplomática.
CEE:	Comunidade Econômica Europeia.
CF/88:	Constituição Federal de 1988.
CNI:	Confederação Nacional da Indústria.
CNPEPI:	Conferência Nacional sobre Política Externa e Política Internacional.
CNPq:	Conselho Nacional de Desenvolvimento Científico e Tecnológico.
Conare:	Conselho Nacional de Refugiados.
EBA:	Estado Burocrático Autoritário.
Embrapa:	Empresa Brasileira de Pesquisa Agropecuária.
ERE:	Escritório Regional do Ministério de Relações Exteriores do Brasil.
EUA:	Estados Unidos da América.
FCES:	Fórum Consultivo Econômico e Social do Mercosul.
Fiemg:	Federação das Indústrias do Estado de Minas Gerais.
Fiesp:	Federação das Indústrias do Estado de São Paulo.
Fiocruz:	Fundação Oswaldo Cruz.
FMI:	Fundo Monetário Internacional.
Funag:	Fundação Alexandre de Gusmão.
G-20:	Grupo de 20 Países com Interesses Comuns na Área Agrícola.
Gici:	Grupo Interministerial de Trabalho sobre Comércio Internacional de Mercadorias e de Serviços.
GNC:	Governos Não Centrais.
IBGE:	Instituto Brasileiro de Geografia e Estatística.
Inpe:	Instituto Nacional de Pesquisas Espaciais.
IPCA:	Índice Nacional de Preços ao Consumidor Amplo.
Ipea:	Instituto de Pesquisa Econômica Aplicada.
Ipri:	Instituto de Pesquisas de Relações Internacionais.
IRBr:	Instituto Rio Branco.
Iuperj:	Instituto Universitário de Pesquisas do Rio de Janeiro.

LRF:	Lei de Responsabilidade Fiscal.
MDB:	Movimento Democrático Brasileiro.
Mercosul:	Mercado Comum do Sul ou Mercado Comum do Cone Sul.
Minustah:	Missão das Nações Unidas para a Estabilização do Haiti.
MNE:	Ministério dos Negócios Estrangeiros do Brasil.
Mofa:	Ministério das Relações Exteriores do Japão.
MRE:	Ministério das Relações Exteriores do Brasil.
OCDE:	Organização para Cooperação e Desenvolvimento Econômico.
OEA:	Organização dos Estados Americanos.
OI:	Organizações Internacionais.
OMC:	Organização Mundial do Comércio.
ONG:	Organização Não Governamental.
ONU:	Organização das Nações Unidas.
Opaq:	Organização para a Proibição de Armas Químicas.
Osce:	Organização para a Segurança e Cooperação na Europa.
Otan:	Organização do Tratado do Atlântico Norte.
PDS:	Partido Democrático Social.
PDT-AM:	Partido Democrático Trabalhista / Amazonas.
PEB:	Política Externa Brasileira.
PMDB:	Partido do Movimento Democrático Brasileiro.
PSDB:	Partido da Social Democracia Brasileira.
PT:	Partido dos Trabalhadores.
PV-RJ:	Partido Verde / Rio de Janeiro.
Senalca:	Seção Nacional de Consulta sobre a Alca.
Seneuropa:	Seção Nacional de Consulta sobre a União Europeia.
STF:	Supremo Tribunal Federal.
TNP:	Tratado de Não Proliferação Nuclear.
UE:	União Europeia.
Unasul:	União das Nações Sul-Americanas ou União Sul-Americana de Nações.
USP:	Universidade de São Paulo.

Introdução

"Quem te viu, quem te vê... Ninguém dava a menor bola para assuntos internacionais e de defesa, nem mesmo políticos, muito menos candidatos, mas essa tendência vem se invertendo desde a campanha presidencial de 2006, e são dois temas que têm tudo para render bons debates com os presidenciáveis de 2010."

Eliane Cantanhêde
"Novidades nos palanques", *Folha de S.Paulo*, 1º out. 2009, p.A2

"Já faz tempo que a política internacional deixou de ser um campo exclusivo dos especialistas e dos diplomatas. Mas só recentemente a política externa passou a ocupar um lugar central na vida pública e no debate intelectual brasileiro. E tudo indica que ela deverá se transformar num dos pontos fundamentais de clivagem, na disputa presidencial de 2010."

José Luís Fiori
"O debate da política externa: os conservadores",
Carta Maior, 4 dez. 2009

"Um dos grandes desafios para o século XXI brasileiro é a construção de uma política externa global, que enfrente os desafios da nova ordem internacional. Um bom caminho para dar início a essa discussão é aproveitar a próxima eleição e, pela primeira vez, transformar a política externa em tema eleitoral."

Marco Antonio Villa
"Saudades do barão", *Folha de S.Paulo*, 4 out. 2009, p.A3

"O povo brasileiro vem ganhando crescente interesse pelas grandes questões internacionais, assunto antes restrito a uma pequena elite. Ironicamente, parte do interesse deriva do comportamento da oposição de direita, que não perde oportunidade para atacar a política externa do governo Lula e a política de relações internacionais do Partido dos Trabalhadores. Em 2006, por exemplo, Geraldo Alckmin atacou a Bolívia; em 2009, José Serra deu apoio implícito ao golpismo em Honduras."
Secretaria de Relações Internacionais do PT
"Projeto de resolução apresentado ao IV Congresso do PT",
18-20 fev. 2010

"Se o PSDB acha que pode disputar uma eleição presidencial denunciando o contubérnio nuclear de Lula com o presidente iraniano Mahmoud Ahmadinejad, problema dele. Como ensinava Ulysses Guimarães: 'O Itamaraty só dá (ou tira) voto no Burundi'."
Elio Gaspari
"Serra joga parado, mas quer preferência",
Folha de S.Paulo, 3 mar. 2010, p.A8

As citações que reproduzimos como epígrafe desta Introdução dão conta da efervescência do problema de pesquisa sobre o qual decidimos nos debruçar. Tal qual a chama bruxuleante de uma vela, o tema da política externa no Brasil, apesar de não ter a intensidade ou a luminosidade de outras questões da agenda pública contemporânea, é potencialmente incendiário. Como já perceberam alguns dos comentaristas de vários dos grandes veículos da imprensa nacional, bem como líderes partidários, o tema talvez corresponda, num futuro não muito distante, ao centro de gravidade de nossa política na via eleitoral. Da leitura dos excertos selecionados, o leitor certamente depreenderá que o eixo da alta política institucional brasileira se deslocou, vindo a incorporar as preocupações com a dimensão das relações internacionais do país. Não era sem tempo.

Antes, é preciso salientar, a pretexto da metodologia empregada neste trabalho, a dificuldade inerente a toda tentativa de operar com um tema cujas propriedades se modificam ao passo que dele nos inteiramos. Isso acontece exatamente porque, como já ensinavam Peter Berger e Thomas Luckmann na década de 1960,[1] somos agentes sociais e, nessa condição, ajudamos a construir e a reconstruir a realidade social ao redor. Todavia, quando o fazemos, também sabotamos, parcialmente, nossa própria investigação.

Trato de me explicar: seria ingênuo crer que, ao me envolver (academicamente) com ações políticas humanas, delas não venha a tomar parte, moralmente que seja. E, bem ou mal, ao tomar parte, modifico meu objeto, ainda que não o pretenda. Essa é a inevitável ciranda a que todo pesquisador das ciências sociais e humanas está aprisionado. E todo cuidado metodológico, embora imprescindível, parece pouco. Desde o século XVIII, pelo menos, a proposição kantiana é bem conhecida: a realidade que percebemos é mediada, necessariamente, por categorias valorativas. Daí o inescapável embebimento social (*social embeddedness*) de qualquer visão do mundo – mesmo daquela que se pretenda axiologicamente isenta.

A fim de emprestar um pouco mais de precisão e riqueza de detalhes àquilo que é problematizado nesta obra, além da relativamente extensa revisão bibliográfica, entrevistei alguns dos artífices da política externa brasileira ao tempo da Nova República. Agrupei-os em um hipotético consórcio de elaboradores do "pensamento diplomático brasileiro" da contemporaneidade, adotando, como critério para admissão ao seleto grupo, a influência exercida pelos constructos intelectuais (discursos, artigos, livros, conceitos) dos respectivos autores, todos eles membros

---

1 Referência ao clássico de Berger e Luckmann, *The Social Construction of Reality*.

(atuais ou pretéritos, profissionais ou eventuais)[2] da corporação diplomática nacional. Ao fazê-lo, espero ter me aproximado – e não me distanciado – do centro do alvo, em que pese a argumentável arbitrariedade do método. Para mais, acredito sinceramente que o time de entrevistados – a saber, o ministro Alexandre Parola e os embaixadores Celso Amorim, Gelson Fonseca Jr., Luiz Felipe Lampreia e Rubens Ricupero – corresponda, em boa medida, ao farol intelectual pelo qual se tem guiado o Itamaraty nos últimos tempos.[3] Seu protagonismo pode mensurar-se por diferentes quesitos objetivos, bem como ser afiançado, intersubjetivamente, por estudiosos do assunto e diplomatas de carreira. Eis a aposta do investigador.

Há também algo a esclarecer a respeito de nosso corte cronológico. A opção por estudar a Nova República brasileira – ou seja, de 1985 até os dias correntes – justifica-se por razões pessoais e acadêmicas. Trata-se, antes de tudo, do tempo histórico vivido por este pesquisador e espectador dos acontecimentos. Além disso, o ano de 1985 é um marco razoavelmente consensual entre

---

2 No Brasil, é facultada ao Poder Executivo a indicação política de embaixadores e do próprio ministro das Relações Exteriores. Ou seja: a rigor, não se requer de um embaixador ou do chanceler brasileiro trilhar, previamente, uma carreira dentro da burocracia itamaratyana.

3 De maneira até um tanto incidental, devo confessar, a relação de entrevistados contemplou, em termos funcionais e cronológicos, boa parte do período da Nova República. Senão, vejamos: Ricupero foi assessor para assuntos internacionais do presidente eleito Tancredo Neves, entre 1984 e 1985, e assessor presidencial de José Sarney entre 1985 e 1987; Fonseca Jr. assessorou a Presidência da República durante os anos de governo Collor de Mello, entre 1990 e 1992; Amorim foi chanceler de Itamar Franco, entre 1993 e 1994; Lampreia foi ministro das Relações Exteriores do Brasil durante todo o primeiro mandato de Fernando Henrique Cardoso e além, de 1995 a 2000; paralelamente, Fonseca Jr. foi assessor-chefe da Assessoria Especial da Presidência da República, entre 1995 e 1999; Parola foi porta-voz da Presidência da República no biênio 2001-2002, já no segundo mandato de Cardoso; e Celso Amorim ocupou-se da chefia do Ministério das Relações Exteriores de 2003 a 2010, nos dois mandatos de Lula da Silva.

os analistas políticos, por condensar uma série de mudanças institucionais – e mesmo comportamentais – na sociedade brasileira.[4] Finalmente, o período da redemocratização pela via formal no Brasil coincide com o corte cronológico/epistemológico mais amplo das relações internacionais contemporâneas, que passaram a ser estudadas, dentro das universidades, de modo bifásico: antes e depois da queda do Muro de Berlim (em 1989). A ordem internacional após a Guerra Fria é aquela em que o país vê se consolidarem seus institutos democráticos.

Sublinho que tópicos de conjuntura são e sempre serão "alvos móveis" para o acadêmico, pois nada garante que, enquanto se evolui no conhecimento do objeto, este não alterará substancialmente a sua natureza, tornando a pesquisa datada ou, ainda mais grave, a hipótese principal irremediavelmente falida. A proposta de estudar a plausibilidade de uma política externa democrática no Brasil contemporâneo, isto é, de 1985 até *os dias atuais*, guarda um sentido, digamos, literal. No corpo do texto, reafirmamos a todo instante essa característica "presentista", recorrendo a epígrafes frescas para introduzir as seções do trabalho, a maioria das quais, diga-se de passagem, extraída de jornais e periódicos circulados há, no máximo, cinco anos. Ao enunciar os desafios da empreitada, não pretendo me escusar antecipadamente pelas prováveis complicações que enfrentarei. Assumo os riscos e convictamente "dobro a aposta", pois confio no potencial desta agenda de pesquisa.

Em obra clássica do início do século XX intitulada *Diplomacy*, o diplomata britânico Harold George Nicolson anunciava que,

---

4 A título de ilustração: se considerarmos uma margem de uma década (os anos 1980), somos capazes de identificar, dentre outros importantes episódios da recente história nacional, o fim do bipartidarismo, a reintrodução do multipartidarismo, a campanha "Diretas Já!", o fim da ditadura militar, a eleição de Tancredo Neves, a posse de José Sarney, a promulgação da Constituição Federal de 1988 e a realização das eleições diretas em 1989, entre outros.

ao tradicional padrão diplomático absolutista, começava a se sobrepor a "diplomacia democrática", em um processo cujas motivações lhe pareciam bastante lógicas: "o diplomata, na sua condição de funcionário do serviço civil, depende do secretário das Relações Exteriores; este, por ser membro do gabinete, depende da maioria do parlamento; e o parlamento, por ser uma assembleia representativa, depende da vontade do povo soberano". Nicolson apontava com clareza a cadeia de legitimação política necessária para a estruturação de uma sociedade moderna dentro dos moldes democráticos, embora também reconhecesse, sem embargo, a dificuldade de construir mecanismos capazes de "democratizar" efetivamente o exercício da política exterior. Resignado, o autor confessava, ao fim de seu livro, que, até aquele momento, "a diplomacia democrática *ainda* não havia descoberto a própria fórmula" (apud Pereira, 2008, p.790; grifo nosso).

A verdade é que os anos se passaram desde as reflexões originais de Nicolson. Fórmulas diversas têm sido experimentadas para fins de adequação entre a política externa e a condição democrática das sociedades nacionais. Juan Carlos Pereira (2008), ao cuidar do verbete "política exterior democrática" em seu *Diccionario de relaciones internacionales y política exterior*, tratou de catalogar alguns desses intentos. E enumerou características que se repetem na prática dos Estados, de tal modo que, talvez, à luz desses dados empíricos, se pudesse até mesmo esboçar os rudimentos de uma "teoria da democraticidade da política externa". Segundo Pereira, a chamada "política exterior democrática" calhou traduzir-se, na forma institucional concreta, por:

- *Estar submetida ao controle do parlamento nacional*. Este é um controle que tem sido exercido de formas variadas, das discussões e votações às atividades das comissões parlamentares especializadas. Chega-se a falar, hoje em dia, de uma emergente "diplomacia parlamentar".

Política externa e democracia no Brasil

- *Levar em consideração o peso da opinião pública.* Com o recente desenvolvimento de um senso de internacionalismo no interior das sociedades nacionais, temas de política exterior passaram a ser introduzidos na esfera pública.
- *Contar com partidos políticos atentos à dimensão internacional dos fenômenos sociais.* Para que possam dar conta dos problemas que preocupam os cidadãos nacionais na atualidade, os partidos têm de enfrentar os desafios internacionais que se oferecem, permanecendo em contato, inclusive, com seus homólogos estrangeiros.
- *Ser conduzida por um órgão especializado.* Tal administração dos assuntos internacionais do Estado organiza-se de modo profissional e autônomo, como convém às burocracias modernas. Deve, ainda, alinhar-se ao governo central (democraticamente eleito), limitando-se a executar, da maneira mais eficiente, as ordens recebidas.
- *Integrar-se ao sistema de Estados e absorver os valores da sociedade internacional.* A fim de universalizar sua presença no mundo, uma política exterior democrática costuma buscar o multilateralismo como via de expressão e encampar princípios associados à defesa dos direitos humanos, à proteção do meio ambiente e à difusão das democracias representativas.
- *Combinar a legitimidade doméstica com a legitimidade internacional.* A política exterior democrática, por estar submetida a mecanismos de controle democrático no plano doméstico e por aproximar-se de valores comuns à sociedade internacional (a difusão da democracia, entre outros), logra gozar de bom conceito e reconhecimento dos atores internacionais (estatais e não estatais) comprometidos com a democracia.
- *Fundamentar-se na noção de paz democrática.* A tese kantiana da paz democrática, segundo a qual duas democracias dificilmente se enfrentarão militarmente, encontra-se na base

filosófica da maioria dos Estados modernos que adotam esse regime político.

Esse rol de características empiricamente observadas e atribuídas a "políticas externas democráticas" (Pereira, 2008) não é, esteja bem claro, exaustivo do conceito; tampouco corresponde a uma definição operacional a ser mobilizada nesta obra. *Nossa* definição de "política externa democraticamente orientada", até mesmo em função do grau de novidade do fenômeno, deverá permanecer em aberto, constituindo-se ao longo da narrativa, nutrindo-se das práticas e das ideias aqui expostas, e atendendo apenas ao critério minimalista de considerar como dignas de apreciação as possibilidades que a população de um Estado *dotado de instituições democráticas* encontra para influenciar – e, no limite, condicionar – os rumos de sua própria política externa.[5] Assim, "pluralização dos atores" (Cason; Power, 2009), "poliarquização" (Belém Lopes, 2006), "desinsulamento burocrático" (Jesus, 2009), "midiatização" (ibid.), "desencapsulamento" (Faria, 2008), "horizontalização" (França; Sanchez, 2009), "partidarização" (Lafer, 2009), "publicização" (Snow; Taylor, 2009), "popularização" (Almeida, 2010), "abertura" (Franco, 2005), "fim do quase monopólio" (Faria, 2009), "consularização" (Feldman, 2009a) são alguns dos nomes (e fórmulas) que a política externa democraticamente orientada pode assumir no decorrer da empreitada acadêmica.

A rigor, meu interesse em estudar o tema das conexões entre política externa e democracia no Brasil foi despertado não só por sua indiscutível atualidade e centralidade – ou por constituir-se

---

5 Em vez de buscar prover uma definição categórica para a referida "política externa democraticamente orientada", minha preocupação aqui consiste em apontar suas condições de possibilidade – ou, tomando de empréstimo a expressão de Bartelson (2009, p.10), importa-me a "ontologia social" do fenômeno, isto é, o somatório das manifestações empíricas da política externa sob a vigência de regimes democráticos.

em uma "ausência notável" na literatura em língua portuguesa –, mas *principalmente* por seu potencial para alterar a consistência do relacionamento entre o Estado brasileiro e seus cidadãos. Ora, se a política internacional, de fato, se internalizou com a globalização, penso que é chegada a hora de (re)agir, de (re)tomar as rédeas do processo e "externalizar o doméstico", por assim dizer. A sociedade democrática que se mostrar titubeante quanto à política externa e incapaz de projetar-se no nível internacional, em pleno século XXI, não conseguirá, por conseguinte, aproveitar as melhores oportunidades que se puserem e colher os frutos mais cobiçados da acelerada marcha rumo à integração entre os povos.

Uma vez abertamente confessados os meus pecados no tocante ao método e ao inevitável comprometimento normativo do trabalho, sinto-me absolvido e pronto para dar partida ao esforço de redigir este livro.

1
A análise da política externa brasileira em evolução

"Sirvo ao Estado quando sirvo ao governo do Brasil [...]. A política externa não é uma repetição sempre igual dos mesmos princípios, independentemente de qual seja o governo. É uma política e, como tal, requer adaptações ao tempo, às circunstâncias e às necessidades dos governos."
Celso Amorim, apud Dora Kramer, "Uma política das Arábias",
O Estado de S. Paulo, 29 maio 2009, p.A6

"Quem governa um país como o Brasil – ou quem quer governar – sabe, ou deveria saber, que os temas de política externa, sobretudo quando envolvem questões maiores, como a paz no mundo, não podem ser objeto de oportunismo eleitoral."
Marco Aurélio Garcia, "A paz desejável",
Folha de S.Paulo, 26 nov. 2009, p.A3

"A política externa tende a ser, no Brasil e em outras nações, uma política de Estado, e não de governo ou de partido, em função de certas regularidades da inserção internacional de um país. Essas regularidades contribuem para dar, com as adaptações devidas à mudança das circunstâncias, uma dimensão de continuidade à ação diplomática. É isso que explica por que a política externa tende a ser uma política de Estado."
Celso Lafer, "Partidarização da política externa",
O Estado de S. Paulo, 22 dez. 2009, p.A2

"A política externa adquiriu importância tão grande no Brasil que se tornou um tema de debate público. Política externa é política de governo. Então, é sujeita ao debate e à controvérsia."
Samuel Pinheiro Guimarães, apud Malu Delgado, "Plano de longo prazo prevê Estado forte", *Folha de S.Paulo*, 11 jan. 2010, p.A7

"A análise de [Valter] Pomar [secretário internacional do Partido dos Trabalhadores] mostra a influência do PT na política externa do governo Lula, tornando evidentes as motivações ideológicas e partidárias da ação do Itamaraty nos últimos sete anos."
Rubens Barbosa, "A política externa do governo Lula", *O Estado de S. Paulo*, 23 fev. 2010, p.A2

"A despeito das bazófias presidenciais, que, vez por outra, voltam ao bordão de que 'hoje não nos agachamos mais' perante o mundo, se há setor no qual o Brasil ganhou credibilidade e, portanto, o respeito internacional foi no das relações exteriores."
Fernando Henrique Cardoso, "Política externa responsável", *O Estado de S. Paulo*, 06 jun. 2010, p.A2

Pretendo investigar as relações entre a democracia contemporânea e a concepção e tomada de decisão da política externa em contextos políticos ditos democráticos, detendo-me no caso brasileiro. O Brasil mostra-se exemplar profícuo para reflexão acadêmica em função da vitalidade e da relativa estabilidade de suas instituições democráticas no último quarto de século, o que contrasta com uma política externa reconhecidamente tradicionalista e hermética, porque fechada, na maior parte dos assuntos, ao escrutínio e à participação populares (Barros, 1986; Cervo; Bueno, 2002; Pinheiro, 2004; Faria, 2008).

Não obstante essa convergência de diagnósticos observada entre os autores, tem-se notado, sobretudo a partir da transição de regime político que se processou no país nos anos 1980, um gradual avanço, tanto no plano discursivo quanto em termos de iniciativas práticas, das propostas de "democratização" da política externa brasileira (PEB).[1] Uma listagem de motivos para explicar essa mudança de orientação compreenderia, dentre outros, a instauração de uma nova ordem constitucional no Brasil (1988), que se fez acompanhar pela realização mais frequente de consultas a determinados setores da sociedade brasileira (empresariado, grupos organizados de pressão, academia, organizações não governamentais, movimentos sociais etc.) sobre os rumos da PEB, além da implementação de mecanismos institucionais voltados tanto para a coordenação das "agendas internacionais" dos vários ministérios e agências burocráticas governamentais quanto para a inclusão de novos atores com interesses em jogo na formulação de política externa.[2] Registre-se ainda a cres-

---

1 Entre os mecanismos institucionais recentemente implementados e os eventos realizados pelo Estado brasileiro, no sentido de maior "abertura" da tomada de decisão em assuntos de política exterior, citam-se: a criação, em 1997, da Assessoria de Relações Federativas, que a partir de 2003 passou a ser chamada de Assessoria Especial de Assuntos Federativos e Parlamentares (Afepa) do Ministério das Relações Exteriores (MRE); a criação da Seção Nacional da Alca (Senalca), em 1996, e do Grupo Interministerial de Trabalho sobre Comércio Internacional de Mercadorias e de Serviços (Gici), em 1999, além do Comitê Empresarial Permanente do MRE, em 1992, do Fórum Consultivo Econômico e Social do Mercosul (FCES), em 1996, e da Seção Nacional de Consulta sobre a União Europeia (Seneuropa); a promoção anual, a partir de 2006, da Conferência Nacional sobre Política Externa e Política Internacional (CNPEPI), com pretensão de servir como foro permanente para consulta entre diplomatas e acadêmicos de relações internacionais e enunciação das diretrizes da política externa brasileira; a revisão das regras do Concurso de Admissão à Carreira Diplomática (CACD), que ampliou o número de vagas ofertadas aos aspirantes à chancelaria e pelo fim do caráter eliminatório da prova de língua inglesa. Para maiores detalhes, ver Faria, 2008; Moura, 2007; Belém Lopes, 2005.

2 Se considerada a classificação de Hocking (2004), estaríamos a migrar do modelo do "clube" para o dos "múltiplos interessados" (*multi-stakeholder*) na formulação da PEB. Isso porque, no modelo do "clube", o objetivo da consulta à sociedade consiste em gerar apoio para as metas definidas pelos formuladores de política e acentuar o apoio onde essa política possa estar tomando novos rumos – não se admitindo, portanto, modificações nas grandes linhas previamente definidas. Quando se trata do modelo dos "múltiplos

cente cobertura que a imprensa vem dando à política externa mais recentemente (Casarões, 2012), bem como a introdução, a partir de 1989, da pauta internacional dos aspirantes ao Palácio do Planalto durante suas respectivas campanhas eleitorais.[3] Cabe acrescentar o ineditismo histórico – se não na essência do fenômeno,[4] ao menos no grau – de uma alegada ideologização/partidarização da PEB (Almeida, 2006, 2007; Ricupero, 2005), processo que marca a ascensão dos temas relativos à política exterior na escala das questões sensíveis no âmbito da organização político-partidária brasileira.

Porém, como alguns autores também têm sugerido (Pinheiro, 2003; Faria, 2008), a maior atenção da opinião pública a tais temas não implica, por inferência, a sua democratização. Salomón e Nunes (2007) observam a persistência do caráter estadocêntrico

---

interessados", por seu turno, pressupõe-se a capacidade efetiva de alteração dos rumos por parte dos *stakeholders* daquela política.

3 É ilustrativo do argumento que, durante a última campanha presidencial, o então candidato à reeleição, Luiz Inácio Lula da Silva, reservou o programa eleitoral exibido em 7 de setembro de 2006 para tratar da gestão da política externa durante o seu primeiro mandato. Além do inédito espaço reservado a aspectos internacionais da gestão presidencial do Brasil, o fato ganha especial relevância pela importância estratégica conferida ao programa pelos realizadores da campanha presidencial de Lula, uma vez que foi exibido em um feriado nacional, o que proporciona, em regra, maior audiência.

4 Reativamente à pergunta do repórter Roberto Simon, do jornal *O Estado de S. Paulo*, sobre a suposta ideologização partidária da política externa durante os anos de presidência de Lula da Silva, o ministro Celso Amorim saiu-se com a seguinte resposta: "Estou terminando minha gestão no Itamaraty. Sou diplomata aposentado, além do mais. Mas aposentadoria não é a morte. Interesso-me por política – isso não significa que serei candidato. Se quisesse, teria sido agora. Quero ter um envolvimento na política e me identifico mais com o PT. A maioria dos meus antecessores, com exceção do governo militar, pertencia a partidos. [...] Veja meu antecessor, Celso Lafer. Foi tesoureiro de campanha do PSDB. Roberto Campos, diplomata de carreira, não foi chanceler, mas foi ministro. Sinceramente, isso é um não assunto" ("É um absurdo achar que o Brasil é pró-Irã ou que está isolado", *O Estado de S. Paulo*, 25 abr. 2010).

da política externa, apesar da ampla contestação que existe, hoje, aos modelos do "ator racional unitário" no campo das teorias de relações internacionais. Na mesma direção, White (2000) pondera que, malgrado tenha havido uma ampliação substancial do número de atores relevantes nas relações internacionais, bem como um aumento do escopo e da complexidade dos temas pertinentes à área, muito do que se passa no mundo contemporâneo ainda é produto da decisão em política externa de um ou mais Estados soberanos. Curiosamente, Weiss e Thakur notam que, na prática e em parte da literatura, "política pública" e "política externa" são tratadas como água e óleo, isto é, como duas ontologias que não se misturam: "para os Estados, costuma-se distinguir política pública de política externa, acarretando [para efeito de formulação de políticas] uma separação entre o doméstico e o externo" (Thakur; Weiss, 2009, p.21-2).

Um aspecto digno de registro é que alguns dos estudos mais importantes realizados no Brasil sobre a relação entre o público e a política externa compartilham a abordagem focalizada no comportamento e nas crenças das elites (Lima; Cheibub, 1996; Lima; Santos, 2001; Manzur, 1999; Souza, 2002; 2009), o que é sintomático do alijamento da maioria do eleitorado[5] do processo decisório da PEB. A rigor, se a política externa é uma entre as várias políticas públicas de um Estado democrático (Lafer, 2001; 2007;

---

5 Para Fábio Wanderley Reis (1999), o eleitorado brasileiro não tem um perfil próprio e é marcadamente heterogêneo. De um lado estão os eleitores politicamente alheios, propensos à deferência e ao impressionismo. Mostram-se desinformados e indiferentes quanto aos grandes temas do debate político-institucional da atualidade brasileira. De outro lado, uma vez ultrapassado certo limiar de participação sociopolítica geral, dá-se a tendência a uma postura oposicionista, "condensadora de insatisfações difusas". O conceito de "eleitorado", portanto, há de ser distinguido do de "opinião pública" – que supõe a capacidade de assimilar as informações e transformá-las em posição política razoavelmente coerente. Segundo Reis, a opinião pública não passa de uma pequeníssima parcela do eleitorado no Brasil.

Lima, 2000),[6] é relevante entender como se processa, teórica e empiricamente, o (aparente) paradoxo: não deveria a PEB estar efetivamente submetida ao controle democrático da população,[7] como em princípio ocorre (ou deveria ocorrer) com qualquer política pública?

Os modelos tradicionais de análise de política externa dificilmente poderão dar conta da referida problemática. Tome-se a definição de Deutsch como demonstrativa do alegado: "a política externa de cada país diz respeito, em primeiro lugar, à manutenção de sua independência e segurança e, em segundo lugar, à promoção e proteção de seus interesses econômicos, sobretudo os de grupos mais influentes" (1979, p.119). Morgenthau também pontifica no mesmo sentido:

> o primeiro erro [na defesa do interesse nacional] consiste em não correlacionar o poder de uma nação com o poder de outras nações; o segundo consiste em não correlacionar poder real com poder eventual; o terceiro consiste em não correlacionar um fator de poder com os outros, da mesma nação. (Morgenthau apud Belém Lopes, 2001, p.44)

Fica subentendido nos dois excertos o peso do contexto de Guerra Fria, bem como a opção epistemológica dos autores.

---

6 Como conceituou Lafer, "A política externa – substância da ação diplomática – é uma política pública. É, no entanto, um tipo especial de política pública, mais qualitativa do que quantitativa, que exige como passo prévio uma análise, em cada conjuntura, tanto das demandas da sociedade nacional quanto das oportunidades oferecidas pelo momento internacional" (1993, p.43).

7 Sobretudo, se se retoma o argumento de Przeworski (1991) de que a democracia é o único regime capaz de proporcionar a realocação popular dos recursos públicos, o que se processa, naturalmente, por meio das escolhas eleitorais livres e limpas dos cidadãos. Lima (2000) é uma das autoras que percebeu, nestes tempos de intensificação das relações transfronteiriças, o incremento da importância da política externa como mecanismo redistributivo de renda.

Todavia, o ponto de estrangulamento conceitual se relaciona, aqui, com a imposição de uma rígida hierarquia de objetivos da política externa – associada a uma compreensão muito particular do fenômeno do "poder" no plano internacional –, à revelia das eventuais escolhas feitas pela própria população do Estado, trazendo à tona um velho problema, já exaustivamente apontado na literatura, a saber, a reificação do chamado "interesse nacional" (Der Derian, 1987; Walker, 1993; Finnemore, 1996; Campbell, 1998; Bartelson, 2009).

Um segundo conjunto de teóricos, mais disposto a debruçar-se sobre a efetiva *construção* da política externa de um Estado, incorre no equívoco de investigar os procedimentos de discussão e deliberação *exclusivamente* pelas vias formais, imaginando-os mais esquemáticos do que podem ser. Em estudo clássico datado de 1954, Richard Snyder, H. W. Bruck e Burton Sapin propunham, para efeito da análise de uma política externa, a necessidade de identificar qual seria a efetiva e derradeira "unidade decisória" (*decisional unit*), isto é, aquele ator ou grupo de atores cujos objetivos específicos estariam sendo perseguidos. Desse modo, a tomada de decisão em política externa corresponderia a um processo consciente de resolução de problemas (*planful action*) por intermédio do qual "um indivíduo, grupo ou organização escolhe, entre os cursos alternativos de ação (ou inação), aquele designado para resolver um problema particular ou um conjunto de problemas" (Snyder et al., 2002, p.78).

Maoz (1990), adepto de modelos microeconômicos, parte da premissa racionalista de que toda ação de política externa pressupõe uma coordenação entre os fins pretendidos pela instância governamental e os meios adequados para atingi-los. A compartimentalização entre meios e fins permitiria, segundo a fórmula do autor, inferir se "bons" resultados na política externa do Estado estão ligados a "bons" processos de tomada de decisão. Aron (1979), que pensa o tópico tendo por base de reflexão a disjunção guerra/paz, ensina que, uma vez feita a escolha de uma estratégia de política externa por um Estado, tem início uma série de decisões subordinadas, pois os agentes de execução – as forças armadas na guerra, os diplomatas na paz – são sempre numerosos. Isso equivale, conforme a crítica de Duroselle (1999) a essas abordagens, a pensar a política externa como pura *policy*, imune às políticas de poder, aos condicionamentos socioeconômicos, às ideologias, à busca de prestígio ou às relações interpessoais. Não responde satisfatoriamente, portanto, à questão do "déficit democrático" da PEB, anteriormente posta. Como ponderou Pinheiro (2000b):

> Não basta que se identifique a unidade última de decisão, uma vez que o conteúdo da política implementada não reflete, necessária e exclusivamente, o ponto de vista desta mesma unidade em detrimento de outros atores presentes no processo como um todo. Assim, uma divergência de posições entre os atores durante o processo de identificação e avaliação das alternativas pode, eventualmente, ter configurado o próprio conteúdo da política finalmente levada a termo. (Pinheiro, 2000b, p.455)

A autora ainda sugere que o caminho conducente ao alargamento da participação democrática na formulação de políticas públicas passa, entre outros elementos, "pela compreensão de que o processo pelo qual as decisões são produzidas configura seu próprio conteúdo" (ibid., p.471). Esse tipo de elaboração acentua a importância de se conhecer os procedimentos decisórios e as discussões que atravessam a fabricação da política, em vez de se analisar a política externa tendo por base apenas o vetor resultante, isto é, a política externa materializada.

No rol dos autores que avaliam o impacto de fatores pessoais, organizacionais e burocráticos sobre a produção de uma política externa, a referência historiográfica incontornável é Allison (1969). Seu esquema da "política burocrática", primeiramente empregado para explicar as decisões do governo estadunidense durante a Crise dos Mísseis de 1962, é o ensaio de um modelo analítico que interroga frontalmente a premissa do Estado como ator *racional* e *unitário* na fabricação da política externa. Ao proceder com tal questionamento teórico, Allison abriu espaço para a emergência de uma geração de analistas que diluiu as fronteiras conceituais entre o estritamente "interno" e o estritamente "externo",[8] passando a ver a política exterior de um Estado como inevitável consequência de barganhas praticadas no nível da sociedade nacional. Tratava-se, pois, de começar a pensar a política externa como derivada de um "jogo de dois níveis" – o doméstico e o internacional.

Putnam (1988), secundado por Milner (1997) e Moravcsik (1997), encabeça a corrente de pensamento liberal na disciplina acadêmica de Análise de Política Externa, que postula a ascendência do nível II (os atores domésticos influentes e organizados) sobre o nível I (os chefes de Estado e/ou seus plenipotenciários), no tocante à configuração da política externa em contextos institucionalmente democratizados. Segundo Putnam (1988), as propostas levadas por um ator estatal a uma negociação internacional são formuladas *exogenamente*, ou seja, independem da estrutura de preferências do negociador. A rigor, estas últimas são estipuladas pela sociedade – ou, melhor, pelos atores sociais que dispõem de mais recursos e, por conseguinte, de mais capacidade de barganhar e acionar, por vias institucionais ou extrainstitucionais, o aparelho de governo.

---

8 Em artigo anteriormente publicado, dissemos: "Jean Baptiste Duroselle, encarnando o tradicionalismo no estudo das relações internacionais, afirma, em seu clássico *Todo império perecerá*: 'Existem numerosos atos de política interna pura, sem nenhum aspecto exterior. [...] A política interna pura é um fenômeno *perfeitamente isolável*'. Ao estabelecer um corte entre o interno e o externo, [Duroselle] privilegia o constructo 'Estado' como unidade de medida das relações internacionais; ao blindar o interno das influências do externo, faz vista grossa à dinâmica das forças interiores a um país que tão claramente incidem sobre a vida internacional" (Belém Lopes; Vellozo Jr., 2004, p.331-2).

Milner (1997) expande e sofistica o modelo de Putnam ao estudar as modalidades de interação estratégica entre os poderes Executivo, Legislativo e de entes da sociedade civil para a configuração da política externa. Apesar do louvável esforço, falta ao seu modelo a capacidade de apreender as nuanças do processo democrático em uma sociedade complexa e extremamente segmentada, permeada pelo conflito de interesses entre os mais diversos grupos e pela incidência, cada vez mais violenta, dos efeitos da internacionalização na gestão pública (Held, 1991). Ou, para empregar a espirituosa expressão de Hazleton (1987), por basear-se claramente na institucionalidade pluralista, democrática e bipartidária americana, o modelo analítico de Helen Milner parece já vir com a etiqueta *"made in USA"*.

Com base em uma argumentação pretensamente "não ideológica e não utópica", Moravcsik (1997) procura definir um conjunto de proposições científicas liberais para explicar o comportamento internacional dos atores. Embora o cerne da proposta continue sendo o primado dos atores sociais e a centralidade das relações Estado/sociedade para a configuração da "preferência estatal", o autor distancia-se de institucionalistas (como a própria Helen Milner), pelo que atribui aos motivos dos indivíduos e grupos privados – e não a aspectos informacionais e institucionais – a razão última para a tomada de decisão do Estado nas relações internacionais. Essas "preferências estatais" deverão acomodar-se, não obstante, à circunstância da interdependência, isto é, aos múltiplos interesses expressos pelos diferentes Estados que compõem o sistema internacional, nem sempre em harmonia. Na síntese autoral, "o que os Estados querem é determinante primário do que eles fazem" (Moravcsik, 1997, p.521).

Uma importante dimensão deixada de lado por Putnam (1988) é a da articulação intragovernamental. Hocking adverte que, em um contexto global crescentemente "interméstico" (isto é, em que se manifestam o *internacional* e o *doméstico* ao mesmo tempo), a incorporação de entes governamentais não centrais (GNC) ao processo de fabricação da política externa leva à necessária prática de uma diplomacia de "múltiplas camadas":

> Como o próprio Putnam afirma, sua imagem da diplomacia de "dois níveis" é uma simplificação de uma realidade complexa. Considerar o lugar dos GNC [governos não centrais] no ambiente diplomático é potencialmente útil para combater esse simplismo e mover-se na direção de uma imagem de "diplomacia multicamadas" em que os padrões são mais complexos. Governos subnacionais operam dentro de um ambiente internacional, de modo que as interações e estratégias em qualquer troca diplomática serão sempre mais intrincadas do que em uma imagem de "dois níveis", na qual os negociadores nacionais agem como se estivessem na interface entre o sistema internacional e as configurações domésticas. (Hocking, 1993, p.36)

Em vista das ferramentas conceituais e teóricas já apresentadas e experimentadas, admite-se que um dos bons recursos à disposição do analista para tentar entender o processo produtivo de uma política externa específica, na atualidade, é a noção de "sistema de política externa" (Clarke, 2000; Hill, 2003). Como adverte Michael Clarke, não se trata de uma teoria ou de uma metodologia estruturalista, mas de uma tentativa de mapear, a partir das regularidades dos diferentes ciclos de vida das políticas externas dos Estados (formulação, implementação, avaliação etc.), alguns elementos que lhes sejam comuns.

Clarke (2000) estabelece cinco passos para a identificação de um sistema de política externa, a saber: 1) apontar os elementos que o constituem, as forças que o compelem, as diferentes funções desempenhadas em seu interior; 2) conceber o sistema em sua inteireza, no todo e não somente em suas partes; 3) considerar que, embora representado de forma estática, ele é necessariamente dinâmico, porquanto simboliza uma cadeia de ações humanas; 4) sempre incorporar como variável relevante para a análise a ecologia do sistema, isto é, o meio em que se opera; e 5) atentar para as possíveis e prováveis inter-relações entre os diversos sistemas de política externa. Esse tipo de construto é útil no intuito de aferir a dimensão democrática de uma política externa, uma vez que permite ao analista ganhar ciência do grau em que as práticas de política externa do seu Estado são coerentes com as ideias de controle público e de *accountability*. Ainda em Clarke,

> A essência da política externa democrática é que cursos de ação alternativos sejam percebidos [pela população], e um curso de ação [específico] seja tido como mais consistente em relação aos valores sociais do que os outros. Então há uma cobrança para que os líderes tomem decisões estratégicas aceitáveis, em resposta aos estímulos que são filtrados por meio dos canais de ação representativa. (Clarke, 2000, p.44)

Bem compreendido que não há produção de política exterior do Estado num vácuo social, sobretudo quando se trata de democracias representativas, cabe buscar uma articulação entre as variáveis que mais diretamente afetam o referido processo. O estudo clássico de Michael Brecher (1972) sobre o sistema de política externa de Israel tenta sistematizar o conjunto de pressões a que os tomadores de decisão se submetem, conforme se acompanha no diagrama a seguir.

Em que pese a singularidade do Estado israelense dentro de sua região e no mundo, o esquema dispõe de forma elucidativa algumas das principais variáveis que, no entendimento do autor, estariam envolvidas no processo produtivo da política externa. Há uma dose de elitismo no desenho (indicado pelo reconhecimento de um conjunto restrito de atores com influência no processo), bem como uma ênfase maior nas capacidades técnicas e nos procedimentos operacionais que nos entendimentos políticos.

Política externa e democracia no Brasil

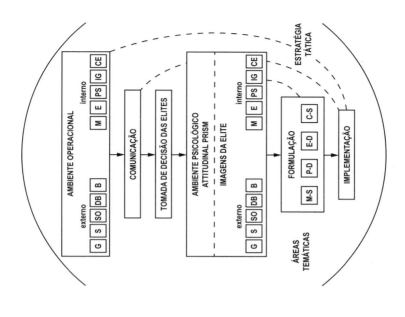

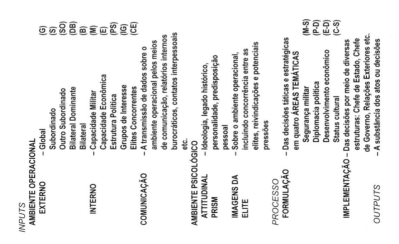

Figura 1: Sistema de política externa de Israel segundo Brecher (1972, p.3-4)

Isso não impede, contudo, que Brecher destaque a importância de fatores como a ideologia, o legado histórico, as predisposições pessoais e os trâmites burocráticos para a compreensão do que está em jogo na fabricação da política externa israelense. Mas há, certamente, mais a considerar: o diagrama de Michael Brecher subestima a possibilidade de uma participação efetiva do público na formatação da agenda de política externa do Estado.

Confrontado com tal dificuldade teórica, Hill (2003) pede uma reavaliação, tanto do ângulo analítico quanto do normativo, do relacionamento entre política externa e democracia. Segundo o autor,

> a política externa de um Estado agora é um complexo equilíbrio entre: as preocupações com o bem estar social, na forma como este é interpretado pelos governantes na interlocução com diversos *stakeholders*; as preocupações com os princípios gerais da ordem internacional e da justiça; e as preocupações com grupos seletos de estrangeiros que sejam julgados merecedores de atenção ou cuidado. (Hill, 2003, p.43)

Dada a permeabilidade recentemente adquirida pelas fronteiras territoriais estatais, perde apelo a tese da "primazia da política doméstica sobre a internacional" (Putnam, 1988). A imbricação entre o doméstico e o internacional é "profunda e perene", a ponto de tornar-se inviável uma dissociação entre a face de "dentro" e a de "fora" do Estado, para fins de causação (Hill, 2003, p.249). Para Fred Halliday, o que é vivido e normalmente estudado como algo que aconteceu *dentro* de países revela-se parte de processos internacionais muito mais amplos de mudança política e econômica. Em seu juízo, "nenhuma das abordagens convencionais, da negação ao exagero, faz justiça à questão comum a todos os cientistas sociais e que, dentro da ótica particular da disciplina das relações internacionais, é sua preocupação constitutiva: a interação do nacional e do internacional, do interno e do externo" (Halliday, 1999, p.18). Donde se desprende a necessidade de pensar a política externa não apenas como um simples resultado (*output*) do jogo de forças no interior do Estado (nos moldes da "*Innenpolitik*"), e sim como uma adaptação à pletora de (novos e velhos) atores, processos e temas em confluência no sistema internacional.

Para efeito de caracterização do cenário mundial que serve de pano de fundo para esta introdução ao problema de pesquisa, resgatamos esta passagem de Richard Haass:

> A não polaridade [do mundo atual] complica a diplomacia. Um mundo apolar não somente envolve mais atores como também carece de estruturas fixas mais previsíveis e dos relacionamentos que tendem a definir as situações de unipolaridade, bipolaridade ou multipolaridade. Alianças, em particular, perderão muito de sua importância, pois requerem ameaças previsíveis, visão panorâmica e senso de obrigação, elementos que serão mais raros no mundo apolar. Relacionamentos tornar-se-ão mais seletivos e situacionais. Será mais difícil classificar outros países como aliados ou adversários; eles cooperarão em alguns assuntos e resistirão em outros. (Haass, 2008)

Para Holsti (2004), não houve propriamente uma mudança paradigmática da diplomacia, mas sim a complexificação de um quadro já conhecido. O professor analisa três séculos de evolução das práticas, ideias e normas associadas à instituição da diplomacia no Ocidente (mais precisamente na Europa) e conclui que a centralidade do tomador de decisão estatal no processo de fabricação da política externa não foi abalada. Ocorreram algumas mudanças apreciáveis, como a inclusão recente de ativistas não governamentais nas delegações oficiais dos países presentes a grandes reuniões internacionais. Holsti parece convicto, no entanto, ao afirmar que

Mudanças recentes incluem a diplomacia aberta, a profissionalização do recrutamento, treinamento e pagamento [de diplomatas], o crescente número de mulheres em importantes postos diplomáticos, o surgimento da 'paradiplomacia' entre entidades políticas subnacionais, e uma 'democratização' ainda embrionária das práticas diplomáticas. Todos esses desdobramentos são notáveis e podem até conter os germes de transformações futuras. Mas a evidência disponível ainda não sugere que a diplomacia esteja sendo substituída por outras formas de representação e comunicação, que tenha um novo conjunto de funções ou que esteja a caminho da obsolescência. (Holsti, 2004, p.210)

Em face de toda a complexidade do cenário internacional contemporâneo, põe-se o dilema de conciliar a eficiência na gestão da PEB com o respaldo da sociedade democrática. Isso porque se faz necessária, à luz da multiplicação dos estímulos (*inputs*) de toda natureza que se apresentam ao formulador de política externa, a capacidade de responder criativamente aos desafios internacionais, sem rupturas com aquilo que é demandado pelo corpo político da nação. O diplomata brasileiro Sérgio Danese pensa que "nem sempre foi difícil definir o interesse nacional brasileiro" (2009, p.196). Ele assim sintetiza a evolução histórica dessa questão:

No Império escravocrata, um interesse nacional claramente definido e defendido pela diplomacia brasileira foi a manutenção do tráfico escravo; na República Velha, o interesse nacional era o interesse cafeeiro. Mas há também exemplos de consensos amparados na opinião pública – mais *hegemônicos*, no conceito de Gramsci – em torno de um interesse nacional bem definido: a defesa intransigente que o Império fez dos interesses brasileiros na região do Prata, para garantir a segurança na fronteira sul e o acesso fluvial ao Mato Grosso; a política de fronteiras que o Império e a República Velha, com Rio Branco à frente, sustentaram com indiscutível e duradouro êxito; ou a política de desenvolvimento à base de substituição de importações, que reuniu amplo apoio social, político e regional e ensejou que o país desse o salto qualitativo que marcaria a sua história na segunda metade do século XX. (Danese, 2009, p.196; grifo meu)

Danese diagnostica, no entanto, que hoje existe o "problema da identificação de um grande interesse nacional", decorrente da "própria complexidade do Brasil" contemporâneo (Danese, 2009, p.196-7). O então ministro Celso Lafer, ao discursar sobre a atividade diplomática do século XXI, na tradicional cerimônia do Dia do Diplomata, em 2002, expôs sua percepção do assunto:

> O mundo do século XXI, sobretudo para um país como o Brasil, *já não pode ser administrado como uma externalidade*, como se pôde fazer durante boa parte do século XX, graças ao legado do Barão do Rio Branco, que definiu nossas fronteiras e equacionou, assim, o primeiro item de uma clássica agenda diplomática, que é a distinção entre o "interno" e o "externo". No mundo contemporâneo, diluíram-se as diferenças entre a política nacional e a política internacional. Tal diluição engendrou novas realidades e essas, por sua vez, têm colocado desafios inéditos aos atores que atuam na cena internacional, deles exigindo novas e criativas soluções. (Lafer, 2002; grifo nosso)

Para Amâncio Jorge de Oliveira, "o fato de termos [no Brasil] um processo decisório centralizado e pouco permeável aos *inputs* não governamentais acaba por promover uma política externa coerente, estável ao longo do tempo, mas, simultaneamente, pouco inovadora e com baixa legitimidade social" (Oliveira, 2000, p.85). Em discordância, Jeffrey Cason e Timothy Power enxergam um progressivo desinsulamento do processo decisório da política externa brasileira e o declínio do Ministério das Relações Exteriores como detentor do "monopólio" de assessorar a

Presidência da República nos assuntos internacionais do Estado. Isso se deve, segundo os autores, a duas tendências um tanto contraditórias entre si: de um lado, o aumento do número de atores sociais que influenciam (ou tentam influenciar) a produção da política externa, como decorrência da própria democratização brasileira; de outro, a concentração cada vez maior de poderes nas mãos dos presidentes da República (especialmente no caso de Fernando Henrique Cardoso e Luiz Inácio Lula da Silva), que passaram a representar internacionalmente o Brasil com frequência e intensidade inéditas. Para Cason e Power (2009, p.118), "esses fatores não tornam o Itamaraty impotente, mas o levam a acomodar-se a novas dinâmicas e a experimentar um relativo enfraquecimento".

Levadas em devida conta as especificidades de um imaginado "sistema de política externa do Brasil", o objetivo deste trabalho é apontar as potencialidades e os limites da proposta de democratização da PEB, retórica e precária para muitos, genuína e progressista para outros tantos, porém apontada como necessária pelas últimas gestões do Itamaraty, notadamente durante os governos de José Sarney, Fernando Collor de Melo, Itamar Franco, Fernando Henrique Cardoso e Luiz Inácio Lula da Silva. Pouco se tem produzido na academia brasileira sobre as relações específicas entre teoria democrática e política externa – a despeito de esse tipo de reflexão ser bastante comum na América do Norte e na Europa, principalmente.[9] De mais a mais, é razoável supor que o interesse acadêmico pela temática da "democratização da PEB" terá como consequência prática a maior abertura dos processos decisórios – referentes à política externa – ao escrutínio e à participação de um público ampliado, o que, pre-

---

9 Cf., por exemplo, Durant, 1955; Almond, 1956; Fagen, 1960; Hveem, 1968; Moore, 1974; Murray; Leduc, 1976; Dalton; Duval, 1986; Hinckley, 1988; Holsti; Rosenau, 1988; Bueno de Mesquita et al., 1991; Nincic, 1992; Powlick; Katz, 1998; Bjerefeld; Ekengren, 1999; Isernia et al., 2002; e Kennedy; Lucas, 2005, entre outros.

sumivelmente, adensaria a qualidade do regime democrático em vigência neste país.

Assim, no intento de alcançar os objetivos deste livro, trilharei o seguinte percurso: no segundo capítulo, serão resgatados, de uma perspectiva mais assumidamente historiográfica, os rudimentos do processo de "democratização" – no discurso e na prática – da política exterior do Brasil, a partir de 1985. No terceiro, tratarei de problematizar a relação entre democracia e política externa, no nível abstrato das teorias e dos conceitos, sem adentrar os aspectos empíricos do relacionamento – o que só farei, com efeito, ao longo do quarto capítulo, detendo-me nas peculiaridades do caso concreto brasileiro. No quinto e último capítulo da obra, explorarei possibilidades alternativas para a compreensão do problema de pesquisa em tela. Para tanto, evocarei a noção de "republicanismo aristocrático", a fim de explicar a recalcitrância da abertura democrática do processo decisório sobre as questões internacionais do Estado brasileiro. Ao cabo, na conclusão do trabalho, pretendo prover respostas razoavelmente satisfatórias para as questões que primordialmente se puseram: dadas as configurações da sociedade brasileira contemporânea e do mundo ao seu redor, soa plausível a proposta de conduzir-se uma política externa a partir das orientações emanadas do eleitorado, de *constituencies* democráticas modernas? Há exagerada ingenuidade na reivindicação de que – se vivemos em uma institucionalidade política democrática, e se a política externa é uma política pública – ela deva então adequar-se, procedimentalmente, ao que se espera de um regime cuja sustentação, em termos de legitimidade política, resida no povo? O que singulariza, na prática da política brasileira, a política externa em relação às outras políticas públicas? Qual é o limite operacional do processo – hipoteticamente em marcha – de pluralização dos agentes da PEB?

A missão autoimposta demandará, certamente, muita transpiração e alguma inspiração. Que a sorte esteja conosco.

2
Os avanços e retrocessos nas propostas de democratização da política externa brasileira entre 1985 e 2010

"Os homens de nosso tempo estão se dando conta de que é através das relações entre os povos e do comportamento dos Estados que se decidem os destinos de cada comunidade. E por isso a política externa é o grande tema da opinião pública do nosso tempo."
San Tiago Dantas, "Exposição em cadeia nacional de rádio e televisão", 5 fev. 1962. In: Lessa; Buarque de Holanda (orgs.), *San Tiago Dantas: textos de política internacional*, p.218

"Que se internalize a política externa só pode ser saudável. Ela é cada vez mais importante e não é prudente que seja confinada exclusivamente ao âmbito dos especialistas, que, de resto, são pouquíssimos."
Clóvis Rossi, "Quando o externo vira interno", *Folha de S.Paulo*, 2 out. 2009, p.A2

"Está surgindo no Brasil algo típico das grandes democracias, que é o desmoronamento das barreiras entre política externa e interna. A diplomacia virou um debate nacional. Nas grandes nações, projetos estratégicos de desenvolvimento importam mais do que temas de política interna. Países poderosos

> sempre ponderam se a ordem mundial facilita ou inibe suas metas estratégicas e não veem a política externa como um ramo do comércio."
>
> Roberto Mangabeira Unger, "Brasil tem que ser 'nação rebelde', diz Mangabeira Unger", *Folha de S.Paulo*, 10 maio 2009

> "Durante muito tempo, a política externa foi negligenciada no debate público. Como ocorre em toda nação continental, a agenda interna sempre esmagou a externa, efeito acentuado, em nosso caso, pelo discreto relevo internacional do país. Aos poucos, esse quadro começa a mudar."
>
> Otávio Frias Filho, "Uma política ingênua e errática", *Folha de S.Paulo*, 16 mar. 2010, p.A13

O processo de redemocratização do país compreende a decadência da ditadura militar que governou o Brasil desde 1964, a campanha com mobilização popular que visava à substituição dos militares no Palácio do Planalto por civis, batizada de "Diretas Já", e a emergência da democracia representativa como regime de poder na República Federativa do Brasil, a partir de 1985.

Todo esse processo, embora frequentemente associado ao que se costuma chamar na literatura especializada de *política doméstica* – ou seja, aos aspectos estritamente internos da atividade política nacional –, também influenciava as diretrizes da política *externa* brasileira (doravante, PEB), num esquema que faz lembrar o dos vasos comunicantes da Física. Conforme se buscará argumentar na sequência deste capítulo, a PEB acompanhará, ainda que de forma idiossincrática e com uma cadência diferente, tanto discursiva quanto na prática, a marcha rumo à democratização política – de resto, uma tendência global na década de 1980.[1]

---

1 O cientista político Samuel Huntington (1991) identificou a ocorrência de uma "terceira onda democrática" no mundo a partir dos anos 1970, iniciada com a derrocada dos regimes autoritários e a emergência de democracias

A PEB e o "estilo próprio da Nova República"

A derrocada da ditadura militar, que assumiu o controle do Brasil no golpe de 1964, foi desencadeada por modificações de teor nas relações internacionais e também pelas novas configurações do jogo político interno. Vamos a elas.

No plano externo, o vento da mudança começou a soprar mais fortemente com a chegada de Jimmy Carter ao poder nos Estados Unidos, em 1976. Notório defensor dos direitos humanos e francamente interessado em polir a imagem internacional de seu país, o qual saíra derrotado de um longo enfrentamento no Vietnã, o presidente Carter opôs-se, por coerência, aos truculentos métodos a que recorriam os agentes a serviço das burocracias militares latino-americanas. A maneira como os estadunidenses se comportaram em relação à revolução sandinista nicaraguense de 1979 – sem o tradicional recurso à intervenção armada de *marines* e sem dar apoio incondicional ao regime de Anastácio Somoza García – foi indicativa desse novo ânimo da administração da Casa Branca. Carter também criticou abertamente os governos autoritários aliados dos Estados Unidos (Argentina, Brasil, Chile e Uruguai), além de dar suporte às transições para a democracia na República Dominicana, no Equador e no Peru (Silva, 2003).

Thomas Skidmore (1994) expôs que, mesmo antes da era Carter, na primeira metade dos anos 1970, já existiam inquietações na Casa Branca e em setores da sociedade estadunidense com os níveis de violência do autoritarismo militar brasileiro.

---

representativas na Europa meridional (Espanha, Portugal, Grécia, Turquia). Essa "onda" difundiu-se, na sequência dos acontecimentos, pela América Latina (anos 1980) e pela Europa Oriental (anos 1990). No início dos anos 1990, classificavam-se 45% dos Estados soberanos existentes como democráticos – um índice bastante superior àquele registrado ao fim da chamada "segunda onda democrática", na metade do século XX (de aproximadamente 30%).

Tornara-se incompreensível e inaceitável, porque desnecessária, a dureza da repressão – a que os Estados Unidos estariam associados – em face do robusto crescimento econômico pelo qual passava o Estado brasileiro. Segundo a crítica do comentarista político William Buckley Jr., veiculada em 1971 no periódico *Washington Evening Star*, o receio era de que a tortura no Brasil estivesse se tornando "endêmica", diferentemente da Grécia, por exemplo, onde ela seria apenas "episódica" (Skidmore, 1994, p.305-8).

Ainda, como notaram Scott Mainwaring e Aníbal Pérez-Liñán (2005), para além dos novos elementos ideológicos das relações internacionais e das linhas de ação assumidas pela Casa Branca a partir dos anos 1970,[2] contribuíram para a democratização formal do subcontinente latino-americano as manifestações políticas da Igreja Católica, um ator social importante na região, e os constrangimentos morais impostos em instituições multilaterais, tais como a Organização dos Estados Americanos (OEA) e a Organização das Nações Unidas (ONU).

Acrescento que, no caso brasileiro, o Fundo Monetário Internacional (FMI) e o Banco Mundial (Bird) desempenharam papel relevante na difusão de políticas reformistas do Estado – amparadas no preceito da complementaridade entre democracia representativa e economia de livre mercado –, as quais se concentraram no período entre 1980 e 1995. Resumidamente, as mais destacadas reformas estruturais pelas quais passou o país desde o retorno à democracia foram: 1) a estabilização dos preços; 2) o fim dos monopólios estatais nos setores do petróleo e das telecomunicações; 3) a desregulamentação do mercado de capitais; 4) o extenso programa de privatizações; 5) a aprovação da Lei de Responsabilidade Fiscal (LRF); e 6) o ajuste fiscal, a partir de 1999. Nota-se, de resto, como tais reformas institucionais, orientadas

---

2 Em que pesem os retrocessos na gestão presidencial de Ronald Reagan, destacadamente no caso da repressão aos sandinistas.

para o mercado, se coadunam com a concepção formalista de democracia praticada por boa parte dos países da América Latina e incentivada pelos dois grandes bancos multilaterais anteriormente mencionados (Belém Lopes, 2007).

De uma perspectiva econômica, um fator preponderante para a asfixia do regime ditatorial brasileiro foi o da declaração da moratória da dívida externa de 1983, um efeito colateral retardado da crise de contração do crédito internacional por que passava o mundo desde o primeiro choque do petróleo, em 1973. Esse mau desempenho macroeconômico do Brasil sob os militares era devido não apenas a fatores conjunturais, mas também, e principalmente, ao esgotamento dos modelos desenvolvimentistas baseados na estratégia da substituição de importações. O "milagre econômico" dos militares começava a fazer água (Silva, 2003). Com a elevação das taxas de juros internacionais, sobretudo após o segundo choque do petróleo (1979), a economia brasileira completou seu processo de reajuste estrutural em circunstâncias críticas, tanto em relação a termos internacionais de troca quanto no que se refere ao nível de demanda externa. Por isso, como perceberam Dionísio Carneiro e Eduardo Modiano, tais "condições adversas aumentaram os custos internos do ajuste, e as políticas econômicas adotadas, com ou sem o beneplácito do FMI, contribuíram para agravar os conflitos internos e agravaram os efeitos inflacionários" (Carneiro; Modiano, 1990, p.344).

Há, contudo, uma dose de paradoxo nessa dinâmica. Explica-se: se, por um lado, a crise da dívida acelerou a saída dos militares de cena e a volta de um civil à Presidência da República, por outro, isso não implicou uma condução mais aberta dos assuntos referentes à política econômica brasileira. Amado Cervo e Clodoaldo Bueno (2002) perceberam que, durante esse período de turbulência na economia internacional, na primeira metade dos anos 1980, um pesquisador que quisesse conhecer os meandros dos processos de negociação e de tomada de decisão acerca da crise da dívida não deveria buscar as tradicionais fontes documentais: É inútil [...], porque *o Itamaraty esteve ausente desse processo*, como também o Congresso Nacional. As negociações foram conduzidas pelos economistas da Fazenda, do Planejamento e do Banco Central, à revelia da sociedade e de outros órgãos que a representavam (Cervo; Bueno, 2002, p.435; grifo meu). A complicada questão econômica funcionava como um índice dos condicionamentos internos e internacionais que incidiam sobre o país no início daquela década. "Nenhum setor prejudicou tanto as relações exteriores do Brasil, a economia e a sociedade brasileiras, desde 1980, quanto o do endividamento externo" (ibid.). Esse era também o principal canal de comunicação entre o que estava "dentro" e o que estava "fora" do Estado brasileiro.

Para entender como se processavam as demandas por democracia no âmbito das instituições políticas nacionais, era necessário fazer a análise retroceder até o nível dos atores políticos individuais que ocupavam *loci* de poder relevantes dentro do Estado. Eles foram os filtros de muitas das posições assumidas nos governos dos militares. O historiador Boris Fausto (2002) menciona, por exemplo, como os economistas Antonio Delfim Netto e Mário Henrique Simonsen encabeçaram a maior parte das formulações importantes do Estado brasileiro no período de vigência da ditadura – uma tendência de encastelamento do processo decisório que se estendeu, em maior ou menor medida, até os dias da redemocratização.[3] Já tratando do Brasil da Nova

---

3 Para uma rica descrição dos processos de gestão da crise da dívida externa por dois presidentes brasileiros (Geisel e Figueiredo), cf. narrativa de Albert Fishlow (1988). Além de citar repetidamente os nomes de Delfim Netto e Simonsen, atribuindo-lhes papéis de peso, o autor também resgata a importância de João Paulo dos Reis Velloso como ministro do Planejamento, para entendermos os condicionamentos de natureza individual (quer de personalidade, quer de estilo profissional) às negociações econômicas internacionais do Estado brasileiro naquela época.

República, Eul-Soo Pang (1995) notou que as idiossincrasias de Dilson Funaro,[4] ministro econômico no governo Sarney, eram essenciais para contar a história das negociações da dívida externa brasileira na década de 1980.

Tudo isso reforça a imagem da enorme concentração de competências que havia nas mãos dos titulares dos ministérios da Fazenda e do Planejamento, em prejuízo do protagonismo do Itamaraty e da abertura do processo decisório relativo às questões econômicas internacionais do Estado brasileiro. O diplomata de carreira – e também economista – Roberto Campos, atento a essa dinâmica, arguiu, com certo alarme e insatisfação, na correspondência epistolar com o então chanceler Antonio Azeredo da Silveira, que

> O Ministério das Relações Exteriores que, através de seu pessoal, em determinada fase da sua vida, participou intimamente de muito do processo decisório e técnico do país, sobretudo no que se referiu à análise e ao planejamento econômico, de alguns anos para cá *sofreu uma evolução oposta*, na qual chegou ao ponto de onerar os funcionários que participassem das atividades do resto da Administração, para não se mencionar sequer a hipótese de exercício em empresas públicas ou privadas. (Campos, 1978, p.iv; grifo meu)

Os condicionamentos domésticos foram decisivos para a transição democrática no Brasil do início dos anos 1980. Os militares, durante o período compreendido entre 1964 e 1985, caracterizaram-se por uma conduta que privilegiava as questões técnicas sobre as políticas. Isso tornou viáveis alianças entre

---

4 Segundo Pang (1995), Dilson Funaro era dono de um estilo "autossuficiente" e "algo messiânico". Como resultado de um exasperante e malsucedido processo de negociação da dívida externa com diretores de FMI e Banco Mundial e com representantes do Tesouro dos Estados Unidos da América, ele perderia o seu emprego, em abril de 1987, um mês e meio após a declaração da moratória brasileira (Pang, 1995, p.156).

os governantes e os cientistas, sob o pretexto do projeto grandiloquente da ocasião ("Brasil Grande, Brasil Potência...").[5] A assepsia tecnicista dos militares havia induzido ao insulamento de burocracias e, mais relevante, à atrofia do Congresso Nacional em termos de representatividade política (Skidmore, 1994; Fausto, 2002). A própria composição que saiu vitoriosa das eleições indiretas à Presidência, em 1985, refletia essa realidade. Como opinou o professor Francisco Teixeira da Silva, a aliança Tancredo Neves/José Sarney simbolizava a opção pela moderação, ao contrário, por exemplo, do que poderia significar a eleição presidencial de Ulysses Guimarães, liderança política de apelo popular, menos palatável para os militares e com menor capacidade de interlocução com o regime autoritário (Silva, 2003).

A doença seguida de morte de Tancredo Neves – percebido como um conciliador entre as várias tendências à esquerda e à direita do espectro político-partidário brasileiro – levou José Sarney, então vice, a assumir a Presidência, em 15 de março de 1985. A volta de um civil ao poder não esteve, no entanto, livre de controvérsia. Sarney era, à época, um recém-filiado ao PMDB, dissidente do PDS após disputa interna com o ex-governador de

---

5 Apesar do regime militar, o meio universitário brasileiro continuava predominantemente associado às ideias da esquerda política. Segundo Pécaut (1990), durante o período da ditadura militar, as universidades tiveram um crescimento surpreendente em seus efetivos. O número de professores também aumentou em proporções consideráveis. As universidades públicas modernizaram-se e diferenciaram-se qualitativamente. Criaram-se programas de doutorado no país. Investiu-se pesadamente em ciência e tecnologia. Em certa medida, parece correta a avaliação de que os militares se valeram dos intelectuais como agentes catalisadores de seus índices de aprovação e popularidade (por meio da elaboração de programas e planos de governo); por outro lado, também é acertada a interpretação de que alguns intelectuais, em troca de favorecimentos de toda espécie, tenham embarcado de bom grado na parceria com os militares. A ideologia de "profissionalização" é chave fundamental para entendermos como intelectuais passaram gradativamente a integrar os corpos tecnoburocráticos do Estado brasileiro durante o regime.

São Paulo, Paulo Maluf, da qual saiu derrotado. Antes, fora uma figura destacada dos quadros da Arena/PDS, chegando a presidir nacionalmente os dois partidos. Sua trajetória política, iniciada no estado do Maranhão, três décadas antes, envolveu um longo relacionamento de coexistência pacífica com os militares, quando não de apoio explícito a eles.

Entretanto, as incertezas despertadas pela retirada de Tancredo Neves – aquele com quem a transição política houvera sido efetivamente pactuada – motivaram propostas que abrigavam até mesmo a realização de um novo golpe para impedir que Sarney subisse a rampa do Palácio do Planalto na condição de presidente. O que os militares pretendiam, ainda segundo Silva, era uma volta ao Estado de Direito, com a reconstitucionalização do regime, mas não exatamente a redemocratização do país:

> Na América Latina, em especial no Brasil, fala-se então insistentemente em pactuar a transição [alusão ao Pacto de Moncloa, na Espanha, em 1978], embora com um contexto inverso [em relação ao espanhol]. Os partidos de direita, inclusive de apoio à ditadura, como o Partido Democrático Social (PDS, herdeiro da Arena), são frágeis e não oferecem garantias estáveis de funcionamento democrático. O Pacto na América Latina é, neste momento, apenas uma forma de deter as aberturas políticas mais democráticas e garantir uma tutela militar continuada sobre a sociedade. (Silva, 2003, p.272)

Em termos práticos, o enérgico manifesto da sociedade civil pela redemocratização, conhecido como "Diretas Já", não conseguiu levar à aprovação da emenda constitucional Dante de Oliveira, de 1984, que previa eleições diretas para a Presidência da República. Prevaleceu a solução de compromisso entre a situação e a oposição, ou seja, relegou-se ao Congresso Nacional (portanto, para a via indireta) a decisão sobre quem seria o próximo presidente do Brasil.

Ainda que a passagem do poder tenha sido realizada por meio de uma concertação de esforços "pelo alto", não se relacionando de maneira causal com o empuxo popular, a campanha "Diretas Já" serviu, na mais modesta das hipóteses, para acelerar a ocorrência de determinados fenômenos, como a convocação de uma assembleia constituinte e a refundação do sistema multipartidário. Além disso, o então MDB soube valer-se da catarse da população que foi às ruas para afirmar-se como o legítimo representante de uma emergente sociedade civil contra a ação autoritária do Estado. Em certa medida, a participação maciça da população derrotou a pretensão do regime militar de uma transição "lenta, gradual e controlada" à democracia.

Num instante de especial densidade histórica das relações Estado/sociedade no Brasil – e até mesmo um pouco antes de ele se substanciar –, identificam-se as primeiras manifestações ostensivas no Itamaraty pela democratização da política externa brasileira. Coerentemente, vêm dos anos 1970, segundo Letícia Pinheiro (2000b), os primeiros estudos acadêmicos sobre a influência de condicionamentos domésticos na produção da PEB, o que gerava, ao menos em potencial, contestação à hegemonia do Itamaraty no encaminhamento das questões internacionais do Estado brasileiro.

Matias Spektor registra que, a partir do momento em que o presidente Ernesto Geisel anunciou sua intenção de fazer pronunciamentos oficiais à imprensa apenas quando estivesse fora do país, em 1979, suas viagens internacionais tornaram-se bastante concorridas, trazendo desafios inusitados para Azeredo da Silveira:

> Os diplomatas brasileiros não estavam acostumados a trabalhar com muita interferência da opinião pública. Agora, pela primeira vez, os jornais não hesitavam em chamar algumas decisões de política externa de "perigosas", "infantis" e "irresponsáveis". E, pela primeira vez, o Itamaraty precisou instituir uma assessoria de

imprensa para lidar com jornalistas e crises de imagem. (Spektor, 2009, p.80)

Os pronunciamentos do chefe do Ministério das Relações Exteriores (MRE) começaram a incorporar referências explícitas ao público. No discurso por ocasião da transmissão do cargo ao ministro Ramiro Saraiva Guerreiro, por exemplo, Silveira proferiu críticas abertas à imprensa brasileira, a qual, por seu turno, houvera sido implacável nos questionamentos ao longo de sua gestão do Itamaraty (Spektor, 2002; 2009).[6] Saraiva Guerreiro, presumivelmente mais adaptado à dinâmica da fiscalização por parte da opinião pública – ingrediente próprio de uma sociedade democrática –, assim verbalizou, no ano de 1984, em sua última visita à Escola Superior de Guerra:

> Creio que a condição do prestígio diplomático foi plenamente alcançada no período. Vejo sinais claros, e um dos mais significativos é o consenso que se forma em torno das linhas mestras da política externa, tanto na opinião pública quanto em nossos meios políticos. Um dos elementos expressivos desse consenso é o apoio, praticamente unânime, das correntes políticas, às orientações centrais do trabalho diplomático. [...] Para um país que não tem excedente de poder, o consenso e unidade na defesa do interesse nacional se tornam a sua força. A unidade moral de propósitos – *não imposta, mas tecida democraticamente* – é matriz sólida

---

6 Spektor exemplifica o relacionamento difícil entre o chanceler e a imprensa brasileira com o caso da repercussão dos principais jornais do país, em seus editoriais do dia 1º fev. 1979, às negociações entre Brasil, Argentina e Paraguai a respeito de Itaipu: "Seus gestos de frieza em relação à delegação argentina, durante o último encontro tripartite de sua gestão (Assunção, janeiro de 1979), fizeram-no [Azeredo da Silveira] passar para a história com a pecha de 'carnavalesco', 'perigoso', 'pouco sério', 'inconsciente' e 'pueril' em editoriais de *Jornal do Brasil*, *O Estado de S. Paulo* e *Folha de S.Paulo* do dia 1º de fevereiro de 1979" (2002, p.102).

e realização de nossos objetivos. (Guerreiro apud Ferreira, 2009, p.79-80; grifo meu)

Celso Lafer (1985; 2009) rememorou uma viagem de Tancredo Neves ao exterior, entre janeiro e fevereiro de 1985 – ainda na condição de presidente recém-eleito mas não empossado –, na qual se buscou reforçar, por mais de uma vez, a fórmula do "paralelismo" e da "plena convergência" entre o processo interno de transição democrática e a proposta externa do Itamaraty de democratização das relações internacionais.[7] Em pronunciamento feito em Washington, D. C., no National Press Club, em 1º de fevereiro de 1985, Tancredo Neves explorou explicitamente esta articulação de conceitos:

> Nas relações internacionais em geral, é minha intenção manter as linhas mestras de nossa política e de nosso relacionamento econômico externo. A política externa brasileira vem merecendo aprovação da opinião pública e, no Congresso Nacional, é objeto de um consenso pluripartidário. Como não poderia deixar de ser, é e continuará sendo uma política voltada para os interesses nacionais, e refletirá crescentemente os anseios de uma sociedade democrática. (Neves apud Lafer, 1985, p.13-4)

Túlio Ferreira (2009) comenta que, para os arquitetos do Estado Burocrático Autoritário (EBA), o Itamaraty era concebido como instituição coerente e autônoma em seus propósitos, com pouco ou nenhum conflito em seu interior. Desse modo, minimizar as divergências de interesses fazia parte da estratégia de exaltação de unidade, a qual não correspondia, necessariamente,

---

7 Tancredo Neves pôde contar, segundo Lafer, com a "argúcia estilística" do chanceler Saraiva Guerreiro, que, antecipando os ventos da mudança, tratou de destacar as "aspirações democráticas da diplomacia brasileira" (1985, p.13).

ao estado real de coisas. Vivia-se o dilema de tentar sustentar a integridade e a coesão organizacional do MRE em face da abertura democrática à diversidade de opiniões políticas. Já Paulo Roberto de Almeida (2008) afirma que, na trajetória desse órgão de Estado, confrontos de ideias coexistiram com acomodações pragmáticas entre os partidários de diferentes correntes de opinião.[8] Com efeito,

A luta de ideias sempre esteve presente em várias épocas de debate nacional: escravistas e abolicionistas, metalistas e papelistas, industrializantes e agraristas, liberais e protecionistas, estruturalistas e monetaristas, interdependentes (conhecidos também como 'associados' ou 'entreguistas') e nacionalistas e outras combinações ocasionais. Embates dicotômicos não foram raros na moderna história brasileira, colocando pessoas e grupos que defendiam posições antagônicas na agenda política em confronto direto, redistribuindo cartas nos jogos de poder que inevitavelmente acompanham esses enfrentamentos e provocando cisões na elite – e apenas na elite – como resultado desses confrontos, de resto mais ruidosos do que verdadeiramente ruinosos, mais ideológicos do que materiais, num país bem mais propenso à conciliação do que à ruptura. (Almeida, 2008, p.2)

Almeida pontua que a "comunidade [produtora] de política externa" (ibid.) no Brasil envolveu, desde os tempos do Império,

---

8 Um confronto latente de ideias é registrado na narrativa de Elio Gaspari (2004): em meados dos anos 1970, o Itamaraty – como as demais burocracias do Estado brasileiro – parecia estar dividido entre liberais e socialistas. Essa dicotomia repercutia um conflito ideológico mais amplo e difuso, que se projetava, naquele momento, desde Estocolmo – em 1974, o Prêmio Nobel de Economia fora dividido entre o liberal austríaco Friedrich Hayek e o socialista sueco Gunnar Myrdal. Sintomaticamente, dentro da corporação diplomática brasileira, falava-se da clivagem entre os "punhos de renda" (também ditos "conservadores", "direitistas") e os "barbudinhos" (também ditos "progressistas", "esquerdistas").

mais do que os diplomatas de carreira: mobilizou políticos profissionais, militares, magistrados, intelectuais e personalidades de várias áreas. Existiram, por toda a história republicana, formuladores "não itamaratyanos" da política externa brasileira, o que, certamente, contribuiu para a boa diversidade de perspectivas e o arejamento de opiniões no interior do MRE. O autor sugere, não obstante, que, conforme o Itamaraty foi se profissionalizando e se burocratizando (destacadamente, a partir dos governos dos militares), escassearam, entre os altos decisores de política externa brasileira, aqueles que não haviam feito carreira no interior da corporação diplomática.[9]

Por seu turno, Luiz Werneck Vianna avalia que a elite intelectual do Estado brasileiro sob a ditadura dos militares (composta, majoritariamente, por generais e burocratas, com menção nominal ao diplomata Azeredo da Silveira) mostrou-se, de modo geral, incapaz de estabelecer parcerias frutíferas com a *intelligentsia* e a sociedade civil, especialmente no que dizia respeito à chamada "questão nacional". Os empreendimentos do Estado brasileiro no período foram "uma coisa confinada às elites militares e tecnocráticas", que, segundo Vianna, "não conseguiram comunicação para baixo". Na interpretação do autor, a sociedade, que não houvera "pactuado" com o Estado, pôs a questão democrática, de certa maneira, à frente da questão nacional, erodindo a legitimidade dos que se imaginavam mentores e promotores da razão de Estado e/ou do interesse nacional (Vianna et al., 2005, p.215-6).

---

9 Registre-se, todavia, o instigante argumento de Castelan (2009), para quem a mudança na orientação da política externa comercial do Brasil, mais visível a partir dos anos 1990, deveu-se, em alguma medida, à presença dos não itamaratyanos na chefia da Casa: Setúbal (1985-1986), Abreu Sodré (1986-1990), Rezek (1990-1992), Celso Lafer (1992), Fernando Henrique Cardoso (1992-1993) e de novo Lafer (2001-2002) ocuparam o posto de ministro das Relações Exteriores após a redemocratização do país.

Na cerimônia de formatura da turma de 1985 do Instituto Rio Branco, realizada em 23 de maio daquele ano, já sob a presidência civil de José Sarney, o então chanceler Olavo Setúbal proferia:

A política externa brasileira deve apresentar-se unívoca, em métodos e critérios éticos e políticos, com as práticas internas e com o *estilo próprio da Nova República*. [...] Esse postulado tem conotações simultâneas de mudança e continuidade. Mudança, pelo ânimo de assentar conceitualmente a ação externa sobre a base renovada de instituições fundadas na democracia representativa, no Estado de direito e na justiça social. [...] Praticaremos uma diplomacia ciosa de sua origem democrática e preocupada em projetar no plano exterior as aspirações de uma cidadania em processo de restauração. [...] Daí a fundamental importância da participação do Congresso Nacional, das forças empresariais e das entidades sindicais no grande debate sobre os rumos da diplomacia brasileira. (Ministério das Relações Exteriores, 1985, p.106; grifo meu)

A proposta democrática é reforçada no púlpito da Organização das Nações Unidas, em Nova York, pelo presidente Sarney, em discurso na abertura dos trabalhos da Assembleia Geral da ONU, em 23 de setembro de 1985:

O Brasil acaba de sair de uma longa noite. Não tem olhos vermelhos de pesadelo. Traz nos lábios um gesto aberto de confiança e um canto de amor à liberdade. Quem é prisioneiro do passado não enxerga o futuro. Moisés não ficou de costas para a terra da Promissão. O instrumento de nossa viagem do autoritarismo para a democracia foi a capacidade de conciliar e de entender, sem violências e sem traumatismos. [...] Com espírito democrático militamos, há tantos anos, pelo desarmamento e recusamos, por precária, violenta e irracional, a ideia de uma paz sustentada pelo equilíbrio dos armamentos atômicos. [...] E também por fidelidade ao credo universalista da democracia que somos antirracistas. Profunda, entranhada e intransigentemente antirracistas. (Sarney, 1985, p.447-8)

As falas de Setúbal e de Sarney deixam pistas acerca da compreensão que o poder Executivo tinha das conexões entre democracia e política externa no Brasil de 1985. A fala de Setúbal sugere, a princípio, que a política externa de um regime democrático representativo deve coadunar-se com as expectativas da população – tal integração, contudo, se daria por canais bastante restritivos, a julgar pelo conteúdo da manifestação. O chanceler ressalta a importância do diálogo entre formuladores da política externa do Estado e setores da sociedade civil organizada. Mas, ao indicar apenas três tipos de atores políticos como interlocutores desejáveis (congressistas, empresários e entidades sindicais), retira da política externa brasileira (em tempos de redemocratização) o traço da cidadania universalista. A democracia que emerge da fala de Setúbal é, portanto, na mais otimista das hipóteses, uma poliarquia clássica.[10] Continuava-se a praticar o método estadocêntrico de produção da política externa, malgrado as concessões feitas à sociedade.

---

10 Uma manifestação empiricamente possível da democracia nas sociedades políticas contemporâneas recebe o nome de "poliarquia" (Dahl, 1997). A poliarquia procura garantir para cada indivíduo o respeito a três prerrogativas básicas: i) a formulação de preferências pessoais; ii) a expressão dessas preferências pessoais e iii) a consideração dessas preferências pelo governo de turno. As capacidades individuais resguardadas por uma poliarquia manifestam-se institucionalmente por meio de: a) liberdade de formar e aderir a organizações; b) liberdade de expressão; c) direito de voto; d) elegibilidade para cargos públicos; e) direitos de políticos disputarem apoios e votos; f) direito a fontes alternativas de informação; g) eleições livres e limpas e h) instituições eleitorais que proporcionem o processamento das preferências individuais. Na prática dita democrática das sociedades políticas contemporâneas, o próprio Dahl adverte que as formas concretas assumidas pelas oito condições para a existência de uma poliarquia aqui arroladas variarão enormemente, de caso para caso.

Sarney, por sua vez, projeta sua fala "para fora". O presidente buscava transmitir à comunidade internacional a mensagem de que o país convertera-se em uma democracia representativa, respeitadora dos direitos humanos e cumpridora de suas responsabilidades. Por esse caminho, argumenta o embaixador Luiz Felipe de Seixas Corrêa, "seria possível superar a desconfiança nascida dos anos do autoritarismo e desimpedir alguns canais de comunicação [...], tanto com o mundo desenvolvido quanto com o mundo em desenvolvimento" (2007, p.442). A democracia no ambiente doméstico entra como um insumo na fórmula da projeção internacional do Brasil. Não há referência, explícita ou velada, à aplicação dos critérios da democracia formal ao exercício da política externa brasileira. O chefe de Estado age como plenipotenciário da nação, sem fazer consultas à sociedade sobre os conteúdos específicos da PEB.

A ordem constitucional de 1988 e suas consequências para a PEB

Não é habitual um debate mais aprofundado sobre o arcabouço normativo em que se articula a política externa nacional. Eu me refiro às fontes de informação a respeito da ação diplomática brasileira, incluindo tanto o marco constitucional, dado pela Constituição Federal de 1988 (CF/1988), especialmente por seu artigo 4º, quanto os debates sobre a inserção internacional do país, realizados historicamente no interior da corporação diplomática, o Ministério de Relações Exteriores.

Numa aproximação constitucionalista, pode-se compreender de que maneira o texto constitucional fornece os parâmetros para a ação estatal no âmbito internacional. Os princípios inscritos no art. 4º da CF/1988 representaram uma concatenação específica de normas internacionais na base jurídica da diplomacia nacional, conferindo-lhe um apoio mais ou menos flexível para a defesa de suas posições no exterior e – o que é cada vez mais relevante – domesticamente. Diz o texto constitucional:

> Art. 4º. A República Federativa do Brasil rege-se nas suas relações internacionais pelos seguintes princípios:
> I – independência nacional;
> II – prevalência dos direitos humanos;
> III – autodeterminação dos povos;
> IV – não intervenção;
> V – igualdade entre os Estados;
> VI – defesa da paz;
> VII – solução pacífica dos conflitos;
> VIII – repúdio ao terrorismo e ao racismo;
> IX – cooperação entre os povos para o progresso da humanidade;
> X – concessão de asilo político.
> Parágrafo único. A República Federativa do Brasil buscará a integração econômica, política, social e cultural dos povos da América Latina, visando à formação de uma comunidade latino-americana de nações. (Constituição da República Federativa do Brasil, 1988)

Conceitualmente, da leitura do artigo 4º apreendem-se as políticas desejáveis para o Estado brasileiro, e também as dissonâncias nas posições adotadas por distintos governos desde 1988. Essas variadas leituras do referido artigo situam-se no quadro de diferentes projetos brasileiros de inserção internacional, usualmente concebidos pela elite nacional (Souza, 2002; 2009), da qual a corporação diplomática é uma instância em particular (Cheibub, 1985; Moura, 2007).

Especula-se aqui que essas normas constitucionais relativas à conduta internacional do Brasil – e a própria hermenêutica dos princípios da PEB, por parte da comunidade de intérpretes do Itamaraty e da academia – tenham sido recodificadas ou simplesmente constrangidas pelos pleitos da sociedade democrática, o que induz a um cenário de crescentes limitações à independência do corpo diplomático, o qual passa a ter de medir forças com determinados setores e atores da sociedade para conseguir conservar a coerência normativa da política externa brasileira.

Desse emaranhado de interesses e lógicas que se cruzam resultam certa indefinição e farta controvérsia acerca do teor da atuação diplomática brasileira no mundo contemporâneo. Por isso, o estudo combinado das origens legais e políticas da formulação da(s) norma(s) de conduta da política externa brasileira deve incorporar a investigação do processo pelo qual se dá, ou se evita, a influência da práxis diplomática pela sociedade democrática brasileira.

Ao tratar das circunstâncias que envolvem o raciocínio jurídico nas relações internacionais, Friedrich Kratochwil (1991) desenvolve o argumento de que a razão humana é guiada por regras (*rule-governed*) e que, portanto, normas não são apenas mecanismos de direcionamento, mas também aquilo que permite às pessoas perseguir suas metas, compartilhar significados, comunicar-se entre si, criticar posições e justificar suas próprias ações. Por isso, o recurso a normas é um traço distintivo das interações sociais, embora nem sempre o raciocínio legal respeite os limites da lógica clássica, dobrando-se eventualmente a idiossincrasias pessoais ou ao peso das contingências. Nesse tipo de situação, prevalecerá o raciocínio prático, frequentemente orientado por valores e não pela cadeia de meios e fins, "deficiente" nos termos da racionalidade instrumental (Kratochwil, 1991, p.11-2).

Assim sendo, variadas assertivas lógicas (e quase lógicas) poderão encontrar guarida nas reivindicações feitas tanto por agentes estatais quanto por atores sociais, no âmbito da política doméstica e das relações internacionais. Os valores que movem os argumentos esgrimidos ou as ações políticas executadas na esfera pública têm como lócus privilegiado de enunciação o texto constitucional – evidentemente, se temos em vista um Estado constitucionalizado segundo a técnica do positivismo jurídico moderno, como o brasileiro.

Valendo-se da tradição da retórica clássica, o professor Kratochwil entende que há determinados "lugares comuns" (*topoi*) a que usualmente recorrem os homens quando querem construir argumentos. Esses lugares comuns apresentam-se antes sob a forma de tópicos abstratos do que como ideias expostas logicamente, com rigor formal. São eles que oferecem "portas de entrada" para a abordagem de um problema prático, concreto. É nesse sentido que se pode afirmar, à luz da formulação de Kratochwil (ibid.), que os incisos do artigo 4º da CF/1988, que explicitam os fundamentos da conduta internacional do Brasil, têm servido como *topoi* para identificação de valores, justificação pública e posterior racionalização discursiva da política externa praticada por um governo ou reclamada por um ator social específico.

Os intérpretes do texto constitucional conformarão um rol tanto maior quanto mais plural for uma sociedade democrática. Peter Häberle (1997), proponente dessa correlação, relembra que a teoria tradicional da interpretação constitucional esteve vinculada por muito tempo a uma noção de "sociedade fechada", demasiado concentrada nas figuras dos juízes e nos procedimentos formalizados. Porém, sob o pluralismo democrático, passou a fazer-se necessária a incorporação de novos intérpretes da lei, não necessariamente estatais, para assegurar-se a legitimidade dos processos jurídicos.

Häberle chama a atenção ainda para a diferenciação que há de ser feita entre a hermenêutica constitucional nos sentidos lato e estrito. No sentido amplo, "todas as potências públicas, grupos sociais e cidadãos envolvidos" (ibid., p.14) interpretam, mesmo que na condição de destinatários, o conteúdo das normas. O autor reconhece também que, no sentido mais estrito, os tradicionais intérpretes da lei (juízes, parlamentares etc.) detêm a última palavra. Todavia, isso não impede que a hermenêutica

Política externa e democracia no Brasil

constitucional häberliana defenda a importância de levar em conta os *inputs* sociais.[11] Como explicou Rafael Amaral:

> Imaginemos um funil, onde a abertura superior e maior representa a gama de interpretações sobre uma determinada matéria, formuladas pelos diversos legitimados. À medida que o processo se desenvolve, percebe-se que o número de interpretações diminui. Muitas são reformuladas, outras se fundem. Há um verdadeiro processo de liquidificação dessas interpretações até que a Corte Constitucional defina qual ou quais são aceitáveis e adequadas para aquela matéria. [...] O aumento na participação produzirá o surgimento de novas alternativas, as quais propiciarão ao juiz constitucional um contato maior com a realidade, decidindo, assim, teoricamente, de forma mais adequada, justa e legítima. (Amaral, 2003)

Guardadas as óbvias diferenças contextuais, a relação que se estabelece hoje entre o corpo diplomático brasileiro – o intérprete tradicional dos dispositivos constitucionais do art. 4º da CF/88 – e os demais "novos atores" da nossa política externa é análoga. Equivale a pensar o conteúdo normativo em tela (o art. 4º da CF/88) sob a ótica häberliana da "sociedade aberta dos intérpretes da Constituição".

---

11 Exemplo contemporâneo da dinâmica de proliferação de "intérpretes da Constituição", descrita por Peter Häberle, deu-se por ocasião do polêmico abrigo concedido pelo governo Lula ao presidente hondurenho deposto, Manuel Zelaya, na Embaixada do Brasil na cidade de Tegucigalpa. Discutiu-se intensa e extensivamente a adequação da ação brasileira ao disposto no artigo 4º da CF/88 – sobretudo, a acusação de que a diplomacia brasileira estava a violar o inciso IV, referente à não intervenção em assuntos externos. Ilustram a alegação acima os debates, à época do ocorrido, entre o jornalista Reinaldo Azevedo, da revista *Veja*, e o embaixador do Brasil na Organização dos Estados Americanos, Ruy Casaes, sobre a constitucionalidade da PEB de Lula da Silva. Cf. Azevedo, "Um vermelho-e-azul com representante do Brasil na OEA, que me contestou", 19 out. 2009, disponível em: <http://veja.abril.com.br/blog/reinaldo/geral/um-vermelho-e-azul-com-representante-do-brasil-na-oea-que-me-contestou/>, acessado em 30 maio 2010.

Entre apropriações e reapropriações do arcabouço legal de ação exterior do país, ainda que se reconheçam os novos constrangimentos à autonomia operacional do corpo diplomático brasileiro, também parece razoável imaginar as possibilidades que se abrem ao Itamaraty – uma burocracia estatal dotada de objetivos próprios, embora submetida à orientação do Palácio do Planalto – para um processamento das demandas sociais que lhe seja favorável.

Exemplificando o caso, percebe-se que o padrão da argumentação diplomática brasileira, de forma geral – e talvez especialmente no tocante aos direitos humanos –, tem incorporado a referência à sociedade civil como um recurso retórico de legitimidade – como fica claro, por exemplo, em uma entrevista concedida pela representante permanente do país junto à Organização das Nações Unidas: "[o] relatório brasileiro [submetido ao Mecanismo de Revisão Periódica do novo Conselho de Direitos Humanos da ONU, em 2008] foi muito bem recebido, inclusive pela forte participação da sociedade civil em sua elaboração" (*O Debatedouro*, 2008). No âmbito institucional, registra-se a criação, por parte do Ministério das Relações Exteriores, em maio de 2002, de um programa de ação afirmativa, consistente na concessão de bolsas de preparação para o concurso de admissão à carreira diplomática (CACD) a candidatos afrodescendentes. Essa iniciativa, que parece perfeitamente alinhada com a diretriz do "repúdio ao racismo", enunciada no artigo 4º (item VIII) da *Carta Magna*, consolida a tendência, de resto comum a diversos setores do governo de Luiz Inácio Lula da Silva, de elaboração de políticas públicas compensatórias, lastreadas pelo elemento racial, como instrumento para a superação de barreiras socioeconômicas no Brasil contemporâneo.[12]

---

12 Cabendo, não obstante, reiterar que tal programa foi lançado ainda no segundo governo de Fernando Henrique Cardoso, em 2002.

Também significativo, um confronto possível entre as gestões de política externa de Cardoso e de Lula da Silva traz à superfície diferenças de ênfase no referente ao parágrafo único do artigo 4º. Enquanto os chanceleres de Cardoso – Luiz Felipe Lampreia e Celso Lafer – tenderam a privilegiar os parceiros "tradicionais" (nomeadamente, os Estados Unidos e países da Europa em geral), deixando para o segundo plano a cooperação intrarregional e as alianças no hemisfério Sul, Celso Amorim enfatizou, desde a sua primeira passagem pelo MRE (entre 1993 e 1994, no governo Franco, quando propôs a criação da Área de Livre Comércio Sul-Americana – Alcsa), a necessária aproximação com os países da América do Sul (não em detrimento da noção de América Latina, constante no texto do parágrafo único do art. 4º da CF/1988, mas em afirmação de uma nova hierarquia de preferências na agenda da PEB, ditada, em última análise, pelo presidente democraticamente eleito) (Cason; Power, 2009).[13]

O texto imperioso do *caput* do art. 4º – "A República Federativa do Brasil rege-se nas suas relações internacionais pelos seguintes princípios" – simboliza, por si só, uma histórica inovação para a política externa brasileira, trazida pela Constituição Federal de 1988. O referido artigo conteria, de acordo com a apreciação de José Afonso da Silva, "definições precisas de comportamento do Brasil como pessoa jurídica de Direito Internacional" (apud Dallari, 1994, p.152). E esse detalhamento dos parâmetros normativos para a atuação internacional do

---

13 Em pronunciamento recente de Celso Amorim, ao fim de 2009, na cidade de Belo Horizonte, ouviu-se: "A política externa brasileira naturalmente se baseia em alguns preceitos, alguns princípios que são permanentes. Mas a maneira de executar, a forma de executar é que muda. E a política externa do presidente Lula dá grande ênfase na nossa região. A começar pela própria América do Sul. Uma vez até um jornalista me perguntou 'mas, ministro, por que é que o senhor dá tanta importância à América do Sul?', e eu disse 'porque eu moro aqui'. [...] Como eu moro na América do Sul, tenho de começar dando importância para a América do Sul" (Amorim, 2009).

Estado brasileiro inaugurou a senda da constitucionalização dos princípios da PEB – aspecto ausente das cartas magnas de 1891, 1934, 1937, 1946 e 1967. Paralelamente, conforme demonstraram Sanchez et al. (2006), a inclusão do artigo 4º à CF/1988 não significou, em relação à configuração prévia de nosso ordenamento jurídico, um incremento dos meios de controle e de fiscalização democrática. Se a política externa é dada como política pública – logo, passível de ser "socialmente problematizada" (ibid., p.125) –, presume-se a existência de um arcabouço institucional capaz de conectar o meio doméstico ao internacional, numa sinergia entre o corpo social e político e o aparelho de Estado.

Aparentemente, portanto, o problema assim se delineia: se o texto constitucional de 1988 avança na explicitação dos princípios norteadores da PEB (vide o *caput* do art. 4º) – gerando, assim, um horizonte de previsibilidade e um maior acesso dos cidadãos desta República ao conjunto dos insumos valorativos da tomada de decisão em matéria de política externa do Estado –, ele falha no estabelecimento de canais para o exercício de *accountability* democrática da política externa. Donde a "invenção" de interpretar (e reinterpretar) as provisões do artigo 4º com base nas orientações – que variam de governo para governo, de partido para partido, de indivíduo para indivíduo – dos diferentes titulares da pasta das Relações Exteriores e da própria Presidência da República. Por não haver, nos assuntos de política exterior do Brasil, mecanismos institucionalizados o suficiente para propiciar uma ligação direta do *demos* ao *kratos*, os praticantes da diplomacia nacional têm-se arvorado em intérpretes privilegiados dos tais "princípios que regem as relações internacionais do Brasil".

Essa hermenêutica constitucional de categorias abstratas (os incisos do art. 4º, bem como o seu parágrafo único) tem procurado equilibrar-se, cada vez mais, com uma recepção das demandas concretas e imediatas da população, no que vem a atender uma exigência dos regimes políticos contemporâneos cuja legitimidade para governar se extrai das eleições democráticas.[14]

O Itamaraty e a representação do(s) interesse(s) em face da "nova circunstância democrática"

Os anos 1990 iniciaram-se com Fernando Collor de Mello a ocupar a presidência do Brasil. Sua posse coroou um processo de abertura escalonada do regime político à participação popular, com a realização de eleições diretas para o governo federal em 1989 e a acirrada disputa, em dois turnos, envolvendo o próprio Collor de Mello e o adversário petista Luiz Inácio Lula da Silva.

A presidência de Collor de Mello foi marcada por sobressaltos, principalmente na esfera econômica. A inflação galopante dos anos sob o mando de Sarney não deu trégua, e logo o arrojado plano econômico, elaborado por sua ministra Zélia Cardoso de Mello, fracassaria, minando as bases de legitimidade de um governo que jamais pôde contar com apoio majoritário no Congresso Nacional durante sua duração. O processo de impedimento constitucional, precipitado pelas denúncias de corrupção da máquina pública feitas pelo próprio irmão de Fernando, Pedro Collor de Mello, sepultou, em setembro de 1992, qualquer perspectiva de o primeiro presidente eleito pelo voto popular da Nova República chegar ao fim de seu mandato.

---

14 Como opina O'Donnell, cidadãos não são – nem podem ser – meros portadores de direitos, em uma postura passiva. "Afora a democracia, todos os outros tipos conhecidos de autoridade política derivam a sua legitimidade para governar de instâncias não democráticas: direito divino, autoridade imemorial, conhecimentos privilegiados, posse de riquezas materiais" (2004, p.39). Numa democracia, por sua vez, os cidadãos são a própria justificativa da pretensão de mando e autoridade que o Estado e o governo articulam, quando tomam decisões coletivamente vinculantes.

A tensão que marcou esse episódio da história republicana brasileira se justifica se o *impeachment* for tomado como "batismo de fogo" das novas instituições democráticas do país. Afinal, o que hoje se alega é que, malgrado o transtorno político vivenciado à época, prevaleceu no Brasil o Estado de Direito, isto é, a saída constitucional, sem rupturas da ordem ou recurso a expedientes extralegais. Do ponto de vista da política externa conduzida pelo MRE, já se registrava naquele período uma tentativa de emplacar uma nova imagem internacional do país em relação a temas como democracia e Estado de Direito. Tome-se, por exemplo, o discurso proferido pelo então ministro das Relações Exteriores, Celso Lafer, no púlpito das Nações Unidas, por ocasião da abertura da sua Assembleia Geral anual, em setembro de 1992:

> A democracia que hoje vivemos em toda sua plenitude no plano interno constitui garantia de estabilidade e coesão. Ensina-nos a conviver com as diferenças e as disparidades de uma sociedade plural. *Permite-nos enfrentar crises e vicissitudes dentro da legalidade constitucional*, ao mesmo tempo que nos encoraja a defender seus princípios e métodos também no convívio com as demais nações. (Lafer apud Seixas Corrêa, 2007, p.553; grifo meu)

Para além da defesa da institucionalidade democrática, o ministro reforçava, em seu discurso, o compromisso brasileiro com o "espírito de civilidade" e, por conta disso, nossa natural credencial para participar da "reorganização do sistema internacional". Em entrevista concedida após deixar o ministério, ele explicitou a racionalidade de sua fala:

> Na tradição diplomática brasileira, o discurso da ONU é importante, porque é um ponto de referência. Eu tinha, é claro, muita consciência disso. [...] Estávamos enfrentando uma grande crise dentro do estrito marco democrático, e qualquer que fosse o seu desfecho, sairíamos reforçados pela capacidade institucional de

administrar um grande problema. Minha ida à ONU, a meu ver, tem essas duas dimensões: a da presença qualitativa do Brasil no mundo, que tentei marcar através do meu discurso, e a da gestão da crise como um elemento de reforço da legitimidade internacional do país, utilizável por quem viesse a me suceder. (Lafer et al., 1993, p.12)

Também é digna de registro a publicação, em 27 de agosto de 1992, da portaria que regulamentava o acesso público ao arquivo histórico do Itamaraty. Ela promoveu um importante avanço institucional, tanto no sentido de abertura da PEB à avaliação contínua da sociedade quanto no de adequação do Itamaraty ao dispositivo constitucional do *habeas data*,[15] uma vez que dispôs sobre a possibilidade da consulta – com as reservas previstas em lei – aos documentos da diplomacia nacional. O acesso ao arquivo sempre foi um grande problema para os pesquisadores – como salientou Pio Penna Filho (1999) –, os quais, em regra, "recorriam a fontes no exterior para escrever capítulos da história nacional" (p.122). Lafer justificou, eventualmente, a medida tomada com uma apologia – temperada por ressalva – à democratização da política externa:

> Sempre tive a convicção de que em uma democracia a transparência do poder é fundamental e de que o controle das políticas públicas pela cidadania deve ser feito através de uma informação apropriada. É claro que também sempre reconheci que há temas de segurança, *temas mais delicados cuja divulgação envolve uma certa defasagem no tempo*. Mas acho que não podemos ter documentos que não possam ser um certo dia acessados. (Lafer et al., 1993, p.11; grifo meu)

---

15 O direito ao *habeas data* está enunciado nas alíneas *a* e *b* do inciso LXXII do artigo 5º da Constituição Federal de 1988, sendo concedido "para assegurar o conhecimento de informações relativas à pessoa do impetrante, constantes de registros ou bancos de dados de entidades governamentais ou de caráter público" ou "para a retificação de dados, quando não se prefira fazê-la por processo sigiloso, judicial ou administrativo".

Com a queda de Collor, tomou posse o então vice-presidente Itamar Franco, ex-senador e opositor moderado ao regime dos militares (Fausto, 2002). No primeiro trimestre de 1993, sob a responsabilidade institucional do ministro Fernando Henrique Cardoso, realizou-se no Itamaraty um ciclo de seminários sobre os novos rumos a imprimir à política externa brasileira dali por diante. Dele participaram membros da sociedade com envolvimento nas questões da PEB, incluindo acadêmicos, empresários, sindicalistas e diplomatas (em atividade e aposentados). O ciclo, promovido pelo Instituto de Pesquisas de Relações Internacionais (Ipri), chamado de "Reflexões sobre a Política Externa Brasileira", debateu, dentre outras questões, o estatuto público da política externa, sua necessária democratização e os mecanismos concebíveis para tal.

Ao tratar do tema da transparência na gestão da PEB, o documento-síntese dos encontros assim expunha:

> O Itamaraty *pode escolher o que lhe interessa discutir publicamente,* mas, pelos mais variados caminhos, a sociedade – setores da elite, pelo menos – também "escolhem" os temas que querem discutir com os formuladores da política externa. A transparência é necessariamente uma via de mão dupla, e sujeita às flutuações e aos interesses a que Celso Lafer chama de "agenda da opinião pública". Constatou-se que é *inevitável* que alguns temas institucionais passem a fazer, em algumas circunstâncias, parte dessa agenda. (MRE, 1993, p.145; grifos meus)

A abertura à sociedade dos antes opacos debates da PEB agora se apresenta como uma "inevitabilidade", no dizer dos participantes dos encontros. Dois aspectos do trecho reproduzido saltam aos olhos: a indisfarçada pretensão de tutela política itamaratyana ("o Itamaraty pode escolher o que lhe interessa discutir publicamente") e a constatação de que existe uma agenda da opinião pública (ainda que restrita a "setores da elite") da qual o MRE terá, circunstancialmente, de dar conta. A resignação, por parte do Itamaraty, ao debate público fica mais evidente na passagem seguinte:

> No diálogo – que, em certa medida, já não é uma 'opção', mas uma necessidade imposta pela circunstância democrática –, *se perdemos uma medida de 'liberdade'*, ganhamos com quem também tem formas de sensibilidade para as questões internacionais e, sobretudo, reforçamos a legitimidade das posições diplomáticas brasileiras. (ibid.; grifo meu)

Na subseção seguinte do documento em análise, intitulada "A necessidade da diplomacia pública", encontram-se as primeiras propostas efetivas para maior capilarização social da PEB. O primeiro plano suscitado é a criação de um mecanismo institucional de interlocução continuada entre os *stakeholders* da PEB, o qual assumiria as formas – complementares entre si – de: i) uma espécie de grande conselho para exposição e debate das linhas gerais da PEB; ii) foros de discussão mais restritos, em que se buscasse ouvir segmentos específicos da sociedade sobre áreas de interesse mais delimitadas (o exemplo, segundo o documento, seria o Conselho Empresarial); e iii) articulação *ad hoc* mais intensa a respeito das medidas que o Estado brasileiro deveria tomar nas principais reuniões internacionais. Essa aproximação da PEB com o público seria conduzida de maneira descentralizada pelas várias secretarias e subsecretarias dos ministérios e demais órgãos burocráticos do Estado brasileiro.

Como corolário dessas práticas, projetava-se que a diplomacia brasileira se tornasse uma "política nacional", com coordenação *interna* entre as burocracias do Estado nos três níveis federativos, o Congresso e algumas personalidades representativas da sociedade, e com a promoção do diálogo entre organizações políticas, empresariais, sindicais, culturais, acadêmicas etc. O documento autorreflexivo do Itamaraty prescrevia para "o problema da formulação de políticas" os seguintes remédios: a introdução do componente internacional nos planos internos e a manutenção dos cenários internacionais atualizados em suas múltiplas dimensões (política, econômica, militar, estratégica) e prazos (curto, médio e longo). Ao fim do capítulo IV, o documento era concluído, de forma um tanto contraditória, com um apelo por maior incorporação da "dimensão nacional" à PEB, sem deixar de ressaltar, contudo, logo em seguida, que "a complexidade dos temas diplomáticos, frequentemente técnicos, *pede processos constantes de formação dos funcionários, em que a dimensão geral e política das 'especializações' seja sublinhada*" (MRE, 1993, p.160; grifo meu).

Na impossibilidade de o ex-governador do Distrito Federal, José Aparecido de Oliveira, assumir como chanceler, Itamar Franco trouxe para o comando interino do Ministério das Relações Exteriores o diplomata de carreira Celso Amorim. A escolha provisória tornou-se a definitiva, e a dupla Franco e Amorim foi, com efeito, responsável pela condução da política externa do país entre julho de 1993 e dezembro de 1994.

O chanceler Amorim elaborou, em sua primeira passagem como chefe do Itamaraty, uma pequena coleção de discursos e artigos sobre a relação entre democracia e PEB. Em trecho de uma entrevista concedida ao jornal *Correio Braziliense*, ainda em novembro de 1993, ele proferiu, não fugindo do tema:

> O Brasil evoluiu na sua política interna, com democracia, maior transparência, maior respeito aos direitos humanos e *a política externa até se atrasou um pouco*, porque, digamos, em função de temores do passado, tínhamos uma atitude um pouco menos empenhada em relação a esses temas. (Amorim, 1995, p.302; grifo meu)

Na fala de Amorim há o reconhecimento de certo descompasso entre o processo de democratização da política *doméstica* do país (caracterizado, dentre outros, pelo respeito aos direitos humanos, por uma maior transparência na gestão da coisa

Política externa e democracia no Brasil

pública, pelo Estado de Direito) e a condução da política *externa*. A alegação era de que "temores do passado" (aqui, imaginamos, se esteja fazendo alusão à herança político-institucional da ditadura militar no Brasil) teriam impedido avanços mais robustos no rumo da democratização da PEB. Mais adiante, em abril de 1994, Amorim voltaria a tratar publicamente do tema, em artigo publicado no mesmo *Correio Braziliense*, intitulado "Diplomacia e democracia". À ocasião, de forma menos titubeante e lacônica, o diplomata reafirmou o compromisso do governo Franco com os pilares da democracia no exercício da PEB:

> A ideia de que a diplomacia constitua atividade conspiratória, marcada pela intriga e pela dubiedade, é cada vez menos verdadeira. Por isso, a diplomacia brasileira, coerentemente com nossas aspirações democráticas, se caracteriza, por um lado, pela abertura ao diálogo participativo com a sociedade e, por outro, pela transparência com que perseguimos nossos objetivos em relação a outras nações. São estes atributos, que não se confundem com a ingenuidade ou a imprudência no trato dos assuntos de Estado, que garantem credibilidade à nossa ação externa. (Amorim, 1995, p.243)

É curioso notar na passagem anterior como Celso Amorim toma a cautela de justificar ao público a opção pela "abertura ao diálogo participativo com a sociedade", buscando desvencilhar-se da pecha de ingênuo ou imprudente – como se aquele caminho por ele apontado não fosse o natural; como se a política externa não fosse uma política pública do Estado democrático brasileiro –, *ergo* passível de reflexão social. A propósito, em suas formulações sobre democracia e PEB, Amorim não se limitou a pensar as conexões domésticas entre os conceitos. A articulação passava pela defesa obstinada de uma reforma do Conselho de Segurança das Nações Unidas que viesse a contemplar interesses brasileiros, sob o pretexto da "democratização das relações internacionais". Esses apelos apareceram com frequência nos textos da época, como, por exemplo, num balanço da gestão da PEB de Franco, preparado para o jornal *Folha de S.Paulo*, em que constava o seguinte parágrafo:

> Nascido de um ato de afirmação cívica do regime democrático, o governo Itamar Franco revigorou o compromisso de nossa diplomacia com a defesa e a promoção da democracia no interior dos Estados e no relacionamento entre eles. Trabalhamos intensamente em favor dos valores democráticos e do respeito aos direitos e às liberdades individuais, sempre em consonância com o princípio da não intervenção nos assuntos internos dos Estados. (Amorim, 1995, p.17)

Em suma, a primeira metade dos anos 1990 no Brasil ficaria marcada, no que diz respeito à PEB, por um despertar tímido das ideias que associavam democracia e atividade diplomática. Para além, atores pouco convencionais, com interesses envolvidos na formulação da política externa (os novos *stakeholders* do mundo pós-Guerra Fria), passaram a ser citados nas propostas de democratização dos processos decisórios, mesmo que por canais incipientes, subdesenvolvidos. Tratava-se de mudanças significativas no discurso e, em menor medida, nas práticas da PEB.

Novas reflexões, ou a busca da "virtude aristotélica"

Na segunda metade dos anos 1990, sob a presidência de Fernando Henrique Cardoso, ex-chanceler e ex-ministro da Fazenda do governo Itamar Franco, ocorrem transformações no arcabouço institucional para tratar as questões internacionais do Brasil que aproximam, efetivamente, o processo de formulação da PEB de uma medida de poliarquia, com a abertura do debate político em outros níveis e a outros atores de relevância econômica e social. Em 1997, por exemplo, é estabelecida a Assessoria de Relações Federativas (recriada, em 2003, como Assessoria Especial de

Assuntos Federativos e Parlamentares), que acompanhava a possibilidade constitucional de incorporação de demandas dos governos subnacionais na composição do chamado "interesse nacional". Entre 1992 e 1999, foram criados o Comitê Empresarial Permanente do MRE, o Fórum Consultivo Social e Econômico do Mercosul, a Seção Nacional de Consulta sobre a União Europeia e o Grupo Interministerial de Trabalho sobre Comércio Internacional de Mercadorias e de Serviços (Gici), além de inúmeros conselhos empresariais bilaterais, o que adensou consideravelmente o relacionamento governo-empresariado no período. Em escrito de 1998, o embaixador Gelson Fonseca Jr. admitia:

> Em nossa política interna, a democratização estimulou a ampliação do debate sobre temas diplomáticos, *especialmente os que têm substância econômica*. A agenda da opinião pública nem sempre coincide com as prioridades governamentais, mas exige atenção e cuidado permanentes. (Fonseca Jr., 1998, p.366; grifo meu)

Pedro da Motta Veiga, ao discorrer sobre a política externa comercial brasileira do período, convergiu com Fonseca naquela percepção:

> No campo das negociações comerciais, sua importância crescente na política comercial na segunda metade dos anos 1990 ofereceu oportunidade para um redesenho institucional, envolvendo não somente o Estado, mas sua relação com a sociedade civil. À medida que o Brasil começava a participar de diferentes processos de negociação, cuja abrangência compreendia questões internas e fronteiriças, a negociação comercial atraiu a atenção não somente de diferentes organismos públicos – ausentes do cenário até então –, mas também de um amplo conjunto de interesses domésticos privados. (Veiga, 2005, p.6)

No entanto, como pontuou Carlos Faria (2008), as inovações institucionais não se deram, necessariamente, sob a motivação democrática de um compartilhamento social do poder decisório. Antes, há alegações, tanto da parte de representantes de governos subnacionais quanto de empresários, de que os negociadores do Itamaraty *os* [eles, os novos *stakeholders* da PEB] veem como 'massa de manobra' útil para fins de legitimação política. Veiga também chamou a atenção para esse descompasso, pois, apesar das enormes mudanças ocorridas na relação entre o Estado e a sociedade civil no campo das negociações comerciais, alguns elementos do padrão hegemônico de relacionamento ainda se mantiveram. Segundo o autor, "o diálogo muitas vezes se reduziu a 'prestação de informação' e somente em última instância representou 'tentativas genuínas de procurar uma contribuição mais ampla para a formulação de políticas'" (Veiga, 2005, p.50). Assim, a celebrada ampliação da participação e a inclusão de novos grupos no debate sobre política comercial no Brasil não se traduziram automaticamente num aumento proporcional no grau de transparência, tampouco na influência desses grupos na definição e implementação da política.

Tal perspectiva encontraria guarida na proposição de Zairo Cheibub (1985) de que, a partir da década de 1960, os diplomatas brasileiros do Itamaraty teriam deixado de se preocupar com aspectos organizacionais ou estilísticos para centrar o foco de sua atuação profissional na formulação da PEB. Isso teria colaborado para o fechamento da corporação em torno de si, bem como para a emergência de um senso comum entre os diplomatas de carreira de pertencimento à "elite burocrática" da nação (Moura, 2007). Dentro desse novo paradigma de que fala Cheibub, a democratização da sociedade brasileira veio figurar como um tipo de *asset* institucional, ou seja, como insumo de uma imagem manipulada (pelos próprios diplomatas) do "Brasil para exportação", do "Brasil para inglês ver". A passagem a seguir, de autoria de Gelson Fonseca Jr. e Celso Lafer, formuladores proeminentes da PEB sob Cardoso, ilustra o afirmado:

Deve, portanto, ser uma preocupação prévia a qualquer planejamento de política externa uma *aposta* sobre que tendências vão prevalecer a curto e médio prazos no sistema internacional, se as centrípetas ou se as centrífugas, pois a *aposta* em uma ou outra direção pode sugerir, desde já, caminhos e opções diplomáticas. Na realidade, a questão se desdobra: é necessário avaliar de que maneira essas forças nos afetariam e, num segundo momento, saber de que maneira poderíamos influir para que a ordem mundial em gestação caminhasse em sentido favorável aos nossos interesses. (Lafer; Fonseca Jr., 1997, p.69; grifos meus)

A PEB é pensada pelos autores como o produto de um planejamento estratégico realizado por especialistas, capazes de vislumbrar os rumos do sistema internacional e, a partir daí, perseguir os "nossos interesses". A política externa é concebida, evidentemente, como questão de Estado, não como agregação das forças sociais. Em artigo escrito para o jornal *O Estado de S. Paulo*, em dezembro de 2007, dez anos depois, Lafer tornaria a enunciar, de modo professoral, seu entendimento sobre o processo da produção da política externa – embora lhe reconhecendo explicitamente a condição de política *pública*:

A política externa é uma política pública. Interessa a todos, pois trata da gestão dos interesses coletivos de uma nação no mundo. Cuida dos meios pelos quais um país se relaciona com os outros, lidando com os riscos dos conflitos, as oportunidades e os desafios econômicos e levando em conta os valores, ou seja, as afinidades e as discrepâncias políticas e culturais. [...] Na definição de metas de política externa é relevante identificar com sentido de prioridade o que um país realmente precisa obter no plano internacional para atender a suas necessidades internas, *avaliando corretamente* quais são, num determinado momento, suas possibilidades externas para alcançar segurança, desenvolvimento e bem-estar, prestígio e afirmar visões do funcionamento do sistema internacional. No processo de gestão da política externa é preciso evitar dois riscos opostos: o de superestimar-se e o de subestimar-se. (Lafer, 2007; grifo meu)

Outras tantas vezes a democracia emergirá, no discurso oficial da diplomacia sob o governo de Fernando Henrique Cardoso, como um traço corroborador da modernização do país, um indicador de civilidade e de sofisticação político-institucional. Vide as reflexões de Luiz Felipe Lampreia, o chanceler de tal presidente entre 1995 e 2000, sobre o Brasil e a globalização:

> Como resultante do enfrentamento [de] dois conjuntos de forças, as do progresso e as do atraso, [o Brasil é] um país que mostra uma notável vitalidade, mas cujo destino ainda depende de decisões e de políticas em implantação ou em maturação e de uma vitória decisiva do novo sobre o velho. [...] Quer seu projeto nacional contemple uma vocação de hegemonia regional ou internacional [...], o Brasil sem dúvida está reunindo um bom potencial para dar um salto qualitativo tanto no seu desenvolvimento interno quanto na sua inserção internacional. Esse potencial é a resultante de diversos avanços que o país tem conseguido a partir da sua consolidação como uma democracia, uma sociedade majoritariamente urbana, uma economia industrial moderna e diversificada e com um grau crescente de interação com o mundo. [...] O primeiro desdobramento [da globalização] é a acentuação da homogeneização da vida internacional em torno das duas forças centrais da democracia e da liberdade econômica. É evidente que continuará havendo exceções a essa tendência, mas o provável é que elas se confinem cada vez mais à periferia do sistema internacional. (Lampreia, 1996, p.41-3)

Em Lampreia, mais nitidamente, a noção de democracia como "ativo patrimonial" do Estado brasileiro – isto é, como elemento que distingue os países integrados à rede de relações internacionais modernas dos países atrasados ou periféricos – associa-se à pretensão de um projeto nacional para a "hegemonia regional ou internacional".[16] Porém, é na conferência intitulada "A política externa brasileira frente à democracia e à integração" (1997), pronunciada na cidade de Buenos Aires, na Argentina, que se manifesta de forma mais inequívoca seu pensamento acerca do duo democracia/PEB:

> Estamos longe dos tempos em que os governos, isolados em torre de marfim do Estado, acreditavam-se capazes de conceber e implementar políticas impostas ou fazer acordos ou entendimentos exclusivamente oficiais, confiando na indiferença mais ou menos generalizada da sociedade civil. Atualmente, ao contrário da época áurea da diplomacia do *"balance of power"* e das grandes alianças estratégicas, está comprovado que, sem a participação, sem o compromisso, sem o interesse e a compreensão daqueles agentes econômicos e sociais, de alguma maneira atingidos pelas decisões, as políticas de interação entre os Estados não prosperam. Resulta daí que o planejamento e a execução da política externa tornou-se um exercício democrático entre os governos e as sociedades. Em uma sociedade democrática, os governos não produzem interesses isolados, senão que os identificam e interpretam no diálogo e na interação constantes com a sociedade civil em geral e os diferentes setores em particular. (Lampreia, 1999, p.170-1)

Na fala do chanceler Lampreia fica sugerido o papel que caberia, contemporaneamente, ao Itamaraty: o de detector e "filtro" institucionalizado do interesse nacional – o qual seria equivalente, para efeito de análise, às demandas de setores

---

16 O conjunto de critérios que cacifam um eventual "salto qualitativo" do Brasil no mundo, em Lampreia (1996), inclui não apenas a consolidação democrática de um ângulo formal, mas a urbanização, a industrialização e a relativa extroversão do Estado/sociedade nos últimos tempos. Traz a inspiração das teorias da modernização, em voga nos anos 1960, tais como as de Rostow, *The Stages of Economic Growth, a Non-Communist Manifesto*, e Huntington, *Political Order in Changing Societies*.

organizados da sociedade civil. Mas é o governo quem "identifica e interpreta", numa posição tutelar, as reivindicações feitas pelos diversos atores sociais e políticos. Também em Celso Lafer, sucessor imediato de Lampreia, chanceler entre 2001 e 2002, coincide a ideia de Brasil como "potência média de escala continental e relevância regional" (Lafer, 2004, p.74). A realização desse projeto passaria por um cálculo de "razão de Estado", e não pela via da consulta popular ou pelo concurso de interesses dos *stakeholders* da PEB, como se atesta no trecho a seguir:

> Giovanni Botero, em seu livro de 1589 sobre a razão de Estado, ao tratar conceitualmente de potências médias e de suas possibilidades de ação diplomática, aponta que elas teriam como característica não serem tão débeis e por isso tão expostas à violência como as pequenas, e simultaneamente por não provocarem, por sua grandeza, a inveja alheia, como as grandes. Além disso, porque os do meio participam dos extremos, têm, em princípio, a sensibilidade para *exercitar a virtude aristotélica da equilibrada busca do meio-termo*. O meio-termo aristotélico é uma das fórmulas de justiça e pode, por isso mesmo, dependendo das conjunturas diplomáticas, transformar-se num argumento de legitimidade, apto a alcançar uma abrangência generalizadora e interessar aos demais protagonistas da vida mundial. (Lafer, 2004, p.75-6; grifo meu)

Logo, é perceptível tanto em Luiz Felipe Lampreia, funcionário de carreira do MRE, quanto em Celso Lafer, professor da Universidade de São Paulo (USP) – os dois chefes do Itamaraty durante os oito anos da presidência de Fernando Henrique Cardoso (1995-2000 e 2001-2002, respectivamente) – um ânimo mais prescritivo e esquemático,[17] que contrasta e pode até chocar-se com

---

17 Refiro-me aqui, basicamente, à confiança que os chanceleres Lampreia e Lafer parecem depositar no cálculo racional do poder (entendido em termos tanto físicos quanto simbólicos) disperso na estrutura internacional como

os apelos por maior abertura da formulação da PEB à participação da população (ou de setores desta).

A "dialética do interesse nacional" e a acomodação de antagonismos

Em Celso Amorim, o único chanceler de Luiz Inácio Lula da Silva entre 2003 e 2010, as conexões discursivas e práticas entre democracia e PEB aparentam ser mais nuançadas e complexas. Em sua segunda passagem pela chefia do MRE, Amorim promoveu ajustes institucionais que vão desde a fórmula de acesso à carreira diplomática (o concurso público) até os mecanismos para ascensão hierárquica dentro dos quadros do Itamaraty. Inovações também aconteceram no que respeita à institucionalização de canais para interlocução com os novos *stakeholders* da PEB (encontros regulares com prefeitos e técnicos representantes das cidades, líderes de movimentos sociais, acadêmicos [Conferência Nacional sobre Política Externa e Política Internacional], maior intercâmbio com diplomatas sul-americanos etc.). Notava-se a presença relativamente constante do chanceler nos meios de comunicação (jornais, revistas, televisão), o que fortalecia a impressão de haver uma correlação emergente entre a PEB e a opinião pública (Faria, 2008). Ressalte-se, em acréscimo, a importância assumida pela variável político-partidária na última gestão do MRE (Almeida, 2004; Lafer, 2009; Barbosa, 2010).[18]

Tais ajustes institucionais tiveram como implicação prática a promoção de mais choques de opinião sobre a PEB e de mais

---

passo prévio a qualquer elaboração estratégica da política externa pelos tomadores de decisão do Estado – devidamente preparados e institucionalmente autorizados para tal.

18 A esse respeito, cabe relembrar a intensa repercussão, nos meios de imprensa, da filiação do ministro Celso Amorim ao partido do presidente da República – o Partido dos Trabalhadores –, em setembro de 2009.

oportunidades para a participação do cidadão em seu processo decisório. Essa dificuldade é enfrentada, de uma perspectiva teórica, pelo chanceler Amorim, em palestra proferida, em abril de 2007, no II Curso para Diplomatas Sul-Americanos. Segue transcrição de trecho da fala do chanceler:

> Do mesmo jeito que há uma política social, uma política educacional, uma política econômica, há uma política externa. E, ao ser uma política externa, é também uma *public policy*, digamos assim. [...] É uma *public policy* e, por isso, espelha as atitudes e percepções dos governos. Naturalmente, essas percepções e essas atitudes não podem estar em contradição com aqueles princípios [constitucionais da PEB]. Mas elas são uma maneira de levar esses princípios à prática, de transformar esses princípios em diretrizes políticas.

E, um pouco mais adiante, no mesmo discurso:

> Entre os princípios do relacionamento externo de um país e a política externa, há uma nuance. A segunda é uma maneira de executar os primeiros. E essa maneira de executar os primeiros varia de governo para governo. Por isso é que todos os candidatos à presidência têm uma parte dos seus programas dedicada à política externa. [...] O que que é permanente? O respeito à independência dos Estados, a solução pacífica de controvérsias, os tratados internacionais, a inviolabilidade das fronteiras – isso são princípios da política externa brasileira. Mas como você conduz isso na prática são diretrizes políticas que cada governo tem. (Amorim, 2007)

A rigor, a dificuldade em questão é ontológica, pois pertence ao campo das definições primárias. *Política externa é política de Estado ou de governo?* As duas coisas, afirma categoricamente Amorim. As premissas constitucionais da PEB seriam o ponto de partida para uma formulação de política pública que variará conforme mudam as interpretações e as contingências do exercício de governo. O ponto de chegada – ou seja, a forma específica assumida pela PEB – dependerá, em última análise, do tipo de mandato que a população concedeu ao governante, das motivações predominantes na sociedade. A pista sobre como isso se deva processar, em termos práticos, é dada por Amorim na sequência do referido discurso. *In verbis*:

> A política externa é tradicionalmente vista como a defesa do interesse nacional. E qualquer coisa que não seja vista como a defesa do interesse nacional será tida como mentira ou como ingenuidade. Todos nos lembramos da frase de [Theodore] Roosevelt: "os Estados Unidos não têm amigos, têm interesses". E isso é citado como defesa do interesse nacional. [...] Mas há algo que merece reflexão: *eu acho que pode haver uma dialética entre o interesse nacional e a solidariedade*. Nenhum país, nenhum presidente, nenhum ministro das relações exteriores pode deixar de defender o interesse nacional. Essa é a missão fundamental. Mas há necessariamente uma contradição entre o interesse nacional e uma certa busca da solidariedade? Eu acho que não. [...] A solidariedade corresponde ao nosso interesse nacional de longo prazo. Ela pode não corresponder ao interesse de curto prazo. Ela pode não corresponder ao interesse setorial de determinada parte da indústria ou da agricultura, ou de uma empresa brasileira. Mas ela corresponde ao interesse de longo prazo. (Amorim, 2007, grifo meu)

O chanceler propõe abertamente uma síntese das contradições existentes entre a busca do autointeresse (individual ou setorial) e a necessidade, projetada para a nação, de uma espécie de "reciprocidade difusa" na região. Ou, ainda, uma via média entre o imediatismo/presentismo e o futuro escatológico. E, tratando especificamente da dinâmica democrática brasileira em face do empresariado:

É claro que todos nós vivemos em um ambiente político, e temos de responder aos grupos de interesse que existem no Brasil e em qualquer outro lugar. Isso quer dizer que nem sempre poderemos fazer tudo aquilo que consideramos justo. A gente faz – dentro daquilo que acha que é justo – aquilo que a gente pode. Há uma frase de [Blaise] Pascal muito interessante: 'não se podendo fazer com que o que é justo fosse forte, fez com que o que é forte fosse justo'. Adaptando um pouquinho: nós procuramos fazer a justiça dentro daquilo que é possível. Eu posso, em teoria, achar que poderia fazer mais. Mas também tenho os meus limites, ditados, evidentemente, por interesses que existem por aí. Isso não deve, porém, me levar para o campo oposto, e só olhar o interesse nacional brasileiro como interesse de curto prazo de uma empresa, de um setor industrial, de um setor econômico etc. [...]. A combinação não é simples, não é óbvia, pode gerar críticas de um lado ou de outro, mas é verdadeira. (Ibid.)

Depreende-se da leitura dos trechos anteriores que Amorim não tenciona uma síntese simétrica entre "autointeresse" e "solidariedade", e sim um equacionamento tendente ao segundo termo.[19] Não se podendo conduzir inteiramente o processo, quer-se influenciá-lo o mais possível (conforme se lê: "nós procuramos fazer a justiça *dentro daquilo que é possível*"). Em discurso de homenagem a Rui Barbosa, numa reflexão sobre o atual papel do Conselho de Segurança das Nações Unidas e a demanda (brasileira) pela expansão do seu número de membros, em novembro de 2007, Amorim voltou a formular *in abstracto* sobre o tema, atingindo conclusão assemelhada:

---

19 Desde que se entenda por "solidariedade" a capacidade do MRE de determinar, republicanamente, aquilo que venha configurar "o interesse nacional de longo prazo" – o qual não deixaria de ser, em última análise, uma modalidade de autointeresse manifesta pelo ator institucional Itamaraty.

Naturalmente é difícil conciliar – e aqui quero chamar atenção para um paradoxo que é preciso enfrentar com lucidez [...]. Naturalmente é difícil conciliar o ideal democrático em sua forma mais pura, que inspirava o pensamento de Rui Barbosa, e a necessidade de um órgão com decisão rápida e eficaz em temas que exigem soluções muitas vezes em caráter de urgência, como são os da paz e da segurança internacionais. Não creio, honestamente, que haja respostas absolutas ou irrefutáveis para esta contradição intrínseca. O que podemos almejar no atual estágio da relação entre os Estados é um sistema que busque equilibrar da melhor forma critérios de representatividade e de eficácia. (Amorim, 2008, p.22-3)

O que torna a fala de Amorim digna de nota é justamente o seu esforço de distanciamento em relação ao tema; esforço para produzir análise desinteressada nos resultados do processo em tela. É bem sabido que, na questão da reforma do Conselho de Segurança da ONU, o "lado" ocupado pelo Itamaraty é o das reivindicações por maior democratização do acesso aos fóruns decisórios da política internacional, o que viria a contemplar o Brasil. Evidentemente, portanto, não se espera do chanceler brasileiro postura outra que a defesa direta e sem ressalvas do interesse nacional. No entanto, coerentemente com o conceito esboçado de "dialética do interesse nacional", Amorim hesitará, acusando a própria incapacidade de prover "respostas absolutas ou irrefutáveis para esta contradição intrínseca". A contradição intrínseca a que ele se refere, especula-se adiante neste trabalho, é aquela entre as lógicas da democracia liberal e do republicanismo. A resultante vetorial, como se tentará sustentar no decorrer da argumentação, é uma forma atenuada de um republicanismo aristocrático que, desde o século XIX, se vem aplicando à condução da PEB.

Síntese do capítulo: do silêncio respeitoso à politização ruidosa

Numa série de artigos conjunturais, produzidos para o jornal *Folha de S.Paulo* entre dezembro de 2001 e junho de 2005, o embaixador Rubens Ricupero proporá, com diferentes fraseados, a seguinte questão: o que terá restado do "consenso de Tancredo"? (Ricupero, 2001; 2002a; 2005)

O consenso a que aludia Ricupero era a tendência, diagnosticada pelo então candidato à Presidência da República, Tancredo Neves, de concordância entre todas as correntes democráticas da política brasileira, no ano de 1984, quanto às direções da política externa brasileira conduzida pelo Itamaraty. A conclusão a que chega o embaixador é de que "da quase unanimidade [...] sobre a estratégia externa, pouca coisa sobreviveu" (Ricupero, 2001). A crise da dívida fora responsável pela deslegitimação daquela abordagem pragmática da política externa que se justificava com o argumento de um necessário "crescimento rápido da economia". Ainda, a doutrina autonomista de defesa nacional teria tombado em face da afirmação da democracia formal, nos anos 1980.

A análise de Ricupero suscita uma questão que é academicamente relevante: a transformação por que teria passado a PEB "conduzida pelo Itamaraty" de um paradigma do silêncio respeitoso (ou de um consenso com baixo grau de participação política da sociedade) para outro de intensa (e, por vezes, acalorada) disputa entre *stakeholders* pela definição da agenda internacional do Estado brasileiro. Com um quê de analista e outro de profeta, Gelson Fonseca Jr. observou, nos idos de 1998:

> Minha primeira observação diz respeito ao próprio interesse que os processos diplomáticos despertam na cidadania. Em regra, o país é introvertido. São de tal ordem os problemas internos [...]

que "tradicionalmente" a diplomacia não tem sido objeto de um debate "organizado" na imprensa, no Parlamento, nos meios de comunicação de massa. *A situação tende, contudo, a se alterar*. Amplia--se a consciência de que qualquer projeto nacional é afetado pelas condições internacionais, pelas opções políticas que fazemos. O fenômeno qualifica não só aqueles temas que modificam interesses concretos, [...] mas também outros, mais precipuamente políticos. (Fonseca Jr., 1998, p.355-6; grifo meu)

Essa alteração avistada no *modus operandi* da política exterior do Brasil é justamente o fenômeno a que esta seção do trabalho se tem dedicado. No quarto de século que se seguiu desde a redemocratização formal do Brasil, foi possível notar, por exemplo, a influência crescente de partidos políticos – em especial, o Partido dos Trabalhadores (PT), do ex-presidente Lula da Silva – na configuração da "ideologia" da PEB (Almeida, 2003; 2007). A crítica ao modelo de gestão corrente vem dos que ponderam tratar-se de uma ruptura com a tradição apartidária de mais de um século do Itamaraty.[20] O embaixador aposentado Rubens Barbosa acrescenta criticamente, mirando o caso de Marco Aurélio Garcia, atual assessor especial para Assuntos Internacionais da Presidência da República e ex-presidente nacional do PT, que a estratégia brasileira de aproximação dos países da América Latina pelos canais partidários é de todo equivocada, por não ser uma política de Estado, mas sim de *governo* (Dieguez, 2009). Lafer (2009) também declara, sobre a suposta partidarização da PEB, que a filiação do chanceler Celso Amorim ao Partido dos Trabalhadores, no ano de 2009, é mais um forte indício dessa ruptura.[21]

---

20 A propósito: um exercício rico e proveitoso é consultar a seção dedicada à política externa no programa de governo do candidato Luiz Inácio Lula da Silva. Há boa correspondência entre as linhas de ação preconizadas pelo PT, ainda em 2002, e a PEB que se materializaria na sequência.

21 Cabe aqui uma nota de esclarecimento. Penso que há pelo menos duas maneiras de compreender a expressão "partidarização da política externa".

Se fosse possível identificar o marco zero dessa politização ruidosa da PEB,[22] seria a publicação da entrevista concedida por Roberto Abdenur, ex-embaixador do Brasil nos Estados Unidos[23] e ex-secretário-geral do Itamaraty (durante a primeira passagem de Amorim pela chefia do MRE), à revista *Veja*, em fevereiro de 2007. Após adjetivar a PEB de Amorim/Lula de "ideológica" e "antiamericanista", além de denunciar a "intolerância à pluralidade de opinião" no seio do Itamaraty, Abdenur ajudou a promover o desencadeamento de tensões políticas que se arrastam até hoje. O recentemente finado ex-chanceler Mário Gibson Barboza escreveu, em sequência à entrevista de Abdenur, uma coleção de artigos em que alvejava a condução do MRE feita por Amorim. Dentre outros aspectos, ele acusava abertamente estar havendo:

> Politização dos diplomatas, para que possam obter promoção ou os melhores postos no exterior. Por 'politização' entenda-se entusiástica adesão política ao petismo e ao atual Governo; absurda e desnecessária criação de novos 400 cargos de diplomatas, quando éramos pouco mais de 900; leitura obrigatória de textos históricos e/ou diplomáticos e subsequente e vexatória 'tomada de lição', visando à formação de uma ideologia unificada. (Barboza, 2008, p.173)

No sentido pretendido pelos autores listados neste parágrafo, ela aproxima-se de "ideologização", isto é, do balizamento da política externa por critérios exclusivamente partidários, facciosistas. É a isso que se refere, pejorativamente, o embaixador Luiz Felipe Lampreia, em entrevista ao autor desta tese (cf. Anexo D). Num sentido alternativo, trata-se de reconhecer, por meio de metodologia própria, a influência do partido político do chefe de governo – no Brasil, o presidente da República – na conformação do conteúdo de uma política pública específica (nomeadamente, a política externa). Aparentemente, é dessa segunda acepção que tenta dar conta o embaixador Gelson Fonseca Jr., na entrevista concedida ao autor do livro (cf. Anexo C) ou, ainda, o artigo de Amâncio Jorge de Oliveira (2003).

22 Isto é, a escalada verbal e a explicitação das tensões políticas e ideológicas existentes, desde há muito, no interior da corporação diplomática brasileira.

23 Coincidentemente, os embaixadores Rubens Ricupero e Rubens Barbosa também ocuparam previamente esse posto.

Em carta aberta ao chanceler Celso Amorim, publicada no *Jornal do Brasil*, em 16 de dezembro de 2007, outro embaixador aposentado, Márcio Dias, escreveu:

> Como um grande número de colegas, acompanho com desaprovação mas em silêncio a maneira como você e Samuel [Pinheiro Guimarães] vêm conduzindo o Itamaraty. Hierarquizados como somos, ainda acreditamos no velho bordão de que quem fala pela Casa é o seu chefe. Assim, ao nos darmos conta, logo no início do governo Lula, de quem iria dirigir a Casa nos próximos anos, muitos como eu preferimos aposentar-nos a seguir na ativa sob uma direção de que fatalmente discordaríamos. A propósito, nunca em momento algum do Itamaraty, houve tantos embaixadores aposentados voluntária e precocemente. [...] Com o governo do PT e conhecendo a sua "flexibilidade", mais o viés ideológico do Samuel, vários como eu previmos o que estaria por acontecer e, com o espírito de disciplina da carreira, preferimos dela nos afastar, por estimarmos que viríamos a discordar frontalmente da maneira pela qual a Casa seria conduzida. (Dias, 2007, p.A11)

Seria equivocado, no entanto, imaginar que o ministro Celso Amorim e seus colaboradores mais próximos tenham permanecido na defensiva por todo o período de governo Lula. Cabe recordar a animosidade prévia entre Samuel Pinheiro Guimarães (então diretor do Ipri – Instituto de Pesquisas de Relações Internacionais do MRE), acerbo crítico do projeto da Área de Livre Comércio das Américas (Alca), e Celso Lafer, ministro das Relações Exteriores do governo Cardoso entre 2001 e 2002. A condenação pública que Guimarães fizera ao projeto da Alca[24] lhe teria rendido punição política, traduzida na sua remoção

---

24 Vide o artigo de Guimarães, "A Alca e o fim do Mercosul", disponível em: <http://www.buscalegis.ufsc.br/revistas/index.php/buscalegis/article/view/21583/21147>, acesso em 23 dez. 2009.

do Ipri e no que ficou conhecido como "a lei da mordaça"[25] (a circular postal 87/96, segundo a qual "todos os funcionários do Serviço Exterior Brasileiro [deveriam pedir] autorização para manifestações públicas sobre matéria relacionada à formulação e à execução da política exterior do Brasil"). Tão logo nomeado ministro, em 2003, Amorim guindou Guimarães à posição de secretário-geral do Itamaraty – em que permaneceu até a sua aposentadoria, em 2009. Outra controvérsia dos tempos do governo Fernando Henrique Cardoso envolveu o embaixador José Maurício Bustani. Quando presidia a Organização para a Proibição de Armas Químicas (Opaq), em 2002, Bustani foi vítima de campanha político-diplomática estadunidense, que culminou com a sua destituição do cargo. À época, alegou-se que teria faltado ao governo brasileiro empenho para mantê-lo no posto. Sintomaticamente, em 2003, Bustani foi indicado para a embaixada brasileira em Londres, tida como uma das mais prestigiosas.[26]

A polêmica sobre a "politização" do Ministério das Relações Exteriores encontra eco também entre os acadêmicos, jornalistas e intelectuais. Conforme propôs Paulo Roberto de Almeida (2006), parece razoável dividir os comentaristas entre opositores ou "independentes" (Demétrio Magnoli,[27] Marco Antonio

---

25 Cf. "Itamaraty baixa 'lei da mordaça' para os diplomatas brasileiros", *Folha de S.Paulo*, 17 fev. 2001.

26 "Após sua destituição, Bustani ocupou provisoriamente o posto de cônsul-geral do Brasil em Londres, mas acabou afastado. Chocou-se com o ex-chanceler Celso Lafer, ao acusá-lo repetidas vezes de não ter movido uma palha para impedir o impasse da Opaq. Ao lado do atual embaixador do Brasil na Áustria, Roberto Abdenur, o então embaixador no Reino Unido e atual chanceler, Celso Amorim, foi um dos poucos a manifestar diretamente a Lafer seu apoio a Bustani, de quem igualmente é amigo de longa data". Cf. "Bustani aguarda parecer para assumir embaixada em Londres", *O Estado de S. Paulo*, 12 jan. 2003.

27 Cf., por exemplo, "O inimigo americano", *O Estado de S. Paulo*, 24 dez. 2009.

Villa,[28] Jorge Zaverucha,[29] Marcelo de Paiva Abreu,[30] José Augusto Guilhon Albuquerque,[31] Rolf Kuntz,[32] Ali Kamel[33] e Augusto Nunes,[34] dentre outros) e apoiadores ou "simpatizantes" (José Luís Fiori,[35] Maria da Conceição Tavares,[36] Ricardo Seitenfus,[37] Paulo Nogueira Batista Jr.,[38] Luiz Alberto Moniz Bandeira,[39] José Flávio Sombra Saraiva,[40] Paulo Fagundes Vizentini,[41] Luiz Felipe de Alencastro[42] e Amado Luiz Cervo,[43] dentre outros) da gestão

28 Cf., por exemplo, "Saudades do barão", *Folha de S.Paulo*, 04 out. 2009.
29 Cf., por exemplo, "A diplomacia e a dissonância cognitiva", *Folha de S.Paulo*, 22 dez. 2009.
30 Cf., por exemplo, "Luís XIV tropical", *O Estado de S. Paulo*, 11 jan. 2010.
31 Cf., por exemplo, "Protagonismo inconsequente", *O Estado de S. Paulo*, 13 dez. 2009.
32 Cf., por exemplo, "Contradições de comportamento no Brasil", *O Estado de S. Paulo*, 04 fev. 2010.
33 Cf., por exemplo, "Por um triz", *O Globo*, 05 maio 2009.
34 Cf., por exemplo, "A política externa da canalhice", *Blog da Veja*, 21 set. 2009.
35 Cf., por exemplo, "A política externa brasileira: os progressistas", *Carta Maior*, 26 jan. 2010.
36 Cf., por exemplo, a entrevista veiculada na revista *Desafios Econômicos*, dez. 2007, em que a professora manifesta explícita aprovação à PEB de Lula. Disponível em: <http://desafios2.ipea.gov.br/sites/000/17/edicoes/38/pdfs/rd38not01.pdf>, acesso em 16 fev. 2010.
37 Cf., por exemplo, "Insatisfação com a ordem mundial", *O Tempo*, 21 jun. 2009.
38 Cf., por exemplo, "O Brasil brilhou", *Folha de S.Paulo*, 10 set. 2009.
39 Cf., por exemplo, a entrevista publicada em *O Estado de S. Paulo*, 26 abr. 2009, na qual o professor elogia a condução da diplomacia bilateral de Lula ante os Estados Unidos.
40 Cf., por exemplo, "O novo lugar do Brasil", *Folha de S.Paulo*, 26 jul. 2009.
41 Cf., por exemplo, a entrevista concedida à Fundação Perseu Abramo (vinculada ao PT) em 27 fev. 2003, em que o professor qualifica a ida de Lula ao Fórum Econômico de Davos como "jogada de estadista". Disponível em: <http://www2.fpa.org.br/portal/modules/news/article.php?storyid=2289>, acesso em 16 fev. 2010.
42 Cf., por exemplo, "Política externa independente, a revanche", no blog pessoal do autor, 06 fev. 2009.
43 Cf., por exemplo, *Inserção internacional: a formação dos conceitos brasileiros*, em que o autor atribui entusiasmadamente ao chanceler Celso Amorim a pecha de "estrategista das relações internacionais pós-liberais" (p.25).

da PEB que ora se desenrola.[44] Nos órgãos da grande imprensa nacional, a porta-voz mais agressiva da contestação tem sido a revista *Veja*, que já dedicou algumas de suas capas ao tema da PEB nos últimos anos,[45] além de inúmeras matérias críticas à atual condução do MRE. A ela contrapõe-se a revista *Carta Capital*, frequentemente elogiosa dos rumos assumidos pela PEB de Lula/Amorim, o que também se manifestou em algumas de suas capas e reportagens veiculadas.[46] No que tange, finalmente, aos três grandes jornais impressos do país, *Folha de S.Paulo*, *O Estado de S. Paulo* e *O Globo*, pouca variação há. Seus editoriais costumam criticar, de forma contumaz, aspectos diversos da política externa do corrente governo[47] – o que ilustra, definitivamente, o argumento de que temas internacionais se têm tornado

---

44 José Luís Fiori (2009) profere sobre o atual estado do debate a respeito da política externa brasileira: "A cada dia aumenta o número de diplomatas aposentados, iniciantes políticos e analistas que batem cabeça nos jornais e rádios, sem conseguir acertar o passo, nem definir uma posição comum sobre qualquer dos temas que compõem a atual agenda externa do país. Pode ser o caso do golpe militar em Honduras, ou da entrada da Venezuela no Mercosul; da posição do Brasil na reunião de Copenhague ou na Rodada de Doha; da recente visita do presidente do Irã, ou do acordo militar com a França; das relações com os Estados Unidos ou da criação e do futuro da Unasul".

45 Ver "O PT deixou o Brasil mais burro?", de 26 de janeiro de 2005, em alusão à retirada do caráter eliminatório da prova de inglês no concurso de admissão à carreira diplomática; e "Imperialismo megalonanico", de 30 de setembro de 2009, sobre a crise de Honduras.

46 Cf. "Quem tem medo da política externa?", de 28 de fevereiro de 2007, em referência às bases da política exterior de Amorim; ou "Personagem do mundo", de 2 de dezembro 2009, sobre a diplomacia presidencial de Lula.

47 Cf., por exemplo, os seguintes editoriais: "Lições de Honduras", "Um passo atrás" e "Mais uma do Itamaraty", *Folha de S.Paulo*, 29 jan. 2010, 29 set. 2009 e 21 maio 2009; "Ventos de Teerã", "Argumento falso" e "Mais um erro", *O Globo*, 29 dez. 2009, 04 nov. 2009 e 08 maio 2009; e "Erros da política externa e comércio", "Uma diplomacia de erros", "Diplomacia desastrada" e "Diplomacia infeliz", *O Estado de S. Paulo*, 06 jan. 2009, 04 jan. 2009, 07 dez. 2008 e 22 jul. 2008, entre tantos outros de conteúdo crítico à gestão da política externa de Lula e Amorim.

crescentemente importantes para a opinião pública brasileira nestes dias.

A rigor, no curto intervalo de apenas uma geração, é provável que se tenha passado com a PEB aquilo que o francês Bertrand Badie chamou de "a intrusão da sociedade". Isso porque, no referente a temas de política internacional, os povos, os grupos sociais, os indivíduos em geral são tratados, tradicionalmente, como intrusos. Badie (2008) aponta que, embora tenham ingressado na arena internacional sem ser convidados, esses "intrusos" dispõem de legitimidade e de recursos de poder tais que, dificilmente, deixarão de ser notados pelos tomadores de decisão estatais. O custo político de ignorá-los é muito alto. À medida que um espaço público internacional se vai consolidando, a diplomacia passa a ser perturbada pelos agentes da sociedade – mesmo quando os atores sociais não se dão conta, ao fazerem demandas que se anunciam como domésticas, mas que remetem a processos de negociação travados para além das fronteiras nacionais.

Em poucas palavras, portanto, deu-se aparentemente que o "consenso de Tancredo" teve de avir-se com a "sociedade intrusiva" do Brasil contemporâneo. O saldo da operação é uma política externa não monolítica, não unânime, repleta de dissensos internos quanto a suas ênfases e métodos, resultante da agregação assimétrica de interesses de atores sociais e institucionais bastante diversos entre si.

3
Política externa e democracia: conexões *in abstracto*

"A política não é um problema de *episteme*, mas de *doxa*."
Cornelius Castoriadis, *Figuras do pensável*, p.212

"O fato de a política externa ser conduzida por um ministério que pouco interessa aos partidos, pois não distribui cargos e possui orçamento limitado, não impede que ganhe feições ideológicas, quando deveria responder aos interesses."
Bernardo Sorj, "Túmulos, Oriente Médio e diplomacia",
O Estado de S. Paulo, 15 mar. 2010, p.J3

"[Há] quem diga, por exemplo, que é preciso separar diplomacia de ideologia, o que redundaria em separar política de ideologia e reclamar tratamento burocrático, presume-se, para a fixação das políticas a serem perseguidas em diferentes áreas: será isso possível ou desejável?"
Fábio Wanderley Reis, "Política externa, de novo",
Valor Econômico, 22 mar. 2010

"Os eleitores não ligam para política externa, a não ser em situações catastróficas. No campo doméstico, vale o chavão: é a economia, estúpido."
Bruce Bueno de Mesquita, "Entrevista da 2ª",
Folha de S.Paulo, 25 jan. 2010, p.A18

> "Dentre os muitos descompassos que existem entre os sentimentos da maioria da população e o que dizem a oposição e a grande imprensa, um dos maiores acontece na avaliação da política externa do atual governo. Onde alguns só veem equívocos, ela enxerga, quase sempre, sucessos."
>
> Marcos Coimbra, "Política externa e opinião pública",
> *Carta Capital*, 29 maio 2010

> "O acesso à informação pode trazer também, em certos casos, riscos reais para a defesa do país, suas relações internacionais, seus legítimos interesses comerciais ou para eventuais investigações em curso."
>
> Jorge Hage, "Novos avanços na transparência",
> *Folha de S.Paulo*, 17 maio 2009, p.A3

Começo por considerar a hipótese de que a democracia é compatível, em vários de seus aspectos, com a política externa. Isso implicaria, por ilação, dar como viável, ao menos do ângulo teórico (desconsiderando, por ora, os entraves empíricos), uma gestão democraticamente orientada da política externa no Brasil de hoje.

Nesse sentido, primeiramente, há que se definir operacionalmente democracia para que não nos percamos na polissemia que envolve o termo.[1] Para tanto, não serão aqui consideradas as

---

1 Por quase dois milênios, políticos e filósofos convergiram para o entendimento quase unânime de que a democracia, como forma política, estaria fadada à mediocridade. Mas o quadro se alterou drasticamente. No mundo de hoje, estamos diante de diferentes versões de democracia, e de diferentes formas de classificá-las quanto aos atributos. O movimento dos *levellers* ingleses, já no século XVII, consistente em uma defesa radical do sufrágio universal e de outras instâncias democráticas, prenunciou a consolidação da democracia como o regime político moderno por excelência. Embora significativo historicamente, o movimento inglês, no tocante à afirmação da "cultura democrática" nas sociedades ocidentais, não chegou a comparar-se em importância à Revolução Francesa. Essa última logrou lançar as bases de uma tradição de pensamento democrático mais assertiva e inclusiva dos cidadãos. Russell Hanson (1999), no entanto, seguindo os passos de Alexis

clivagens dicotômicas que contrapõem procedimento e substância, ou representação e participação, pois elas têm baixa utilidade heurística, dado que simplificam excessivamente, quando não limitam, a compreensão do que está em jogo numa dinâmica democrática. Não há procedimentos (meios) que não sejam precedidos de princípios e sucedidos por fins. Logo, procedimentalistas também são, em alguma medida, substantivistas, já que não existe instituição política neutra, desprovida de axiologia. Adicionalmente, não há como alcançar qualquer substância política senão por via de instituições, meios, procedimentos. Na passagem formulada por Olavo Brasil de Lima Júnior (1997), "a democracia não deve ser vista apenas como método despido de conteúdo humanista, e menos ainda como método exclusivamente voltado para a seleção de lideranças encarregadas do processo decisório, até porque as instituições políticas são obras dos homens" (Lima Jr., 1997, p.33).

No que concerne à divisa entre representação e participação,[2] parte-se do entendimento de que "aquilo de que se trata no processo político é a questão da constituição e preservação da autoridade democrática, ou do caráter democrático do exercício da autoridade", como afirma Fábio Wanderley Reis (2000, p.11). É a autoridade democrática – concebida como um fluxo de autorização política – o que importa para uma comunidade organizada em bases políticas, que se pretenda ordenada,

---

de Tocqueville, esposa a visão de que foi nos Estados Unidos da América, com os federalistas, e não alhures, que primeiro se concretiza o ideal democrático moderno, com sua ênfase nos direitos e liberdades dos indivíduos. Isso para ficarmos apenas em três "escolas democráticas" da contemporaneidade.

2 Só no avançado do século XVI, afirma Hannah Pitkin (1999), o verbo latino *representare* ganhou conteúdo semântico de "agir em nome de alguém como seu agente ou deputado autorizado". Por volta de 1650, o termo "representante" (*representative*) já era utilizado com o sentido de "membro do Parlamento". Mais adiante, Hobbes, em seu *Leviathan*, definiu representação em termos de autorização: a representação deveria ser limitada, restrita a um mandato; ou ilimitada, do tipo exercido por um "soberano".

estável, livre da ocorrência de conflitos que não possam ser institucionalmente processados. Para a reflexão introduzida, interessa pouco se a gestão democrática da política externa de um Estado dá-se direta (como na chamada "diplomacia pública")[3] ou indiretamente (por representação ou delegação de tarefas a burocracias competentes). Como bem disse Hannah Pitkin (1999), a respeito do instituto moderno da representação política, a controvérsia "mandato *versus* independência" é um desses intermináveis debates teóricos que aparentam nunca se resolver, independentemente do número e da qualidade dos pensadores que se debrucem sobre o tema (Pitkin, 1999, p.142).[4] Sucintamente, o que cumpre avaliar é o grau de legitimidade democrática de que se encontra investida a administração pública

---

3 Para trabalhos que empregam (ou criticam) tal abordagem, ver: Von Eschen, 2005; Kennedy e Lucas, 2005; Robin, 2005; Van Ham, 2003; Merlingen e Mujic, 2003; Melissen, 2005; entre outros.

4 Indubitavelmente, o mais eloquente e famoso porta-voz do "lado da independência" foi Edmund Burke, segundo quem a relação entre governados e governantes tinha uma natureza tutelar, de confiança recíproca entre as partes. Mas as ideias burkianas de representação de interesses fixos e gerais rapidamente deram lugar às de representação de interesses individuais – corrente capitaneada pelos federalistas John Jay, Alexander Hamilton e James Madison. Segundo os federalistas, interesses são necessariamente plurais e instáveis. Portanto, identificam-se com o "mal". Nos *Federalist Papers*, consta a posição de que "Representation is superior to direct democracy because it can secure the public good without distraction from the various conflicting particular interests, or 'factions'" (Pitkin, 1999, p.145). As defesas do instituto da representação se adensaram, vindo constituir uma frente praticamente hegemônica no trato com a política liberal moderna. Uma reflexão, contudo, impõe-se: seria a democracia representativa, qual se concebe hoje, operacional ou normativamente superior à democracia direta e participativa dos antigos? Será a representação de interesses a única via para o exercício da política? Não há como tornar o regime democrático da modernidade mais participativo? Ou, ainda, a participação pode substituir a representação, para efeito de legitimação democrática? Entendemos, assim como Luiz Werneck Vianna e Maria Alice Rezende de Carvalho (2004), que há meios-termos institucionais possíveis, praticados em diversas sociedades políticas ao redor do mundo.

(em seus diferentes ministérios e agências governamentais). Luiz Werneck Vianna e Maria Alice Rezende de Carvalho (2004) desenvolveram reflexão a respeito desse hibridismo nas formas de materialização da legitimidade democrática contemporânea:

> o progressivo desprestígio da contenda "democracia liberal" vs. "democracia popular" caracteriza o Ocidente político moderno, inaugurando um tempo em que seus respectivos modelos de representação, individualista e coletivista-unitário, convivem com experimentos de autorrepresentação social, em busca de soluções para o problema geral do déficit democrático ou da desvitalização contemporânea das democracias pela forma. (Vianna; Carvalho, 2004, p.199)

Ainda a esse respeito, Bobbio (2004, p.54) declara que, se se concebe democracia direta como a "participação de todos os cidadãos em todas as decisões a eles pertinentes", tal proposta de organização da vida política de uma sociedade é "insensata", porque não é praticável e tampouco é desejável. O cidadão total, diz Bobbio, é a contraface – igualmente ameaçadora – do Estado total, um tipo de construto a ser extirpado de nosso repertório de formas políticas. Segundo o autor, se tudo é percebido como política, os interesses humanos são reduzidos aos interesses da *polis*, o que acaba por eliminar integralmente da vivência pública a esfera privada.

Donde a importância de considerar as instituições representativas como valorosas – quiçá imprescindíveis – para tornar factível a experiência democrática nas complexas sociedades modernas. Em que pese a tendência contemporânea de revalorizar a democracia dita "direta" como meio de ampliar os graus de democracia existentes (Lima Jr., 1997; Bobbio, 2004), essa revalorização há que compreender não apenas a participação sem intermediários, mas também a participação mediada (representação) nos processos decisórios da *polis*. Isso não eliminaria, por suposto, a possibilidade de repensar e aperfeiçoar a institucionalidade política no rumo da (re)democratização dos processos sociais.

A democracia deverá ser entendida, portanto, como o tipo de governo realizado "pelo povo", mas não, necessariamente, um governo "pelas mãos do povo" (por ele diretamente executado) ou "para o povo" (em benefício direto da maioria da população). As consequências aferíveis de uma opção democrática dependem de como as instituições econômicas, sociais e políticas a processam. Lima Jr. (1997), em alusão a Wanderley Guilherme dos Santos, aponta que o que se passa em uma dinâmica democratizante é, essencialmente, a perene tentativa de aproximar a sociedade politicamente organizada (*demos*) do poder institucionalizado (*polis*), de modo tal que, no limite, os dois conceitos estejam superpostos.

Neste trabalho, quando se discute a gestão democrática da política externa do Estado, faz-se referência a uma condução dos assuntos relativos à política exterior que se dê conforme a orientação pretendida (ou endossada) pela maioria dos membros do corpo político.[5] Quanto maior e mais bem informada essa maioria, potencialmente mais densa será a experiência democrática vivida. Não há democracia concebível sem a participação, direta ou mediada por instituições representativas, dos cidadãos nos assuntos relevantes à organização da *polis*. E, considerada a crescente importância de questões internacionais, é razoável supor que a política externa integre o rol de políticas do Estado decisivas para a autodeterminação de seu povo.

---

5 Relembro aqui que, como afirmei no texto de Apresentação, considerados os objetivos desta tese, a "política externa democraticamente orientada" será entendida como o conjunto dos fenômenos de ordem empírica em que se perceba a influência da população na definição dos rumos da política externa – seja na fase da formulação, seja na de deliberação –, sob a vigência do regime democrático. Trata-se, por assim dizer, de um critério minimalista, que acobertará, portanto, fenomenologia ampla e diversificada.

Viagem redonda: da (velha) razão de Estado à (nova) razão de Estado

O estudo dos processos de formação dos Estados modernos, matéria a que muitos se têm dedicado, aponta normalmente para duas direções: (i) a diversidade dos processos que deram origem – no curso de três séculos – à conversão de cerca de quinhentas unidades territoriais mais ou menos independentes em duas dezenas de Estados nacionais europeus; e (ii) a distinção entre os processos de *state-building* e *nation-building* – distinção que foi, de certa forma, desgastada pela generalização do conceito de Estado-nação (referente, em verdade, ao desfecho convergente daqueles dois processos, em uma determinada fase da história). Na maioria dos casos, a formação nacional só se constituiu após a edificação de Estados "fortes" – emprestando-se à expressão o sentido de *dotação de atributos institucionais básicos*, a saber: (i) autonomia, (ii) diferenciação interna das funções e (iii) centralização de decisões (o que permitiu ao Estado ampliar o seu controle sobre os recursos existentes para a realização de seus propósitos).

Grosso modo, se os Estados são soberanos, eles adquirem prerrogativas de uso e de posse sobre o respectivo território. Comportam-se, afirma Onuf (1998, p.131), como se fossem "indivíduos portadores de direitos, em circunstâncias liberais". Na exposição de Krasner (2009), o reconhecimento da soberania estatal às comunidades políticas implica, em regra, "uma gama de benefícios, incluindo o reconhecimento do *status* internacional, a proteção diplomática, o possível controle sobre recursos naturais, o direito de imprimir dinheiro ou de vender ativos tais como bandeirinhas de *souvenir* e nomes de domínio na internet, além do acesso à ajuda financeira dos países e instituições internacionais mais ricos".

Jens Bartelson nomeou essa dinâmica de "princípio de individuação do Estado na modernidade" (Bartelson, 1995, p.138). O autor correlaciona a emergência do princípio de individuação dos Estados modernos com a consolidação da instituição da soberania territorial, ao qual são também associados os princípios da "identificação", isto é, apenas os Estados identificados como "individuados" podem ser dotados de soberania, e da "ordem", ou seja, a partir do momento em que há a individuação e a subsequente identificação dos entes soberanos, fica definido o escopo da "ciência dos Estados" (Bartelson, 1995, p.138-9). Tal processo, no entanto, não se dá em um vácuo político. Duas são as formas mais recorrentes de conceber a transposição dos interesses manifestos pelos indivíduos, propriamente ditos, até o nível estatal. Essa agregação (ou conversão) de preferências por parte do Estado assumirá no plano discursivo ora a denominação "razão de Estado", ora "interesse nacional".

A doutrina da razão de Estado, típica das formulações do realismo político, fundamenta-se na ideia de que cada Estado é dotado de uma "inteligência" própria, conforme a qual o governante balizará as suas estratégias no plano internacional. A razão de Estado resulta de um equacionamento entre o poder (*kratos*) e a moral (*ethos*), a partir das necessidades impostas tanto pelo ambiente doméstico quanto pelo entorno: nasce da "consideração do que é adequado, útil e benéfico [para o Estado]; do que o Estado precisa fazer para alcançar o ponto mais alto da sua existência" (Meinecke, 1965, p.5). Por consistir em uma abstração, e não em um ponto fixo e palpável, ela depende da capacidade do governante de transformar as suas intenções (racionais) em ações de governo bem-sucedidas, em conformidade com o que for idealizado. Tais nuanças são acomodadas, por Renato Lessa, na passagem a seguir:

> Relações entre Estados por certo contêm uma dimensão, digamos, extracíclica, mais larga no tempo que a duração dos espasmos políticos imediatos. Afinal, não são regimes que estão a interagir, ou, menos ainda, governos e personalidades, mas entidades dotadas de maior permanência e durabilidade. No entanto, *Estados não são*

entes de razão. Materializam-se, de modo necessário, em regimes e governos, e esses se fazem presentes por seus supremos mandatários. (Lessa, 2009, p.J5; grifo meu)

Em relação ao conceito de interesse nacional, mais afeito ao liberalismo político, aplica-se o entendimento de que é a nação – ou seja, o grupamento de indivíduos com características comuns, geradoras de coesão social – que determina o que vem a ser o interesse do Estado.[6] O mero emprego da categoria "interesse", segundo Kratochwil (1982; 2007), já indica, modernamente, a existência de alguma preferência, desejo ou vontade de um ou mais indivíduos. Não obstante, quando se trata de Estados, poder-se-á pensar em inúmeras situações em que o que é preferido, ou desejado, pela população ou pelo governante, não corresponde ao que é percebido como o interesse da nação.

Assim, ainda que evoque a intersubjetividade, a definição do interesse nacional requer o respaldo de razões objetivas, de uma justificativa que vá além do gosto ou do apreço. Kratochwil entende que certa arbitrariedade na escolha final sempre permanecerá. Mas essa arbitrariedade, desde que "baseada em diferentes julgamentos [interpessoais] sobre as razões válidas que dão suporte a escolhas valorativas, ou sobre a avaliação da confiabilidade de certos fatos ou fatores contextuais, é fundamentalmente diferente de um não elaborado e aleatório 'eu gosto' ou 'eu prefiro'" (Kratochwil, 1982, p.9).

Em trabalho clássico da disciplina de relações internacionais, *A política entre as nações* (1978), Hans J. Morgenthau elaborou a definição do "interesse em termos de poder" dos Estados – o que consistiria, na pressuposição realista, em uma "lei natural"

---

6 De comum às duas formulações – razão de Estado e interesse nacional –, a metodologia da antropomorfização do Estado; o aparente equívoco de tratar a instituição política do Estado como um ser humano, dotado de "razões" e "interesses".

da política internacional. A pretensão de objetividade e universalidade de Morgenthau o aproximava dos teóricos da razão de Estado, embora, diferentemente daqueles, o professor alemão tenha atribuído a circunstâncias estritamente físicas (e não de ordem metafísica, de fundo emocional, moral etc.) a motivação para a produção racional da política externa por parte de governantes.

Inis Claude Jr. (1999) constata que, na Inglaterra do século XVIII e em outras regiões da Europa, a expressão *national interest* passara a predominar no discurso político sobre a já corrente expressão *raison d'État*. Sintomaticamente, em obra que daria origem a um importante campo de estudos nas relações internacionais, publicada em 1795, o filósofo Immanuel Kant desenvolveu argumento influente sobre a correlação entre o interesse nacional (ou interesse da sociedade, para ser mais preciso) e a paz mundial. Tratava-se da hipótese – hoje consagrada – de que as repúblicas constitucionais não guerreiam entre si, pois as suas populações evitam, como regra, o conflito armado, dados os custos que cada indivíduo teria de suportar com o advento da guerra. A tese da "paz democrática", como ficou conhecida, não conduz à conclusão de que as democracias sejam ontologicamente mais pacíficas do que regimes autoritários. A rigor, ela importa o reconhecimento do indivíduo como um ator político racional e interessado – e, por isso, determinante – nas interações entre os Estados.

A propósito dos referidos conceitos, perceberam Alexander George e Robert Keohane que

> Com a "democratização" trazida pelo nacionalismo, a relativa simplicidade do conceito de "razão de Estado" se viu superada e o Estado mesmo passou a considerar-se como uma composição de diferentes interesses. Na época da democracia liberal, *"L'État c'est moi"* deixou de ser uma resposta razoável à questão da legitimidade soberana. O interesse nacional passou a refletir o equilíbrio

de diversos interesses dentro do Estado, que se mantinham juntos, às vezes de uma forma tênue, pela doutrina do nacionalismo. [...] Logo, o cálculo do interesse nacional tornou-se muito mais complicado e mais imprevisível do que era no sistema mais simples da diplomacia clássica. (George; Keohane, 1991, p.226-7)

O interesse nacional converteu-se, ainda segundo George e Keohane, em um conceito amorfo, uma vez que grupos minoritários passaram a competir entre si, no âmbito do corpo político, reivindicando a defesa do genuíno interesse da nação, o que geralmente não era compartilhado pela maioria dos outros cidadãos nacionais. Esse novo estado de coisas contrastava violentamente com o modelo da diplomacia administrada pessoalmente pelos chefes soberanos ou por seus chanceleres, comum sob o absolutismo monárquico (Danese, 2009). Essa transição na história política é capturada por Maurice Keens-Soper:

O que certamente separa um sistema diplomático de um sistema político é que, enquanto o "corpo político" é uma unidade com comunhão de bens ou de propósitos – o que é o princípio essencial da sua existência –, um sistema diplomático de Estados não tem esse princípio unificador substantivo. [...] Uma vez que os Estados tenham garantido o direito de conduzir uma política externa independente, colocam-se obstáculos insuperáveis para dizer algo mais sistemático ou teórico sobre a substância das relações entre os Estados. (Keens-Soper, 2001, p.100-1)

Assim, na Europa, a queda do *Ancien Régime* coincidiu com a politização das sociedades e a gradual transformação do sistema diplomático de Estados em um sistema (político) internacional. E se a erupção dos nacionalismos europeus trazia a reboque uma forma radical de democratização da política doméstica, seria possível supor que logo se tornaria anacrônico formular a política externa em termos de "razão de Estado". Afinal, em um contexto *demótico* como o europeu da "era das revoluções" (Hobsbawm, 2001), nada haveria de superar o ímpeto popular. Contudo, o processo não foi tão simples: em pouco tempo, uma orquestração política entre as potências de então fez o estado de coisas regressar, ao menos temporariamente, ao *status quo ante*, baseado no sistema de Vestefália (Osiander, 2001). As reviravoltas da política internacional trouxeram, naturalmente, consequências para a maneira como a política externa dos Estados passou a ser elaborada.

Bartelson (1997) aponta uma dificuldade teórica evidente ao tentar explicar os percalços da democratização das comunidades políticas (*demoi*) modernas: a existência de descontinuidades históricas e semânticas entre a soberania do príncipe (nos termos territorialistas maquiavelianos) e a soberania do povo (de extração rousseauniana). A vontade geral do corpo político não substituiu e nem poderá substituir a razão de Estado, pois são conceitos desarticulados entre si. A passagem de um para outro não é natural ou trivial. Ao contrário, essa transição significa uma subversão das bases em que se fundam as sociedades políticas na modernidade: do arranjo *top-down* absolutista para a mobilização *bottom-up* nacionalista. Sendo assim, a tomada do poder pelos jacobinos, na França de 1789, apresenta-se antes como ruptura mítica -- rapidamente esvaziada de efeito prático, com a coroação do imperador Napoleão Bonaparte, em 1804 – do que como a regra de evolução dos regimes políticos.[7]

Sérgio Danese (2009) acrescenta que, a despeito das mudanças que incidem sobre a política externa dos Estados soberanos a partir do século XVIII, a "diplomacia dos mandatários" permaneceu viva nos séculos XIX e XX. O caso de maior visibilidade foi o do Congresso de Viena, que consagrou o papel de chanceleres

---

7 Como registrou, de forma bem-humorada, o professor Cesar Guimarães, em apreciação prévia deste trabalho, "o povo, em regra, não *implementa* as políticas públicas do Estado".

(Castlereagh, Metternich, Talleyrand). Mas, para além, nomes como os de Napoleão III, Disraeli, Bismarck, Woodrow Wilson, Theodore Roosevelt, Lloyd George, Clemenceau, de Gaulle e Nasser estiveram associados a grandes eventos e processos internacionais, cujos impactos ainda hoje são notáveis. Danese aponta que essa diplomacia dos mandatários no Estado contemporâneo, "parlamentarista e plebiscitário", se fez com uma característica adaptativa: "os mandatários que exerceram diplomacia pessoal ativa o fizeram com os olhos e a sensibilidade postos em grande medida na política interna de seus países, como fator de legitimação e fortalecimento de seu poder ou para alavancar-se eleitoralmente" (Danese, 2009, p.221).

Numa formulação contemporânea, Martha Finnemore (1996) fez notar, porém, que, embora os Estados sejam soberanos e suas populações tenham, supostamente, capacidade para o autogoverno, existem mecanismos informais nas relações internacionais que determinam, na maior parte dos casos, os conteúdos dos interesses nacionais. A autora fala de uma espécie de "malha normativa", tecida tanto por Estados quanto por entes não estatais, preenchida por significados criados nas interações sociais, que, em função de sua densidade, modela os comportamentos na sociedade internacional. Por isso, então, a dificuldade de os Estados e sociedades nacionais perseguirem valores que não os historicamente ambicionados (poder, segurança, riqueza). Em adição, considera-se em Finnemore a importância do papel jogado por organizações internacionais (OI) como correntes de transmissão dos valores da sociedade internacional. Afirma-se que as OI seriam, inclusive, as grandes "professoras de normas" dos Estados, isto é, as responsáveis pela disseminação e inculcação dos conceitos formadores do "interesse nacional".

Kalevi Holsti (2002) – admitindo que as unidades políticas nacionais perseguem, na prática, um amplo arco de objetivos – tenta contribuir com o debate, ao classificar esses objetivos dos Estados segundo os critérios do *valor atribuído*, do *tempo concedido* à sua busca e do *tipo de demanda* que um objetivo impõe a outros Estados no sistema. O problema assim se apresenta:

> Em algumas áreas, os interesses dos Estados são indistinguíveis dos interesses dinásticos [...]. [Para alguns] os objetivos primários da política externa são a proteção da posição de comando e a garantia de uma quantidade de riqueza e prestígio pessoais. No outro extremo, encontram-se governos que comprometem recursos nacionais com a expansão de filosofias messiânicas [...]. Entre esses dois extremos, está a vasta maioria dos Estados modernos, à busca de atingir objetivos de segurança nacional, bem-estar dos cidadãos, acesso a rotas de comércio, mercados e recursos estratégicos, e até de territórios dos seus vizinhos. (Holsti, 2002, p.311-2)

O que determina esse equacionamento, segundo Holsti (ibid.), pode ser entendido a partir de uma proposta de hierarquização dos "objetivos dos Estados" em três níveis: a) centrais, b) de médio alcance e c) de longo alcance. Entre os *centrais*, estão aqueles pelos quais a maioria das pessoas está disposta a sacrificar-se, pois relacionam-se diretamente com a preservação da própria unidade política; entre os de *médio alcance*, destaca-se a tentativa dos Estados de ir ao encontro das demandas populares, privadas e coletivas, gerando, internamente, melhores condições de bem-estar e de desenvolvimento econômico, e, externamente, ampliação do prestígio e da reputação internacional do país; por fim, entre os de *longo alcance*, identificam-se as reivindicações por reforma do sistema internacional, com base em determinados valores particulares de um Estado. Esse enquadramento analítico permite entrever as razões por que alguns Estados formulam a política externa com maior abertura à participação popular e de grupos de interesse, ao passo que outros, hermeticamente, se pautam pelas estratégias de ampliação dos recursos físicos de poder ou se mobilizam por cruzadas teológicas.

Recentemente, a expressão "diplomacia pública" (Ross, 2002) vem ganhando diversas aplicações no nível da empiria. Segundo Naren Chitty (2009), a diplomacia pública consiste, em termos amplos e inespecíficos, nas múltiplas abordagens em que o setor público, em conjunto com o segundo setor (empresariado), o terceiro setor (ONGs), o quarto setor (canais de imprensa) e a população nacional, desenvolve uma política externa participativa, que busca servir o interesse nacional, com suporte doméstico e credibilidade fora do país. A autora atribui a emergência dessa diplomacia pública à recente disseminação dos valores da sociedade civil, que se manifesta, principalmente, por dois desdobramentos:

> Em primeiro lugar, um alto valor tem sido reputado, nas democracias liberais, a uma esfera pública saudável, em que a política possa ser discutida fora do governo sem o medo de retaliações. Em segundo lugar, o uso dos resultados de pesquisas de opinião pública como *commodities* pelas organizações da imprensa, e como capital político pelas organizações políticas, tem se tornado uma constante. Como se observa, a importância que até aqueles países que não podem ser qualificados como democracias liberais atribuem à opinião pública fez da gestão da imagem [externa de um país] uma questão importante (também para eles). (Chitty, 2009, p.316)

No mesmo trabalho, Chitty reconhece a dificuldade de chegar a um conceito-padrão para o fenômeno em voga, mas tenta elaborar breve taxonomia que sistematize e esclareça a problemática. Ela percebe a existência de duas grandes linhas de diplomacia pública no mundo de hoje: uma mais *instrumental*, voltada para a propaganda governamental; outra mais *dialógica*, racional-comunicativa, "habermasiana". A partir daí, deriva seus quatro "tipos ideais" de diplomacia pública contemporânea, a saber: (1) a comunicação unidirecional por meio da assessoria de imprensa governamental; (2) a informação pública, transparente e acessível (*accountability*); (3) a pesquisa ao público para melhorar a aceitação às informações governamentais; e (4) o modelo simétrico de comunicação entre governo e público, em que os práticos da política externa se utilizam de pesquisa e do diálogo bidirecional para promover mudanças. À autora ainda coube registrar que, na atualidade, são muito mais comuns os arranjos práticos de diplomacia pública tendentes ao tipo 1 do que os do tipo 4.

Consistentemente com os achados de Chitty, Nancy Snow nota que há uma tensão inerente ao conceito de diplomacia pública, uma vez que, historicamente, a produção da diplomacia esteve apartada do público. Ao longo do tempo, a atividade diplomática vinculou-se à esfera governamental, oficial, dos especialistas em política externa, os quais se incumbiam de planejar e executar as ações externas do Estado, informando os seus resultados a um público passivo. Esse formato choca-se, obviamente, com aquele que admite a participação de atores não governamentais, não como meros observadores, e sim como praticantes da política externa nacional, promovendo trocas mais simétricas com o governo, por meio de diálogos frequentes e institucionalizados. A diplomacia pública demandaria, portanto, uma reinvenção das práticas da diplomacia convencional, pois, como concede Snow, "velhos hábitos são difíceis de superar" (Snow, 2009, p.8).

Há também a hipótese de que os arranjos contemporâneos de governança global compreenderiam, a rigor, uma nova forma de aplicação da razão de Estado. Segundo Mathias Koenig-Archibugi, a cooperação intergovernamental pode ser percebida como a maneira encontrada pelos governantes de países democráticos para relaxar as pressões políticas sofridas domesticamente, assumindo compromissos irrevogáveis (ou dificilmente revogáveis) no plano internacional. Esse tipo de interpretação da cooperação intergovernamental ultrapassa os prismas teóricos do realismo e do liberalismo, combinando em diferentes doses alguns de seus pressupostos. Se ele estiver correto, "a cooperação intergovernamental, tal como é correntemente praticada, é profundamente problemática de um ponto de vista democrático, e as pessoas comprometidas com princípios democráticos deveriam esforçar-se na exploração de caminhos alternativos em que a interdependência internacional possa ser enfrentada" (Koenig-Archibugi, 2004, p.148).

Feitas todas as considerações, atestamos que o subcampo da Análise de Política Externa funciona como um verdadeiro "ponto de encontro" das ciências sociais, dado que é refratário às abordagens herméticas, unidimensionais e/ou monocausais. É forçoso reconhecer, como o fez Douglas Stuart (2008), a natureza transbordante da matéria, o que pede, para fim de maior precisão e profundidade de análise, um olhar prismático sobre os atos de política exterior de qualquer Estado. Por esse motivo, admite-se aqui que o argumento de que *a gestão democrática da política externa é viável em contextos tidos como institucionalmente democratizados* deve ser (re)pensado a partir de, pelo menos, quatro diferentes abordagens, assim sistematizadas: (a) histórica, (b) tecnocrática, (c) institucionalista e (d) normativa. Na sequência, tento dar conta de cada uma delas, avaliando seus méritos explicativos e limitações.

Sobre a plausibilidade de uma política externa democraticamente orientada

Abordagem histórica

A política externa dos Estados modernos esteve, historicamente, nas mãos de indivíduos ou grupos de indivíduos diretamente designados pelo soberano. A própria instituição da diplomacia moderna nasce da prática de os reis apontarem encarregados – homens leais ao monarca, não necessariamente à instituição do Estado ou à nação – para executar missões políticas para além das fronteiras do reino ou do principado (Nicolson, 1939; Bendix, 1980; Holsti, 2004). O ofício diplomático era, em sua gênese, "privatizado" pelo soberano, que enviava serviçais para outros reinos a fim de transmitir ou de coletar informações confidenciais (Wight, 1985; Góes Filho, 2003; Danese, 2009). Carl Friedrich (1974) nota que, à época do reinado de Jaime I, na Inglaterra, os assuntos estrangeiros eram chamados de "segredos do Estado", dado o seu nível de hermetismo.

Segundo Kalevi Holsti (2004), a cristalização da diplomacia como instituição internacional deu-se, aproximadamente, no século XVII, e contou com os seguintes elementos: a fundação de embaixadas permanentes em várias cidades italianas, já no final do século XV; a norma, criada no século XVI, de que somente soberanos poderiam enviar embaixadores para o exterior; as duas conferências, realizadas entre 1644 e 1648, que levaram à Paz de Vestefália – a qual estabeleceu os parâmetros para a conduta diplomática da época; e a produção doutrinária de François de Callières [1697], primeiro grande pensador da diplomacia como conceito e instituição. A diplomacia no século XVII era, ainda em Holsti (ibid.), o desdobramento da necessidade de manter contato e fontes de informações com outras unidades políticas consideradas pouco confiáveis. Dessa forma, no período da Paz de Vestefália, um complexo de embaixadas permanentes ligava a maioria dos poderosos soberanos aos governantes mais modestos no contexto da Europa. Ao fim do século XVII, a carreira diplomática já se afigurava como distinta e honorífica. Ademais, já contava com dois ingredientes fundamentais de uma instituição internacionalizada: a regularização de suas práticas entre os Estados e um crescente consenso intersubjetivo em relação às ideias sobre diplomacia.

Três normas de etiqueta diplomática consolidaram-se no referido período histórico: (i) a de que a embaixada permanente era uma prerrogativa derivada da soberania estatal e, sendo assim, consistia em um direito que apenas líderes soberanos

Política externa e democracia no Brasil

podiam exercer; (ii) a da imunidade de embaixadores e da extraterritorialidade de embaixadas permanentes; e (iii) a da anterioridade como a base do precedente que, no entanto, só foi transformada em dispositivo de um tratado internacional no ano de 1818. Juntamente com esse conjunto de práticas e normas que floresceram no decorrer do século XVII, outra evidência de institucionalização, que contribuiu para o desenvolvimento da diplomacia clássica, pode ser destacada: a sua progressiva burocratização. Holsti (2004) relata que os ministérios das relações exteriores e as escolas de treinamento para diplomatas, que ainda se encontravam em estágio embrionário, foram vitais para a formação da diplomacia como a conhecemos hoje. Muito embora a profissionalização do pessoal diplomático já estivesse encaminhada ao final do século XVII, ainda faltava um longo caminho a ser percorrido, uma vez que "não havia padrões para o recrutamento; nem escalas regulares de pagamento; nem termos definidos de serviço; nem pensões de aposentadoria uniformes; nem escolas ou livros de treinamento; em resumo, não havia a educação ou a parafernália burocrática que hoje se associa à carreira" (Holsti, 2004, p.188).

Tratava-se, afinal, de um mundo em que os Estados se organizavam internamente com base na patronagem e nas conexões familiares. Para tentar explicá-lo, Pierre Bourdieu (1997) desenvolveu modelo segundo o qual a razão de Estado é subproduto dos valores e conceitos antes aplicados à "casa do rei". A lógica patrimonialista dos regimes dinásticos europeus dos séculos XVI e XVII teria gerado, como efeito colateral, a necessidade de o rei defender o seu poder das investidas usurpadoras de membros da própria família – especialmente, da cobiça do irmão mais jovem, primeiro na linha sucessória. Donde o recrutamento dos chamados *homines novi*, indivíduos convocados pelo monarca para desempenhar atribuições no aparelho do governo, mas sem qualquer possibilidade de ascensão ao trono, porquanto não cumpriam o requisito de ter "sangue real" (a fonte da *dignitas* e da *majestas* do rei) correndo em suas veias. Os *homines novi* não se adequavam ao "modo de reprodução dinástico" (o que, inclusive, será literal no caso de eunucos e de clérigos celibatários).

O rei havia conseguido concentrar até aquele momento, auge do absolutismo dinástico, grandes quantidades de "capital simbólico", o que se traduzia em doutrinas jurídicas de respaldo à autoridade monárquica. Segundo Bourdieu,

> com a ideia da Coroa, estava a ideia de uma instância autônoma, independente da pessoa do rei, uma ideia de casa transcendente a seus próprios membros, que se constituía pouco a pouco. Os juristas são, sem dúvida, inclinados a operar uma confusão criativa entre a representação dinástica da casa habitada pelo rei e a representação do Estado como *corpus mysticum* à maneira da Igreja. (Bourdieu, 1997, p.7-8)

A formulação segundo a qual o rei se tornara uma instância inexcedível ao tempo do absolutismo dinástico também é passível de ser encontrada na obra do medievalista Ernst Kantorowicz, *Os dois corpos do rei*. A dissociação entre corpo físico e corpo místico do monarca servia ao propósito duplo de reconhecer a sua falibilidade e inevitável perecibilidade como ser humano, ao passo que reafirmava a ideia do indivíduo ungido por Deus, depositário legítimo da *auctoritas* eclesiástica. Segundo Kantorowicz,

> A perpetuidade do reino e o conceito de que "um rei nunca morre" (*rex qui nunquam moritur*) dependia da interação de três fatores: a perpetuidade da Dinastia, a natureza corporativa da Coroa, e a imortalidade da Dignidade real. Esse três fatores coincidiam vagamente [na prática] com uma linha ininterrupta de corpos naturais de reis, com a permanência de um corpo político representado pelo rei e membros da realeza, e com a imortalidade do gabinete, isto é, do rei. (Kantorowicz, 1997, p.316-7)

Logo, foi ainda sob a forte influência da teologia política medieval que o absolutismo monárquico produziu a noção – e depois o conceito – de razão de Estado. A expressão *ragione di stato* já aparecia em profusão nos escritos dos filósofos renascentistas italianos – Guicciardini, Maquiavel, Botero, Boccalini, Campanella. Contudo, a elaboração ganhará níveis mais altos de inteligibilidade com as contribuições teóricas e empíricas do cardeal Richelieu e do idealismo alemão. No trabalho clássico de Friedrich Meinecke, *Machiavellism*, a razão de Estado é definida como:

> o princípio fundamental da conduta nacional, a "Primeira Lei do Movimento" dos Estados. Ela diz ao homem de Estado o que ele deve fazer para preservar a saúde e a força do seu Estado. [...] A "inteligência" do Estado consiste em chegar a uma autocompreensão sobre ele próprio e o seu entorno e, depois disso, usar essa compreensão para guiar o seu comportamento. [...] O homem de Estado *deve*, se estiver convencido da acuidade de sua leitura de uma situação, agir de acordo com sua convicção para atingir o seu objetivo. [...] Para cada Estado, em um momento particular, haverá apenas um curso ideal de ação, uma razão de Estado ideal. (Meinecke, 1965, p.1)

Meinecke entende ainda que, em vários momentos, a razão de Estado assume a condição de "necessidade nacional", dado que, para que um Estado possa permanecer livre e independente, só restará ao chefe de Estado a opção de seguir à risca aqueles ditames existenciais da razão de Estado. O francês Richelieu, primeiro-ministro francês entre 1624 e 1642, costuma ser tratado como a metonímia dessa razão de Estado. Diante da ameaça de submissão da França aos Habsburgos, na primeira metade do século XVII, o cardeal teria alegadamente desenvolvido uma estratégia complexa para resistir às estocadas e, na busca do "melhor interesse do Estado" francês, valer-se das oportunidades para expandir território, riquezas e prestígio nacionais. A chave para as suas manobras bem-sucedidas, sugere Henry Kissinger, era o princípio de que "o bem-estar do Estado justificava o emprego de quaisquer meios; o interesse nacional suplantava a noção medieval de moralidade universal" (Kissinger, 1994, p.58). Ou, a partir de uma base conceitual maquiaveliana, trata-se da superação da moral individual privada pela moral política republicana (Meinecke, 1965).

Conforme a genealogia de Michel Foucault, na Europa dinástica dos séculos XVII e XVIII foi estabelecido um "discurso original" em que o Estado soberano é governado por uma racionalidade que lhe é intrínseca, e não por princípios divinos ou por sabedoria e prudência dos governantes (ou seja, o discurso da razão de Estado). Foucault também faz menção à teoria das "arcas do império" (*arcana imperii*) para explicar a persistência da noção de diplomacia como campo dos "segredos de Estado" ou dos "segredos do poder". O autor comenta que, durante muito tempo, as estatísticas nacionais não foram divulgadas pelos governantes em virtude de uma percebida necessidade de proteção de dados que poderiam ser apropriados, de um modo prejudicial, por Estados inimigos ou rivais (Foucault, 2007, p.275).

Contudo, é provável que o momento imediatamente subsequente ao de mais absoluta afirmação do poder real (e da razão de Estado, interpretada pelo monarca) corresponda ao início de um processo acelerado de declínio do Estado dinástico. Acontece que a introdução dos ministros do rei dentro do aparelho de Estado europeu setecentista levaria ao que Pierre Bourdieu denominou o início da "divisão do trabalho de dominação" (Bourdieu, 1997, p.11).[8] A contradição instaurada no *modus operandi* dinástico estava no fato de que os oblatos (mercenários, escribas, magos, *condottieri*, diplomatas etc.), embora submetidos funcionalmente ao todo-poderoso rei, detinham competências

---

8 Veja o exemplo do próprio cardeal Richelieu, na França.

(poderes simbólicos e físicos) que os autonomizavam na prática, tornando-os ameaçadores ao soberano. Resultava dessa contingência uma tripartição do poder em que, ao lado do rei, figuravam os irmãos do rei – rivais, segundo o critério dinástico – e os ministros do rei – recrutados por suas habilidades. O rei ora se servia de seus ministros para limitar a atuação de seus irmãos; ora se servia dos irmãos para impor limites aos ministros.

O conflito entre dois modos de reprodução – o dinástico (privatístico, patrimonialista) e o funcional (publicístico, meritocrático) – prefigura o nascimento do "campo burocrático", na terminologia de Bourdieu. O processamento dialético das contradições entre os modos de reprodução tende para a afirmação do modelo em que preponderam a competência e o mérito sobre os fundamentos sanguíneos. Desse modo, existe uma substituição da nobreza por nascimento (que ignora a divisa entre o público e o privado) pela nobreza escolarizada – fundada sobre a instituição da escola e de seus processos de reprodução do conhecimento. Bourdieu ainda sugere que a ruptura com o princípio dinástico no Estado moderno acontecerá como consequência da efetiva diferenciação entre o *imperium* (poder público) e o *dominium* (poder privado), entre a praça pública (ágora) e o palácio real. Ele nomeia de "desfeudalização" o processo por meio do qual o pertencimento a clãs parentais deixa de ser critério relevante para o comando na política da modernidade (ibid., p.15).

A esse propósito, partindo de um enfoque notadamente mais materialista que o de Bourdieu, Reinhard Bendix (1964) relata que, na política da baixa Idade Média, o poder do rei era limitado onde e quando se fizesse necessário ou conveniente o recurso aos préstimos da aristocracia fundiária. Essa aristocracia se compunha majoritariamente de nobres cuja lealdade fora conquistada em batalhas vencidas pelo rei, tendo eles sido, então, reinstalados nas possessões do novo monarca. Tais relações de obrigação recíproca correspondem à instituição mais básica do feudalismo – que, na Europa medieval, era o complemento do patrimonialismo da Casa

Real. Escrevendo com o benefício da perspectiva histórica, já no século XVI, Maquiavel notou a competição entre duas estruturas de autoridade na Europa medieval:

> Os reinos conhecidos pela História têm sido governados de duas maneiras: ora por um príncipe e seus servos, que, como ministros por sua graça e permissão, assistem-no a governar o reino; ora por um príncipe e seus barões, os quais detêm posições não por concessão do monarca, mas pela antiguidade do sangue. Tais barões possuem estados e súditos que os reconhecem como os seus senhores, e são naturalmente vinculados a eles. Naqueles estados que são governados por um príncipe e seus servos, o príncipe possui mais autoridade, porque não há ninguém no estado que seja considerado superior que não ele mesmo, e se outros são obedecidos, o são por mera delegação, como ministros ou oficiais do rei, sem que alguém por eles tenha qualquer afeição especial. (Maquiavel, 1952, p.7)

Do ponto de vista do feudalismo, a estabilidade é atingida por laços recíprocos entre o senhor e os seus vassalos. O vassalo jura lealdade ao seu senhor, obrigando-se a servi-lo. Em troca, o senhor garante ao vassalo um pedaço de terra. Onde o elemento feudal prevalecesse, essas garantias do senhor envolveriam também a imunidade do vassalo aos poderes administrativos e jurídicos do rei. Onde o elemento patrimonial predominasse, ou esses poderes ficariam inteiramente nas mãos do rei, ou seriam delegados, conforme conveniência do rei. Em condições precárias de comunicação, o rei que buscasse estender o seu domínio sobre vastas porções de terra era levado a delegar o seu poder a outros agentes.

O feudalismo da Europa Ocidental tinha adicionalmente a característica de encampar uma ideologia de "direitos". As relações entre o senhor e o vassalo pressupunham garantias e obrigações – entre os homens e perante Deus. Assim como a autoridade real se circunscrevia, em princípio, pelos apelos a uma ordem moral superior e aos poderes políticos e legais da Igreja, a autonomia jurisdicional dos feudos era assegurada pela consciência do vassalo de seus "direitos" e pelo modo como a Igreja empregava a sua autoridade canônica para salvaguardá-los.

Ainda conforme a argumentação de Bendix (1964), dois princípios de autoridade começavam, então, a disputar o mesmo espaço político. Do encontro entre as lógicas patrimonial e feudal, resultava um sistema de jurisdições (ou de imunidades) sobrepostas. Cada jurisdição concedia direitos, o que implicava a elevação de certos indivíduos ou grupos a uma condição privilegiada no convívio social. No agregado, tais jurisdições constituíam a comunidade política, que se manteve mais ou menos coesa, dependendo do momento histórico específico vivenciado.

Perry Anderson (2004) verificou que o processo de fortalecimento dos aparelhos do Estado antecede a derradeira ascensão das burguesias (vide o fenômeno do absolutismo monárquico), e representa mais acuradamente uma resposta da nobreza feudal (forças políticas) às mudanças estruturais decorrentes do fim do regime de servidão – tendo-se dado tal fortalecimento institucional do Estado, portanto, um tanto autonomamente em relação às forças econômicas (a burguesia). Na hipótese de Charles Tilly (1996), o mecanismo que ocasionou a grande acumulação e concentração das capacidades potestativas do rei, em detrimento do clã feudal ou parental, foi a inter-relação de cidade e Estado, capacidade extrativa e capacidade bélica. Explica-se: de um lado da equação, a acumulação e a concentração do *capital* teriam levado ao crescimento das cidades urbanas – os espaços naturais do comércio, da produção, do armazenamento, do negócio bancário; do outro lado, a acumulação e a concentração da *coerção* teriam levado ao crescimento dos Estados – detentores de instrumentos para expropriação, humilhação, ameaça, prisão. A guerra e a preparação da guerra induziram governantes a extrair os meios de guerra dos que mantinham os recursos essenciais e relutavam em entregá-los (empresários de toda sorte). Na elaboração de Tilly,

A organização das principais classes sociais dentro do território de um Estado, e suas relações com o Estado, influenciaram consideravelmente as estratégias que os governantes empregaram para extrair recursos, a resistência que enfrentaram, as lutas que daí resultaram, os tipos de organização duradoura que essa extorsão e luta criaram e, portanto, a eficiência na extração dos recursos. Dentro dos limites impostos pelas exigências e compensações dos outros estados, a extração e a luta pelos meios de guerra criaram as estruturas organizacionais centrais dos estados. (Tilly, 1996, p.77)

No contraste de narrativas em que as possibilidades históricas se cruzam, Bourdieu (1997) propõe que a lógica das delegações de poder, instaurada após a entrada em cena dos *homines novi*, representou o início do fim do absolutismo dinástico. Entretanto, como já mencionado, esse princípio do poder absoluto, derivado do "sangue real" e da autoridade eclesiástica, teria sido substituído pelo poder emanado dos gabinetes, dos *bureaux*. Assim, se é bem verdade que a pluralização dos atores e a sobreposição das instâncias de poder (*homines novi, bureaux*) não trouxeram como consequência imediata a democratização política da modernidade, também *não* se pode afirmar taxativamente que tal processo histórico não tenha gerado, de forma indireta e difusa, *alguma* democratização.

Em síntese, a abordagem histórica considera que a evolução de práticas e dos conceitos associados à política dos Estados (e a suas políticas externas, em particular) justifica – embora não explique precisamente – a sua pouca democratização, mesmo em Estados considerados democráticos na atualidade. A rigor, sociedades medievais e pós-medievais europeias excluíam a maioria das pessoas do exercício dos direitos públicos, os quais dependiam de concessões reais de imunidade. Isso equivalia à exclusão de (quase) toda a massa servil da participação política, num tempo em que a autoridade para exercer as funções de governo era indistinguível da efetiva ação política. Na ausência de canais para a manifestação das camadas menos favorecidas – em termos sociais e econômicos –, não restava espaço para o protesto, para as reivindicações (Bendix, 1964).

A obediência civil, que aos poucos ia deixando de ser percebida como *obrigação perante Deus*, ainda não havia sido concebida como *contrato entre homens*. Nessa fresta da história vão infiltrar-se ora os especialistas, originalmente encarregados de funções político-administrativas pelo rei, ora os técnicos do Estado moderno, voltados tanto para a gestão fiscal e tributária quanto para a administração dos assuntos internacionais. Importa notar que, por longa data, as decisões da política externa dos Estados (sobretudo, aquelas referentes à declaração da guerra e à celebração da paz) foram por eles monopolizadas. Segundo William Wallace (1994), o cenário começaria a mudar, no rumo da maior abertura dos temas de política externa à sociedade, apenas com o ocaso da I Guerra, o pronunciamento dos "14 Pontos de Wilson" e a superveniente criação da Liga das Nações – promotora do banimento da "diplomacia secreta" entre os Estados.

Abordagem tecnocrática

Outro argumento, de ordem mais sociológica, é aquele segundo o qual a política externa consistiria em um ramo da vida social dependente de conhecimentos muito especializados. Seria comparável, em sua complexidade e hermetismo, à política ambiental, à política tecnológica ou à política nuclear de um Estado. A relação triangular entre política, cidadania e especialidade técnica é tema antigo, mas que ganha especial relevo na contemporaneidade, como alega Frank Fischer:

> Dada a complexidade social e técnica da maioria dos assuntos políticos contemporâneos, um grau significativo de competência é requerido dos cidadãos e dos políticos para que eles possam participar com conhecimento das discussões sobre políticas. Se

forem incapazes de compreender e fazer julgamentos inteligentes acerca dos assuntos, [...] isso impõe um problema preocupante. Colocando de lado a retórica democrática, isso sugere a necessidade de repensar o sentido e a aplicabilidade da democracia nos tempos correntes. (Fischer, 2009, p.1)

O desafio representado pela especialização das atividades humanas em sociedades complexas teria levado ao estabelecimento do que se chamou de "sistemas peritos" (*expert-based systems*), ou seja, ao primado de elaborações técnicas, conducente à relativa despolitização de certos setores e temas, com o intuito de gerar maior "segurança ontológica". Viveríamos, conforme essa chave analítica, numa "era de especialistas" (ibid.). Anthony Giddens (1991; 1995) e Ulrich Beck (1995) têm-se debruçado sobre o problema da institucionalidade adequada para o que se chamou de "modernidade tardia" ou "reflexiva". Para esses autores, reflexividade envolve a associação da democracia representativa a novas instituições, em que o público possa votar nas formas de especialização concorrentes entre si.

Giddens (1995) percebe que, em um estágio anterior, a modernidade – dita simples – se fundava no princípio da confiança, traduzido pela operação dos "sistemas peritos". Hoje, no entanto, tais sistemas se encontram em xeque, o que o leva a desenvolver prescritivamente a noção de "confiança ativa". A confiança ativa emerge quando as instituições se tornam reflexivas e as proposições dos especialistas estão abertas à crítica e à contestação. O investimento de confiança nas instituições – que está ligado a obrigações e responsabilidades – passa a ser uma questão de legitimidade.

Beck propõe a "destruição dos monopólios e da delegação de poder", além do abandono dos "modelos de não ambiguidade eficiente" (Beck, 1995, p.43). Tais objetivos seriam facilitados caso se prescindisse da velha ordem instrumentalmente racional, segundo a qual a função dos especialistas é "esclarecer" os leigos.

A racionalidade vigente haveria de ser reformada, por via de um pensamento metarracional. O corrente estado de coisas, para Beck, esconde não um excesso de racionalidade, como se anuncia triunfantemente, senão o inverso: a irracionalidade predominante, que explica a "doença da modernidade industrial".

Para erradicar o problema diagnosticado por Giddens e Beck, far-se-ia necessário, conforme fraseado de Scott Lash, um "filtro contínuo das teorias de especialistas, dos conceitos e achados, para a população leiga" (Lash, 1995, p.243-4). Anthony Giddens apresenta como antídoto a sua "democracia das emoções", assente no princípio da autonomia pós-tradicional, ou seja, a "capacidade de o indivíduo representar os próprios interesses" e a "possibilidade de resolver os conflitos de interesses através do diálogo público" (apud ibid., p.243). Ele vê o relacionamento emocional como área subpolítica, cujas tendências democratizadoras estão ligadas à confiança ativa, alicerçada em reflexividade, autonomia e diálogo.

Boaventura de Sousa Santos (2000) entende que esta modernidade que ora vivenciamos se escora em dois pilares, quais sejam, a regulação e a emancipação. O pilar da regulação é constituído pelos princípios do Estado (Hobbes), do mercado (Smith e Locke) e da comunidade (Rousseau). Já o pilar da emancipação está informado por três lógicas de racionalidade, definidas por Weber, a saber: a estético-expressiva (artes e literatura), a cognitivo-instrumental (ciência e tecnologia) e a moral-prática (ética e direito). A tese de Santos é que, no início do século XXI, o pilar da emancipação encontra-se absorvido pelo da regulação. A emancipação moderna viu-se reduzida à racionalidade cognitivo-instrumental da ciência, ao passo que a regulação moderna foi colonizada pelo princípio do mercado – fator incentivado pela própria transformação da ciência em força produtiva.

Santos julga necessário o resgate das duas dimensões do pilar da regulação que, segundo ele, "só muito parcialmente foram colonizadas pela ciência moderna" (ibid., p.50): a participação e a solidariedade. No caso da participação nos processos democráticos da cidade, a colonização deu-se, especialmente, no contexto do que a teoria política liberal definiu como sendo a esfera da política: cidadania e democracia representativa. Santos argui que, para além dessa esfera política liberal, permanecem não contemplados vários outros domínios da vida social, em que a participação continuou a ser uma competência não especializada da comunidade. No caso da solidariedade, a sua colonização ocorreu, nos países capitalistas desenvolvidos, através das políticas sociais do Estado-providência – embora, também aqui, de forma incompleta. Na maioria dos Estados-nação, a solidariedade comunitária não especializada – designada como "sociedade--providência" por Santos – continua a ser a forma dominante de solidariedade (ibid., p.75).

Aquilo que Boaventura de Sousa Santos descreve é um processo complexo de assimilação e naturalização das ideias do capitalismo (ou vinculadas ao modo de produção capitalista) a permear as sociedades contemporâneas e ditar a própria forma de organização política das coletividades humanas. Não se trata, todavia, de uma denúncia nova. Em um texto clássico, "Ciência e técnica como ideologia", originalmente publicado em 1968, Jürgen Habermas já afirmava, ecoando Herbert Marcuse, que "o conceito de razão técnica é, ele mesmo, uma ideologia" (Habermas, 1986, p.55). Essa razão técnica, alegadamente universal, não passaria de um projeto situado histórica e socialmente, e motivado politicamente. Não é e não pode ser, portanto, um instrumento neutro, um mero corretivo dentro do sistema. No sentido estrito, esse tipo de elaboração é ideológico, uma vez que, sob o pretexto de combater as ideologias tradicionais, afirma a técnica e a ciência como panaceias. Segundo o autor, "o núcleo ideológico da consciência tecnocrática é *a eliminação da diferença entre prática e técnica*" (ibid., p.99; grifo do autor).

Toda a discussão prévia é suscitada, em alguma medida, pelo contrassenso notado por Frank Fischer, no cotejo ao pensamento de Max Weber. Fischer percebe que a significativa conquista dos direitos políticos dos indivíduos ocorrida nos séculos XIX e XX contrasta com o aumento sem precedente do tamanho das burocracias e dos empreendimentos governamentais – os quais passam a ser colocados com frequência sob a supervisão de gestores públicos profissionais: "No exato período em que o potencial político do cidadão emergia, ele estava sendo minado pela expansão das grandes organizações e por uma orientação instrumental da política, aprofundando o que Max Weber descreveu como a moderna vida social e econômica" (Fischer, 2009, p.5).

Robert Dahl não fará dessa tecnificação da política contemporânea um "cavalo de batalha". Antes, ele reconhece no curso da história das instituições políticas indícios de como o homem soube solucionar o problema. Dahl (1990) elaborou um modelo de "autoridade em uma boa sociedade", estabelecendo três critérios para fundamentar a relação de legítima autoridade política em sociedades democráticas contemporâneas: (a) escolha pessoal, (b) competência e (c) economia.

Segundo o critério da escolha pessoal, nenhum procedimento ou decisão pode ser aceitável para o indivíduo se ele não participou do processo da escolha, ou seja, da deliberação propriamente dita. A "verdade pública", por assim dizer, só pode ser formulada se consultadas todas as "verdades privadas" que compõem a comunidade política. Esse critério tem enorme apelo nos dias atuais, porque corresponde à autoridade das formas democráticas de governo e à crença na igualdade dos indivíduos como agentes políticos na esfera pública. Visto estritamente da perspectiva do indivíduo, esse critério, no entanto, traz o problema de ter de ser conciliado com as distintas escolhas dos outros indivíduos. A pergunta que se faz é a seguinte: se eu aceito o critério da escolha pessoal como base para a autorização do Estado, por que deveria aceitar uma decisão estatal que não se conforme com a minha própria? A resposta é simples: se eu acredito que as escolhas pessoais dos outros são tão dignas quanto a minha e que todos nós devemos contar como pares políticos, então eu tendo a conceder autoridade ao governo democrático se ele expressar as escolhas pessoais do maior número de membros da associação política.

Mediante o critério da competência, se se crê que existam diferenças significativas entre os indivíduos, em termos de competência acerca de um assunto importante – por exemplo, a diferença de competência específica entre o timoneiro e o passageiro do barco, ou entre o médico e o paciente leigo –, o mais razoável é que a autoridade para decidir seja concedida ao agente mais capacitado, isto é, ao mais competente para aquela formulação/execução. O critério da competência pode combinar-se de modo complexo com o da escolha pessoal, uma vez que o indivíduo, consciente das implicações de suas opções políticas, abdique do direito de decidir sobre uma matéria em favor de outro que por ele seja considerado mais apto, num dado momento, para proceder com a decisão. A presunção é de que o critério da competência – também conhecido como a fórmula meritocrática de governo – seja politicamente imparcial.

Finalmente, o critério da economia, referente à noção de que é sempre mais desejável obter mais de seus objetivos do que menos para um dado esforço constante. A eficiência (ou racionalidade) reafirma a crença de que é preferível ganhar mais despendendo menos recursos. Na política, os exemplos da aplicação desse critério da economia datam de tão longe quanto a Antiguidade grega. No contexto da democracia ateniense, houve um arranjo institucional denominado Conselho dos Quinhentos – uma associação de quinhentos homens que se reuniam para representar os interesses de dez diferentes tribos de Atenas. Dada a dificuldade de se reunirem aqueles quinhentos homens em casos emergenciais, concebeu-se, adicionalmente, o Conselho dos Cinquenta, ou seja, uma seleção de representantes tribais pinçados do grupo original de quinhentos homens, à guisa de conferir maior agilidade ao processo deliberativo. Lastreando esse processo de representação, dá-se o critério (dahliano) da economia.

Contemporaneamente, como a participação direta na vida política do Estado se tornou benefício para poucos (em virtude até da extrema complexidade do aparelho estatal), ganhou força, para Dahl (ibid.), o argumento de que o indivíduo deve "economizar" seus recursos de tempo, atenção, energia etc. para o ambiente privado/doméstico, delegando a profissionais a autoridade formal para a gestão política. No entanto, essa abdicação da vida política por parte dos cidadãos nem sempre tem resultado em práticas e políticas legítimas aos olhos dos eleitores e da opinião pública.

O autor percebe a impossibilidade de atingir um nível ótimo de autoridade nas sociedades políticas reais. Seguindo-se a lógica de Robert Dahl à risca, a política externa tornar-se-ia um campo somente para "iniciados", homens e mulheres devidamente treinados para pensar de forma estratégica as ações internacionais do Estado e executá-las a contento, independentemente das preferências do indivíduo comum, carente de informações e conhecimentos necessários à tomada de decisão.

Outro que elaborou sobre a tensão na política contemporânea entre a democracia e a técnica foi José Guilherme Merquior. O resultado desse encontro, segundo o pensador e também diplomata de carreira, foi o nascimento de "uma concepção minimalista de democracia", que se limita ao "exercício da participação igualitária em processos decisórios", privando a população de toda a parte vivencial e das variadas referências a liberdades e direitos (Merquior, 1982, p.114). O autor esclarece que democracia não é apenas um conceito; ela é, principalmente, uma conduta. Não obstante, em seu entendimento, a "democracia-conduta" da atualidade tem ultrapassado, quando não subvertido, a "democracia-conceito": "na ultracomplexa sociedade contemporânea [...], a ideologia tecnocrática [vem] desacreditar, como utópicos, os reclamos pela maior participação democrática" (ibid., p.116). Ele faz alusão à crença, muito comum nas sociedades ocidentais, em uma superioridade inerente do tecnocratismo, isto é, do pensamento condicionado por um saber técnico. O homem de hoje encontra-se comprometido com o ditame da eficiência, no sentido racional-econômico do termo. O tecnocratismo em voga embute ainda o elitismo, uma concepção incompatível *per se* com qualquer fórmula democrática. Donde o estrangulamento conceitual, que leva Merquior a manifestar-se: "A verdadeira alternativa macropolítica não é [...] democracia ou tecnocracia – é democracia, ou ilegitimidade pura e simples" (ibid., p.117).

Sob o prisma da evolução das instituições políticas, nos anos 1980, assistiu-se à onda neoconservadora com a proposta do Estado mínimo; nos anos 1990, quando começa a se tornar patente o malogro da proposta neoliberal, o movimento em direção à reforma ou, mais propriamente, à reconstrução do Estado, faz-se dominante. A partir da década de 1980, a grave turbulência econômica, que assolava os países em desenvolvimento, e a desaceleração das taxas de crescimento nos países desenvolvidos levaram a uma crise endógena do Estado social – do Estado de bem-estar social nos países desenvolvidos e do Estado desenvolvimentista nos países em desenvolvimento. Essa crise desencadeou em quase todo o mundo a concentração da renda e um aumento dos índices de violência sem precedente. Incentivou, também, a inovação social na resolução dos problemas coletivos e na própria reforma do Estado. Uma das inovações fundamentais vinculava-se, segundo Luiz Carlos Bresser-Pereira e Nuria Grau (1999), à importância que crescentemente adquiriram as formas de propriedade e de controle social público, numa época em que se evidenciou a crise do modelo social-burocrático do Estado e em que a globalização passou a exigir novas modalidades, mais eficientes e democráticas, de administração pública.

Como bem observado por Mariane Nassuno (1999), a crise do Estado não guardava relação apenas com a dimensão econômico-financeira ou com as questões ligadas à autonomia burocrática. Referia-se, para além, ao esgotamento das formas de articulação Estado-sociedade, sobretudo na modalidade de relacionamento entre os setores público e privado prevalecentes nos modelos de desenvolvimento anteriormente adotados. Se antes o Estado era visto como elemento de contenção da sociedade civil, agora, eles – Estado e sociedade civil – deveriam atuar conjuntamente, a fim de estreitar o hiato entre o "político" e o "social". A crise do Estado pôs em primeiro plano a necessidade de eficiência e de qualidade na prestação dos serviços públicos, *pari passu* com a difusão dos ideais democráticos. Nassuno entende tratar-se de efeitos diretos da globalização: por um lado, reclama-se internacionalmente uma melhor gestão dos recursos; por outro, uma maior sensibilidade às demandas do *demos*.[9] A contraindicação desses "remédios" da globalização é que, como sempre, a suposta busca por eficiência tem servido de justificativa para o aumento da autonomia da administração pública, reforçando-se, assim, a centralização reguladora do Estado e o divórcio entre o Executivo e o sistema de representação, a despeito da abertura política. Sem embargo: *eficiência*, em um contexto democrático, diz respeito ao relacionamento entre burocratas e políticos. Existe eficiência quando as políticas definidas pelos mandatários da nação (democraticamente eleitos e/ou devidamente representados no processo decisório) são implementadas pelas burocracias, com a gestão competente dos fundos que lhes forem destinados. A eficiência na prestação desses serviços pressupõe a existência de mecanismos de controle democrático sobre as ações de tais burocratas.

Por seu turno, e um tanto sintomaticamente, Christopher Hill refere-se aos diplomatas como a "maçonaria das relações

---

9 É particularmente ilustrativa uma passagem do ex-ministro das Relações Exteriores, Celso Lafer, a esse respeito: "o bem-estar da maioria dos seres humanos segue intimamente vinculado ao desempenho dos países em que vivem. Por isso, a legitimação dos governos apoia-se cada vez mais na eficácia que demonstram no atendimento das necessidades [...] dos povos que representam" (Lafer, 2004, p.18).

internacionais" (Hill, 2003, p.42), ao criticar os procedimentos de reforço da identidade de classe por eles praticados, o pronunciado espírito de corpo e os segredos internamente compartilhados. Ciente da tendência de encastelamento dos decisores da política externa de qualquer país, ele pondera que

> A política externa deve ser "para o povo" em um sentido fundamental, mas é, em larga medida, produzida em nome do povo por *cognoscenti*, que alegam ter as suas mãos atadas pela opinião pública, embora pouca evidência desse constrangimento exista na prática. Além disso, esses especialistas têm crescentemente formado uma classe transnacional marcada por relações pessoais, casamentos internos, conferências subsidiadas e multilinguismo – o que tende a distanciá-los de seus próprios corpos políticos. (Ibid.)

Em outra linha de investigação, ao considerarem o peso das ideias sobre a formulação da política externa dos Estados, os cognitivistas inauguraram uma senda que, ainda hoje, é relativamente pouco explorada nas Relações Internacionais. Em um dos estudos seminais sobre o tema, Robert Jervis (1968) afirmou que a ancoragem cognitiva dos líderes nacionais em determinados princípios e conceitos determinava, na maior parte dos casos, a tomada de decisão na política externa durante a Guerra Fria. Outro trabalho clássico, de Graham Allison (1969) sobre a Crise dos Mísseis de Cuba, de 1962, propôs o modelo burocrático de tomada de decisão. O argumento era de que a premissa da racionalidade pura do Estado (modelo I) é suplementada por variáveis de cultura organizacional (modelo II) e por barganhas e disputas políticas dentro das burocracias (modelo III). A respeito da cultura organizacional, o autor comparou as diferentes orientações imprimidas à política externa americana pela Casa Branca e pelas Forças Armadas. Isso se devia não apenas aos repertórios de tomada de decisão das duas instituições, mas também ao processo de inculcação de valores por que passavam os seus agentes.

Judith Goldstein e Robert Keohane avançaram hipóteses para tentar explicar como se dava a influência das ideias na elaboração da política externa dos Estados após o fim da Guerra Fria. A proposição principal é de que as ideias funcionam como "mapas do caminho" (Goldstein; Keohane, 1993, p.13), que guiam os agentes em suas decisões. Assumindo-se que as preferências, as visões de mundo, os valores dos indivíduos são adquiridos, e não dados, torna-se mais compreensível a difícil transição de concepções autoritárias para concepções democráticas de política externa. Para que haja mudança substantiva na condução da política exterior do Estado, requer-se uma substituição prévia de crenças causais e de princípios estruturantes daqueles que ocupam as posições de mando. Esse processo não é trivial, uma vez que as ideias também servem – como no caso dos repertórios de tomada de decisão, de Allison (1969) – como instrumentos para a resolução tácita dos problemas de coordenação política. Ideias, entendidas como imagens ou protocolos preexistentes, funcionam como terminais, pontos focais para os decisores, no caso de haver mais de uma solução considerada viável. Dependendo do grau de institucionalização dessas ideias e dos mecanismos institucionais de autorreforço, a tendência à ancoragem cognitiva poderá ser ainda maior.

O que se supõe, em suma, é uma propensão natural à conservação de um determinado estado de coisas, o que gera obstáculos para a democratização da política externa do Estado (uma inovação na técnica, digamos assim) – principalmente nos países cuja democratização ou redemocratização seja recente. É como se a efetiva democratização de uma sociedade demandasse, antes, a inoculação de certos "valores" democráticos. Ou, ainda, uma espécie de pedagogia democrática. Como ensina Douglass North, as instituições e os sistemas de crença precisam mudar conjuntamente para que as reformas surtam efeito, uma vez que são "os modelos mentais dos atores que modularão as suas escolhas" (North, 1998, p.255).

Fischer (2009) admite que a autoridade técnica das profissões nunca esteve sob tanta desconfiança quanto agora. Há um juízo difuso nas sociedades de que os especialistas se servem de suas posições de mando para propor intervenções arrogantes e autointeressadas. Se os profissionais foram, por longa data, concebidos como "repositórios sociais de confiança" (*social trustees*), hoje a comercialização capitalista das suas práticas ajuda a erodir qualquer senso de responsabilidade cívica, de *noblesse oblige*. A implicação dessa mudança no estatuto social do profissional é ainda mais visível no caso do servidor público. O *slogan* "para o vencedor vão os espólios" captura esse sentimento generalizado de que o serviço público se converteu em um sistema ideológico de patronagem, clientelismo e patrimonialismo,[10] dentro do qual nem mesmo o formulador da política externa do Estado escapa de crítica.[11]

---

10 Scott Mainwaring (2001) tenta estabelecer a diferenciação conceitual entre patronagem, clientelismo e patrimonialismo. O termo *patronagem* é usado na acepção corrente para significar o uso ou a distribuição de recursos do Estado em bases não meritocráticas, com o fito de obter vantagens políticas. Trata-se de um "sistema de incentivos" que mobiliza empregos e verbas do setor público. A patronagem tradicional limitava-se ao empreguismo, mas suas formas atualizadas incluem serviços e obras públicas, contratos, concessões e investimentos estatais. O *clientelismo* é entendido como a relação patrão-cliente, caracterizada por quatro aspectos: desigualdade entre as partes, reciprocidade assimétrica, natureza não institucionalizada e relação face a face. Enquanto o clientelismo tradicional se assentava numa sociedade agrária em que os direitos de cidadania aplicavam-se a poucos, com relações pessoais intensas entre o "padrinho" e o "beneficiário", o clientelismo moderno implica políticos profissionais e intermediários com o controle sobre ampla gama de bens públicos, oferecendo mais opções ao cliente do que o modelo tradicional. Por fim, o *patrimonialismo* diz respeito a uma situação em que o governante trata o Estado como sua propriedade. Nos sistemas patrimonialistas, os políticos não fazem uma distinção clara entre o que é privado e o que é público, a *res publica*.

11 Trago aqui um exemplo que, embora pitoresco, ilumina essa alegada desconfiança em relação ao servidor público em geral e ao próprio diplomata brasileiro em particular. Em artigo veiculado no jornal *Correio Braziliense* de

Abordagem institucionalista

O Estado soberano é, em regra, a pessoa estabelecida de direito público (*established legal person*) com capacidade de representação e interlocução no âmbito internacional (Brownlie, 1995; Pellet et al., 1994). Vilarejos, condados, cidades, cantões, províncias, regiões administrativas, territórios autônomos ou componentes de um Estado, protetorados e colônias até podem fazer-se representados nas relações internacionais, mas nunca de forma plena, nas grandes instituições globais ou nas reuniões ministeriais mais relevantes. Apenas o Estado soberano pode fazer a política externa *stricto sensu*. Esse dado lança luz sobre a tendência de grande concentração dos poderes de decisão sobre os assuntos internacionais nas mãos do chefe de Estado (Friedrich, 1974).

Ainda assim, a forma como o Estado se organiza institucionalmente e dispõe internamente os seus poderes político-administrativos impactará, presumivelmente, a produção da sua política externa. Brian Hocking nota que, em relação aos Estados unitários,[12] Estados federais apresentam maior propensão de

---

19 fev. 2006, intitulado "Gastança em Paris", lia-se: "Cerca de US$ 36 mil (R$ 88 mil) dos US$ 40,544 mil (R$ 100 mil) liberados pelo Itamaraty [para a reforma da embaixada do Brasil na França] foram gastos na compra de tecidos, painéis em tecidos e confecção das cortinas de 12 janelas da embaixada, além da troca de trilhos e puxadores. O restante, R$ 12 mil, foi usado na troca do forro de duas camas. A embaixadora [Vera Pedrosa] não informou ao Itamaraty as medidas das cortinas e a importância de tais camas para justificar os custos e a necessidade da reforma. Com base no material usado, o voile, o Correio Braziliense fez uma pesquisa de preços no mercado da capital federal. E descobriu que o valor gasto nas cortinas da Embaixada na França dá para decorar muitos apartamentos de luxo ou mansões de Brasília. O Correio consultou seis lojas brasilienses especializadas em cortinas, das mais baratas às mais caras, na Asa Sul, Sudoeste e Taguatinga. Com R$ 88 mil, pode-se comprar até 4,1 mil metros do mesmo tecido ou 350m de cortinas prontas em duas das mais sofisticadas casas do ramo. Para se ter uma ideia da quantidade, 350 metros é a extensão de três campos e meio de futebol".

12 O Estado unitário ou simples, de que a França é o exemplo clássico, é caracterizado como aquele em que somente existem um poder Legislativo, um

"localizar a sua política externa", ou seja, de tornar a produção da política externa mais permeável às reivindicações provindas de um município específico ou de uma pequena região administrativa interiorana. No entanto, há problemas que decorrem desse processo, assim descritos pelo autor:

> Levando em conta o caso dos Estados federais, o problema não é mais a contenção do que alguns rotularam de comportamento desviante por parte das autoridades subnacionais, mas o desenvolvimento de estratégias para a gestão da política [externa] em meio à crescente complexidade. Cada nível de governo tem interesses legítimos em manter e desenvolver relações com o sistema internacional, e ao mesmo tempo cada qual tem seus problemas determinados pela natureza e pelo escopo de seus objetivos. Da perspectiva dos gestores da política externa nacional, o envolvimento dos governos não-centrais gera problemas que derivam da fragmentação doméstica da política externa. [...] Isso pode levar a uma incapacidade de fazer compromissos substantivos e a um comportamento ambíguo [do Estado federal] que os demais atores internacionais encontrariam dificuldades para interpretar. (Hocking, 1993, p.28)

poder Executivo e um poder Judiciário, todos centrais, com sede na capital do país. Todas as autoridades executivas ou judiciárias do território são delegações do Poder Central, tiram dele sua força; é ele que as nomeia e lhes fixa as atribuições. O poder Legislativo de um Estado unitário ou simples é único, nenhum outro órgão existindo com atribuições de fazer leis nesta ou naquela parte do território. Já o Estado federal, de que o Brasil é exemplar concreto, é aquele em que as capacidades políticas, legislativas e administrativas são atribuídas constitucionalmente a entes regionais, que passam a gozar de autonomias próprias. As autonomias regionais não são fruto de delegação voluntária de um centro único de poder, mas se originam na própria Constituição, o que impede a retirada de competências por ato voluntário de poder Central. Se o poder se reparte no espaço territorial (divisão espacial de poderes), gerando uma multiplicidade de organizações governamentais autônomas, distribuídas regionalmente, tem-se uma Federação de Estados (Azambuja, 1968).

Outra questão institucional pertinente ao campo da articulação intragovernamental é a coordenação horizontal (interdepartamental ou interministerial) das ações de política externa de um Estado. Como sugerido por Guy Peters (1998), desde o tempo em que as estruturas governamentais começaram a diferenciar-se, com a criação de uma variedade de ministérios e departamentos, muitos têm afirmado que uma agência desconhece o trabalho realizado pelas outras e que os seus programas são contraditórios, redundantes ou ambos. Processos de distinta natureza têm sido responsáveis pela fragmentação do planejamento e da gestão no setor público. Dentre eles, talvez sejam os seguintes aqueles que mais diretamente têm obstaculizado a capacidade de coordenação das agências estatais: a) o fato de os governos terem progressivamente ampliado o leque de suas atribuições; b) os processos de descentralização, devolução e/ou privatização; c) o aumento da complexidade e do caráter técnico de parte significativa dos assuntos com os quais se defronta o Estado; d) as diretrizes de reforma do Estado, amplamente adotadas nas décadas de 1980 e 1990, que, rotineiramente, se espelharam no funcionamento das organizações do mercado ou buscaram a ampliação da participação dos cidadãos ou "clientes". Donde a dificuldade crescente de elaborar uma política externa que não se choque com os interesses específicos de outras burocracias que compõem o Estado moderno. De resto, há que atentar para as possíveis sobreposições, omissões e redundâncias que costumam resultar de uma coordenação frágil de políticas públicas.

A relação entre regime de governo e política externa é razoavelmente prolífica em termos de produção acadêmica. Desde a publicação do opúsculo *Tratado sobre a paz perpétua* (1795), de Immanuel Kant, vem-se investigando se existe, historicamente, correlação significativa entre a forma democrática de organização do poder constituído e a concepção de uma política externa pacifista. O raciocínio dos adeptos dessa hipótese é simples: em um regime cujo poder decisório esteja efetivamente nas mãos dos cidadãos, a propensão de o seu Estado guerrear é diminuída, uma vez que o indivíduo racional, que compreende os riscos e os custos de uma guerra, optará sempre por evitá-la. Assim, quanto mais Estados democráticos houvesse no mundo, menor seria a chance de enfrentamentos bélicos. Na formulação original de Kant, as repúblicas (em oposição às monarquias) tenderiam a agrupar-se em uma confederação mundial, regida pelo princípio da hospitalidade, veículo para a paz perpétua entre os povos.

Numa apropriação extemporânea da tese kantiana, Michael Doyle (1999) advoga por uma comunidade de Estados "autenticamente liberais", dada a característica "inerente a regimes democráticos" de respeitar e dialogar com outros países democráticos antes de recorrer ao conflito.[13] O autor propõe a substituição dos mecanismos da balança de poder e da guerra por instituições conducentes à maior cooperação entre os Estados, como o direito internacional e as organizações internacionais, além do incentivo ao livre mercado e à promoção dos proverbiais "valores democráticos". No âmbito dessa proposta, uma ordem internacional liberal requereria uma espécie de "cruzada", isto é, a mobilização dos "verdadeiros" Estados democráticos para preservar e expandir a comunidade liberal.

O formato liberal de Estado assenta na premissa da repartição dos poderes. O princípio federalista dos "freios e contrapesos" aplica-se à maioria absoluta das comunidades políticas democraticamente organizadas do mundo contemporâneo. Salvo algumas exceções, as institucionalidades liberais e democráticas distribuem competências entre os ramos Executivo, Legislativo e Judiciário, idealmente independentes entre si. Como já demonstrado por considerável número de estudos científicos, as relações

---

13 A notável exceção à regra é a guerra que os Estados Unidos moveram contra a Espanha, no fim do século XIX, sob o pretexto da libertação do povo cubano.

estabelecidas entre esses ramos também podem impactar a forma de produção da política externa do Estado.

Helen Milner (1997), por exemplo, encontra indícios consistentes de que institucionalidades liberais e democráticas dão primazia ao poder Executivo na formação da agenda da política externa, em países presidencialistas ou parlamentaristas. Ao Legislativo, é geralmente reservado o poder da ratificação/veto e de emenda. Ou seja: existiria, por força da própria ossatura institucional do Estado contemporâneo, uma propensão inercial à concentração de recursos (no Executivo) quando se trata da tomada de decisão em temas de política exterior. A autora observa também que quanto mais complexa e/ou saliente é a questão em apreciação, mais pronunciada será a capacidade de o Poder Executivo estabelecer a agenda internacional do Estado.

Um aspecto que compromete a democratização na esfera da política exterior do Estado é a baixa capacidade técnica das legislaturas (Amorim Neto, 2006). A carência de capacidade técnica no Legislativo para avaliar políticas públicas de maneira geral implica a negligência da agenda internacional do Estado. Octavio Amorim Neto acrescenta que tal característica confere ao Executivo "uma grande influência na formulação de programas e leis, aumentando a atratividade do gabinete não apenas para atores políticos com objetivos clientelísticos, mas também para aqueles com motivações programáticas" (2006, p.34). Ainda, segundo Lawrence Jacobs e Benjamin Page (2005), há claras indicações de que os membros da Casa dos Representantes (a câmara baixa do Congresso norte-americano) são mais sensíveis às manifestações da opinião pública, em matéria de política externa, do que os senadores e os funcionários oficiais do poder Executivo, em virtude, principalmente, do maior insulamento destes, proporcionado por seus mandatos mais longos e não necessariamente constrangidos pela pressão popular.

Em democracias contemporâneas, o poder Judiciário costuma desempenhar um importante papel na contenção do poder das maiorias políticas contra os direitos dos indivíduos, por meio do chamado "controle de constitucionalidade" (Arantes, 2007, p.56). Ao Judiciário, nomeadamente à Suprema Corte de um país, é frequentemente designado analisar a constitucionalidade daqueles acordos internacionais a que adere o Estado, depois de assinados pelo Executivo e ratificados pelo Legislativo. Via de regra, tal poder atuará sobre as questões de política externa de forma reativa e indireta, embora não precise ser provocado para tanto. Questões que lhe competem dizem respeito a casos de concessão de asilo político, extradição, interpretação de tratados, conflito entre legislações etc.

Se a democratização é a participação da população, e não apenas de setores específicos desta, na composição da agenda de política externa, vale lembrar a observação de Richard Sobel, para quem "os maiores efeitos da opinião pública manifestam-se tipicamente sob a forma de constrangimento [ao tomador de decisão], e não sob a forma de proposição política" (2001, p.234). Como proferem Jacobs e Page, há na literatura bons trabalhos atestando que a política externa de um Estado democrático costuma mudar na mesma direção pretendida pela opinião pública (conforme aferida pelas pesquisas de opinião). Contudo, os mesmos autores observam, por meio do tratamento de dados primários, que os elementos empíricos são, na verdade, ambivalentes e inconclusivos acerca da suposta relação. Ao apresentarem os resultados da recente pesquisa por eles conduzida nos Estados Unidos, comentam: "estes achados [...] contrariam toda a pesquisa prévia que encontrava impactos substanciais da opinião pública [sobre a produção da política externa]" (2005, p.117).

Ainda de uma perspectiva institucional, Morris Fiorina (1981), em análise do panorama eleitoral estadunidense nas décadas de 1950, 1960 e 1970, atina para a dificuldade de perceber, sob a ótica do cidadão comum, uma linha de continuidade entre as decisões de política exterior de um governo e os seus resultados práticos. O recorte temporal aqui é relevante, uma vez que compreende período bastante denso das relações exteriores dos Estados Unidos – com o acirramento da Guerra Fria, a guerra da Coreia, a crise do Suez, a crise dos mísseis em Cuba, a guerra do Vietnã, o primeiro choque do petróleo, entre outros episódios e processos. O autor considera, por exemplo, a redução da dependência americana de petróleo estrangeiro como uma questão de política externa digna de preocupação pública, embora com finalidades múltiplas.

Assumindo como premissa a tendência de o eleitor médio, para decidir o seu voto, basear-se nos resultados atribuídos a uma política (e não na análise prospectiva dos méritos de uma proposta), Fiorina hipotetiza haver baixa correlação entre desempenho na condução da política externa e escolha eleitoral. Dado o impacto amplo e pulverizado das ações de política externa de um governante, decorre – até de forma não deliberada – baixa *accountability* da política externa.

Em sociedades diversificadas e populosas como as contemporâneas, Robert Dahl e Edward Tufte (1973) admitirão a importância da delegação de competências como mecanismo de incremento da representação política e de descentralização do poder. Com a vida nos grandes conglomerados urbanos, tornou-se praticamente inviável a participação dos indivíduos na deliberação sobre as coisas da cidade (pois isso demandaria um enorme investimento de tempo de cada cidadão para familiarizar-se com as gigantescas e sofisticadas estruturas institucionais governamentais). Tal circunstância tem transformado a experiência política do homem moderno, de um modo geral, e a capacidade de acompanhar as decisões da política externa do Estado, mais especificamente, em tarefas cuja execução fica confiada aos profissionais da política institucionalizada.

Abordagem normativa

As questões levantadas anteriormente convidam a uma discussão um pouco mais detida sobre a moralidade da democracia. Afinal, se nos parece evidente que a democracia deverá sempre ser exercida pelo povo (direta ou indiretamente; sob pena de, se não observada a condição, a democracia desnaturar-se), cumpre notar que essa exigência dificilmente se coadunará com a posição aristocrática dos que defendem uma política externa guiada pela razão do Estado. Esses últimos evocarão, como fonte de justificação pública, uma variante da "ética da responsabilidade" weberiana, de acordo com a qual é mais provável conseguir um resultado ótimo para a coletividade nacional se um organismo específico incumbir-se das decisões referentes à política externa do Estado. Segundo Rafael Villa e Ana Tostes (2006), "realistas elitistas" não admitem a possibilidade de uma condução "prudente" da política externa que não seja pelas mãos de um grupo especializado de tomadores de decisão. Os autores acreditam que esse tipo de postulado normativo remete ao pensamento político de Alexis de Tocqueville, para quem

> A política exterior não exige o uso de quase nenhuma das qualidades que são convenientes à democracia, e pelo contrário determina o desenvolvimento de todas aquelas que lhe faltam. A democracia favorece o crescimento dos recursos interiores do Estado; propaga o conforto, desenvolve o espírito público; fortifica o respeito pela lei nas diferentes classes da sociedade, coisas que só têm influência indireta sobre a posição de um povo perante o outro. Mas a democracia só dificilmente poderia coordenar os detalhes de uma grande empresa, deter-se num propósito e depois segui-lo obstinadamente através dos obstáculos. É pouco capaz de combinar medidas em segredo e de esperar pacientemente os seus resultados. São essas qualidades que pertencem mais particularmente a um homem ou a uma aristocracia. Ora, são precisamente

essas qualidades que, afinal, vêm a fazer com que um povo, como indivíduo, acabe por dominar. (Tocqueville apud Villa; Tostes, 2006, p.74-5)

Autores contemporâneos adeptos do chamado "realismo neoclássico" tenderão a concordar com a fórmula de Tocqueville. Gideon Rose, por exemplo, dimensiona a (des)importância da população em um processo qualquer de fabricação da política externa, ao notar que "as decisões de política externa são tomadas por líderes e elites políticas, e são as suas percepções de poder relativo que contam, não simplesmente as quantidades relativas de recursos físicos e de força reais" (Rose, 1998, p.147). Randall Schweller é ainda mais contundente:

> O consenso ou o dissenso entre os membros da elite é a causa mais imediata de uma resposta do Estado a ameaças externas. Dizê-lo é reconhecer que não são os Estados que fazem política [externa], e sim os seus governantes. Logo, o consenso entre a elite é a variável independente; quando há consenso entre as elites tomadoras de decisão, o Estado seguirá o que for [por elas] determinado. (Schweller, 2004, p.170)

Por outro lado, se levarmos em conta o pressuposto moral da autonomia do indivíduo para a realização da autodeterminação política, também enfrentaremos séria dificuldade para defender, simultaneamente, democracia e razão de Estado. Em face da dificuldade teórica e do problema moral postos, autores de relações internacionais classificados "cosmopolitas", como David Held, Peter Singer e Jürgen Habermas, tentarão imaginar possibilidades de inclusão e de conciliação entre o tradicional método democrático de tomada de decisão (que supõe representação e/ou participação de todo e cada cidadão) e a desejável eficácia das políticas externas e internacionais dos Estados.

Como primeiro passo, Held propõe uma reforma no atual modelo de governança global que se estabeleceu ao longo dos anos 1990: "A possibilidade de uma *polity* social-democrática global", analisa, "está ligada a um quadro expandido de Estados e agências vinculados pelos princípios do imperativo da lei, da democracia e dos direitos humanos" (Held, 2004, p.108). Ao rechaçar a proposta de uma evolução gradativa, dentro da institucionalidade já vigente, Held sugere a criação de uma rede ampla e interligada de fóruns públicos, cobrindo cidades, Estados, regiões, enfim, a ordem transnacional. Nos domínios locais, dar-se-iam os processos participativos do *demos*, e nos domínios menos imediatos, ocorreria a mediação por mecanismos representativos. Nesse contexto, pode-se vislumbrar a formação de uma assembleia mundial, abarcando todos os Estados e agências. O foco dessa assembleia seria o exame das questões que ocupassem o centro das preocupações globais (questões de saúde e doença, suprimento e distribuição alimentar, instabilidades financeiras, dívidas externas, aquecimento da biosfera, desarmamento, riscos nucleares, químicos e bacteriológicos etc.).

A exemplo das ideias de Max Weber sobre as sociedades tradicionais, Singer (2004) afirma que, se o grupo diante do qual temos de justificar nosso comportamento é a tribo ou a nação, nossa moralidade tende a ser tribal ou nacionalista. Se, no entanto, a revolução nas comunicações criou um público global, podemos sentir a necessidade de justificar nosso comportamento perante o mundo inteiro. Tal mudança, para o autor, cria a base material para uma nova ética que alcance todos os habitantes do planeta. Donde se pode derivar que os indivíduos devidamente adaptados à nova dimensão global das decisões políticas serão capazes de pensar a inserção social para além do bairro, da cidade ou do país. Requer-se contemporaneamente a virtude de pensar "o político" para além das fronteiras territoriais do Estado.

Ainda a respeito das possibilidades de processamento democrático das questões internacionais do Estado, Habermas

Política externa e democracia no Brasil

(1998) proferirá que uma comunidade política deve, se entende a si própria como democrática, poder distinguir os que dela são membros e os que não o são. O conceito autorreferencial de "autodeterminação coletiva" aponta o espaço lógico que ocupam os cidadãos reunidos como membros de uma comunidade política particular (*vis-à-vis* outras comunidades políticas, agrupadas sob outros Estados). Essa comunidade política particular configura-se democrática na medida em que se mostra capaz de elaborar a própria norma de conduta para as interações que promoverá com as demais comunidades políticas ao redor do mundo. A solidariedade forjada pela população no interior de um Estado está calcada em uma identidade coletiva particular, escorada em referências históricas e pessoas morais. É isso o que conforma a nação e estabelece o seu potencial de autogestão. Por oposição, a inexistência de uma concepção ética e política sobre os assuntos exteriores ao Estado nacional determinará que essa população careça de um marco comunicativo denso sobre o panorama internacional – o que inviabilizará, ao menos provisoriamente, a possibilidade de fabricação democrática da própria política externa.

Seja qual for a disposição axiológica, a argumentação moral desenvolvida nas linhas anteriores sobre a conexão democracia/política externa denota que, mesmo em assuntos acentuadamente técnicos ou que requeiram estabilidade de propósito, se faz imprescindível a legitimação da ação do Estado por parte do corpo político. Para tentar apreender as contrastantes argumentações, forjadas domesticamente, para emprestar legitimidade à ação política na cena internacional, Gelson Fonseca Jr. classificou os autores em dois blocos, quais sejam: os elitistas e os democratas. Se, para os elitistas, "pela gravidade das implicações dos temas internacionais [...] e pelo fato de que o Estado deve ter objetivos permanentes [...] a influência da opinião pública deve ser minimizada. A política externa deve prevalecer sobre a nacional" (Fonseca Jr., 1998, p.110-1), para os democratas, no sentido oposto, "a defesa da participação popular ampliada, de cunho democrático, nos negócios internacionais eliminaria um vício central do comportamento dos Estados, que é a tendência a usar instrumentos militares para fazer valer seus interesses" (Fonseca Jr., 1998, p.112).

A conformação a um determinado padrão moral coletivo equivale, muito provavelmente, ao que está por trás da submissão *voluntária* à autoridade. Ao cimento que conecta as partes, que conduz à convicção de que é correto ou apropriado para um indivíduo (ou grupo de indivíduos) aceitar a autoridade de outro indivíduo (ou grupo de indivíduos). A legitimidade é, por assim dizer, a relação psicológica necessária a um regime não tirânico, baseada na aceitação e acreditação mútua de uma norma, que leva a um consenso – amplo ou estreito – entre duas ou mais subjetividades (Fonseca Jr., 1998). Embora os obstáculos *empíricos* à construção de um arranjo institucional que permita aos comuns influir nos rumos de uma política externa estatal sejam evidentes, *em termos morais*, a mera expressão da vontade democrática já é, por si só, justificativa e condição bastante para a empreitada. Ainda que tal abertura (legitimadora) se dê em detrimento da "qualidade técnica" da política externa produzida.[14] Posto noutros termos, o juízo é de que, enquanto o argumento democrático se autojustifica (como imperativo moral), o elitista repousa numa heteronomia (materializada na meta estatal de eficiência ou de eficácia).[15]

---

14 Lembra-me um leitor deste trabalho de uma emblemática citação atribuída (exata ou equivocadamente) ao politólogo Karl Deutsch: "A maior diferença entre um erro médico e um erro em política externa é o tamanho do cemitério que será necessário".

15 O autor parece sensível a essa diferença. Não obstante, sugere uma disjunção entre os dois critérios de legitimação – poder e democracia – que, a nosso ver, não é de todo apropriada, porque demasiado simplificadora, para explicar as dinâmicas das relações internacionais. Fonseca Jr. (1998, p.231) afirma que, enquanto as técnicas democráticas são fonte de legitimidade política no plano doméstico, elas frequentemente não o são no plano internacional. Em alusão ao tema da reforma do Conselho de Segurança da ONU, postula: "no

Outro debate teórico fundamental à seção diz respeito ao estatuto democrático da instituição da delegação política. Conforme as modernas teorias de agente-principal, delegação é uma concessão condicional de autoridade, de um "principal" para um "agente" – em que o último age em nome do primeiro. A relação é sempre regida por um contrato, que estabelece a margem de autonomia do agente e/ou os objetivos do principal (Hawkins et al., 2006). À luz do conceito ofertado, é possível conjugar o governo pelo povo (democracia) e a delegação de tarefas e decisões políticas a especialistas? Pode-se afirmar que sim, desde que resguardadas certas condições. Dahl (1990) argumentará, com base no que denomina de princípios da economia e da especialidade, que a autoridade em uma boa sociedade democrática poderá, em determinadas circunstâncias, ser transferida de um cidadão menos habilitado para outro mais habilitado, ante a anuência do primeiro. Warren (1996) ressalva, no entanto, que, para a manutenção do caráter democrático da gestão de uma política pública (por mais complexa e tecnicamente impenetrável que seja essa política), é preciso tornar disponíveis, para todo cidadão interessado, as informações relativas ao processo decisório. Só assim, respeitada a condição da transparência na gestão e providos os canais para o controle democrático (*accountability*), será possível falar em autoridade democrática da política externa por via de delegação.

Os construtos intelectuais do Estado moderno (na versão absolutista, notadamente) e do contratualismo liberal estão normativamente assentados na chamada "barganha hobbesiana" (ou em alguma de suas variações). Esta consiste no reconhecimento, da parte de indivíduos racionais, da imprescindibilidade de uma

---

plano internacional, o poder ainda modela, de perto, o desenho institucional e, do ângulo da legitimidade, pode arguir com a necessidade de eficiência que superaria a necessidade, em situações específicas, da expressão da vontade nacional" (Fonseca Jr., 1998, p.232).

entidade suprema (o Leviatã, *"the Great Umpire"*, segundo Thomas Hobbes) para fazer a ordenação da sociedade política, em face dos horrores atribuídos à vida no estado de natureza (estágio prévio ao ingresso dos homens na "sociedade civil", já sob um Leviatã). Por tratar-se de uma barganha minimalista, ela poderia ser descrita de modo sumário: o Leviatã garante aos seus súditos a vida e a integridade física e, em troca, confisca-lhes as liberdades havidas "por natureza", exigindo obediência incondicional. Note-se, todavia, que os limites da autoridade política do Estado (dentro do quadro normativo do absolutismo, do qual ainda somos legatários) se encontram na sua comprovada capacidade de tutelar o bem mais precioso do indivíduo – a sua própria vida. Se o Estado falhar na consecução desse objetivo primário, toda a sua legitimidade para produzir a política – interna ou externa – ficará comprometida. Sem dúvida, esse é um desafio, de ordem prática, nada desprezível. Constitui um dilema da delegação política na contemporaneidade, o qual não escapou ao olhar de John Dunn. O autor assim o enuncia:

> se as principais ameaças agora vêm menos de ódios atávicos – confessionais ou étnicos – ou mesmo dos choques de interesse, do que da degradação ecológica descontrolada e de estruturas de risco imperfeitamente controláveis, parece então claro que os detentores do poder estatal não necessariamente dispõem das habilidades cognitivas para fazer juízos sobre como assegurar a segurança humana, e é muito plausível que seus julgamentos sejam frequentemente (ou até habitualmente) piores que aqueles feitos por indivíduos de grupos privados não oficiais. [...] Estados, então, provam-se inaptos para suprir a segurança da qual Hobbes deriva as obrigações dos sujeitos. (Dunn, 1991, p.37-8)

Cabe ainda discutir a questão do interesse social/nacional na modernidade. Segundo Renato Janine Ribeiro (2008), uma das invenções dos modernos na política foi a noção de "interesse bem compreendido", segundo a qual, se um ator racional compreende as condições da sua inserção social, ele abre mão de determinadas prerrogativas individuais para reforçar os seus laços sociais. Recorre-se aqui, novamente, à construção teórica de Thomas Hobbes, para quem a vida possível em sociedade não admitiria meio-termo: ou se abdicava dos direitos naturais em prol do governo absoluto do Leviatã, ou se morria de forma cruel e violenta. Nesse tipo de elaboração, o interesse de cada um *deve* coincidir com o interesse de todos os homens – o que parece incompatível com a proposta de democracia como "gestão do conflito social", tão característica do nosso tempo.

Não obstante, o próprio Janine Ribeiro também nota que, com a disseminação do modo de produção capitalista em nossas sociedades, se fizeram viáveis, e até corriqueiras, a divisão e a quantificação do interesse social. Citando Albert Hischman, afirma que a luta mais "divisível" entre nós é a que acontece entre o patrão e o empregado – a qual leva, invariavelmente, à solução de compromisso, após a negociação entre as partes. Assim, quando se trata da nação em um contexto devidamente democratizado, o autor propõe que "interesse nacional" deva ser entendido como

A promoção do interesse de um Estado independente pelos seus cidadãos ou governantes, reduzindo enormemente a parte das paixões no trato social. Aqui não importa tanto se o interesse está no nacionalismo acerbo ou na globalização sem salvaguardas; o que conta é que os que defendem uma posição ou outra – e também as intermediárias – *acreditem que assim melhor atendem ao interesse nacional*. O que é decisivo é que as partes não se iludam pela força dos afetos desabridos. Ora, esse traço traz certas consequências. A discussão sobre o interesse nacional supõe então uma racionalidade, uma lógica, de modo que, mesmo quando se torne aquecida, antagônica, as diversas partes estejam apelando a uma razão que, supõe-se, compartilham. Daí também que, numa forma que não é rara, a discussão sobre o interesse nacional se concentre nas questões econômicas. *A economia é a forma acabada do interesse.* (Janine Ribeiro, 2008; grifos meus)

O professor Janine Ribeiro reconhece, na sua enunciação do que deva constituir o interesse nacional, dois problemas potenciais, diretamente relacionados com o debate sobre a moralidade da democracia. O primeiro diz respeito à ameaça de que uma radical "economicização" do discurso sobre o interesse nacional acarrete a despolitização do tema, uma vez que o eixo do debate público se deslocaria dos valores (sempre discutíveis) para os números (mais difíceis de confrontar). O segundo incômodo com o postulado advém da constatação de que, na prática, seres humanos não costumam demonstrar capacidade de perseguir, de forma estritamente racional, o interesse, dissociando-o das paixões. O entendimento socialmente praticado acerca do que seja o "interesse" exclui do seu campo de possibilidades as paixões e os afetos, não cobrindo, pois, todo "o espectro das coisas que os humanos fazem" (ibid.).

Encerrando a exploração inicial dos desafios envolvidos nas tentativas de conciliação da política externa com a teoria democrática, resta apontar um problema metodológico das abordagens convencionais: a separação governante/massa, sugerindo a existência de uma fratura ontológica nos regimes democráticos (cf. Oldendick; Bardes, 1982; Chittick et al., 1990; Page; Barabas, 2000; dentre outros). Explico: se a política externa é política pública do Estado, e se se vive, de fato, em um Estado democrático, não há justificativa (seja no cânone da teoria democrática contemporânea, seja no da análise de política externa) para fazer a distinção entre as categorias analíticas *governante* e *massa*.[16]

---

16 Cf. Lima (2000) para argumentação convincente sobre a insustentabilidade teórica do argumento do "excepcionalismo" da política externa em face de outras políticas públicas.

Nesse caso, configura-se inconsistência metodológica, uma vez que a epistemologia contradiz, fundamentalmente, a ontologia.

No tocante à PEB, trabalhos como os de Tânia Manzur (1999), Henrique Altemani de Oliveira e José Guilhon Albuquerque (2005) e Amaury de Souza (2009) apenas incorporam a regra geral. Manzur (1999), em avaliação dos governos brasileiros desde o Império até Jânio Quadros e João Goulart, assevera haver recíproca afetação entre opinião pública e formulação da política externa – embora tome por "opinião pública" apenas as "principais correntes de pensamento" de cada época (liberais e conservadores, monarquistas e republicanos, americanófilos e germanófilos, nacionalistas e entreguistas etc.). A referência abstrata às correntes de opinião conjuga-se com a crença de que coube historicamente aos homens de Estado informar e formar a opinião pública. Oliveira e Albuquerque (2005) organizam compêndio com visões de alegados "protagonistas" da PEB. Segundo os organizadores, a técnica para composição do livro consistiu em entrevistar "atores que tiveram uma participação privilegiada nos principais acontecimentos que marcaram a política externa brasileira [desde o governo Kubitschek]" (Oliveira; Albuquerque, 2005, p.xiv) ou, ainda, "testemunhas privilegiadas" (Oliveira; Albuquerque, 2005, p.xv) – nomeadamente: burocratas, militares, políticos e diplomatas, tratados pelo epíteto de "fontes vivas da política externa brasileira" (Oliveira; Albuquerque, 2005, p.239). Souza (2009), por sua vez, dedica apêndice metodológico de seu livro à justificação da opção pela análise de política externa brasileira por meio do que chamou de "percepções de elites". A seleção de indivíduos pensantes das questões internacionais do Estado brasileiro é formada por membros de diferentes escalões do Poder Executivo e do Poder Legislativo, líderes empresariais, sindicais e de organizações não governamentais, acadêmicos, jornalistas e profissionais liberais. Na expressão de Souza, "a agenda [da opinião pública] não coincide necessariamente com a agenda formal [da PEB], isto é, o conjunto de questões que são objeto de séria consideração por formadores de opinião e decisores de política pública" (Souza, 2009, p.150).

Ao cabo, se admitimos que, teoricamente, ponderados alguns fatores, democracia e política externa podem conciliar--se, não convém lançar mão da alegação de que "uma política externa democraticamente orientada pode funcionar em um país desenvolvido, mas não no Brasil"[17] sem antes investigar de perto as razões que explicam a baixa irrigação democrática dos procedimentos decisórios do Estado brasileiro. É essa a discussão a ser feita no capítulo seguinte.

Síntese do capítulo: *"Sí, se puede..."*

O traçado percorrido neste capítulo pode ser sintetizado, ao cabo, com duas proposições, as quais influenciarão a nossa investigação sobre o caso específico do Brasil. São elas:

(i) A tradição doutrinária da razão de Estado tem permanecido viva e, muitas das vezes, tem prevalecido entre os executores da política (externa) contemporânea, apesar das evoluções históricas e semânticas por que passou. A noção de interesse nacional não pôde se tornar um substituto funcional para a razão de Estado porque, como inferimos, se trata de duas ontologias distintas, referentes a dois tipos de concepção da ordem internacional moderna (um estadocêntrico e outro sociocêntrico, por assim dizer).

(ii) Em teoria, a democracia parece conciliável com a produção da política externa, nada tendo sido identificado que pudesse inviabilizar esse casamento na contemporaneidade. Os óbices apontados nas seções anteriores

---

17 Argumento *ex hypothesi*.

deste trabalho são de ordem prática, empírica. Não parece haver inconsistência interna (de ordem lógica) à hipótese de um exercício democraticamente orientado da política externa.

Ao repensarmos em abstrato o tema da *viabilidade de uma política externa democraticamente orientada* por meio de quatro distintas molduras analíticas, pudemos constatar que, embora os argumentos denominados de "histórico" e "tecnocrático" sejam, essencialmente, refratários à proposta, o argumento "institucionalista" é ambivalente, ao passo que o argumento "normativo" favorece claramente a ideia.

O método dedutivo gera mais dúvida do que esclarecimento a respeito do nosso objeto de pesquisa: se se pode, em tese, produzir política externa a partir da orientação pretendida pelo eleitorado, por que isso dificilmente ocorreu no curso recente da história do Brasil, já institucionalmente (re)democratizado? Se a política externa é, por definição e determinação constitucional, uma política pública do Estado brasileiro, por que ela não se submete, usualmente, ao controle democrático "vertical" (isto é, à população)? Se, em tempos de globalização, o ambiente internacional foi tragado para dentro das sociedades nacionais, impactando-as explícita e sensivelmente, por que ampla base do eleitorado brasileiro não se comove, em regra, com os temas da política externa?

Se se pode e, efetivamente, não se dá, resta-nos *induzir*, dentro da própria institucionalidade vigente no país, o desenho desse intrigante quebra-cabeça sociopolítico. No próximo capítulo, compilaremos informações sobre o Brasil e sua política externa, confrontando-as com as de outros Estados.

4
Política externa brasileira e democracia: relacionamento difícil

"A conclusão que se impõe é que a debilidade da política externa
não tem que ver com a sua implementação, mas com a sua
formulação estratégica equivocada, isto é, com a sua essência. [As
críticas] devem ser estendidas à estratégia global do governo."
Marcelo de Paiva Abreu, "Falência estratégica",
O Estado de S. Paulo, 14 dez. 2009, p.B2

"Nunca tivemos no Brasil uma instituição como o Council on
Foreign Relations, que expressa, com toda a cortesia que se espera,
é claro, os interesses da elite norte-americana em matéria de
política externa."
Alexandre Barros, "Como o barão enfrentará a turba?",
O Estado de S. Paulo, 1º mar. 2010, p.A2

"Neste novo contexto, o que chama a atenção do observador é a pobreza
das ideias e a mediocridade dos argumentos conservadores, quando
discutem o presente e o futuro da inserção internacional do Brasil."
José Luís Fiori, "O debate da política externa: os conservadores",
Carta Maior, 4 dez. 2009

"Em pílulas, [José] Serra vai expondo seu pensamento revisionista
para a chancelaria brasileira. Traz para o debate eleitoral a
possibilidade de explorar as contradições do governo Lula, de
discurso e prática democráticos no plano interno, mas indiferente

> aos desmandos em Cuba e Venezuela, tolerante com movimentos como as Farc, à qual ainda reconhece *status* político, e ingênuo na ação pela paz no Oriente Médio."
>
> João Bosco Rabello, "Serra mira política externa",
> *O Estado de S. Paulo*, 30 maio 2010, p.A13

> "A política e a ideologia irrompem inconsistentemente, como é fatal, de diversos modos: veja-se, a respeito de Bolívia e Petrobrás, a cobrança de atenção 'realista' (vale dizer, egoísta) aos 'interesses nacionais' (ou se trataria então de 'solidariedade' nacional?); que, contudo, convive com a cobrança 'idealista' de atenção para os 'direitos humanos' a propósito de Cuba e do Irã... Por outro lado, como acomodar a eventual postura afirmativa ou agressiva sobre os direitos humanos com a postura relativa a supostos valores como os envolvidos nas ideias de soberania e autodeterminação?"
>
> Fábio Wanderley Reis, "Política externa, de novo",
> *Valor Econômico*, 22 mar. 2010

Antes de continuar a evoluir pela avenida central deste livro e abordar o caso brasileiro, é prudente, ademais de útil, discutir o estatuto do *comparativismo* no estudo contemporâneo de política externa. James Rosenau, um dos pioneiros no campo, postulou uma diferenciação radical entre os (i) estudos comparativos de política externa e a (ii) política externa comparada: enquanto o primeiro conceito faz referência ao objeto (isto é, às políticas externas dos Estados, em seus vários aspectos), o segundo detém-se sobre o método. Em sua opinião, não havia metodologia bem estabelecida no campo disciplinar das relações internacionais – e muito menos produção literária – que pudesse indicar a existência de uma tradição de "política externa comparada". O autor chegou a lamentar "uma tendência [comparativista] infeliz, talvez derivada de uma emulação malfeita, que se desenvolveu à medida que a política externa comparada foi vista como um assunto a ser explorado, como um campo de

Política externa e democracia no Brasil

investigação" (Rosenau, 1968, p.308). Rosenau mostrava-se, no geral, otimista quanto à possibilidade de as comparações entre diferentes aspectos de política externa dos Estados trazerem ganhos analíticos para seus praticantes, mas chamava a atenção para o risco de, algumas vezes, tal exercício tornar-se academicamente inócuo, quando não inapropriado. O autor admitia, com alguma condescendência, que idiografias (estudos de caso) sobre diferentes políticas exteriores (em seus distintos aspectos) poderiam ser produtivas heuristicamente, mas não lhes reconhecia o mérito de integrar o programa de pesquisa da política comparada, na medida em que este demandava um rigor metodológico de que aqueles estudos de caso (ainda) eram carentes.

Nessa direção, Amado Cervo (2008) fez advertência providencial: a análise da política externa, tal como é frequentemente produzida pelos teóricos do *mainstream* da disciplina de relações internacionais, parte de teorias universais que não parecem perfeitamente adaptadas às sociedades políticas não hegemônicas. Reporta-se uma dificuldade na academia de produzir a análise com base nos conceitos forjados e operacionalizados localmente, dentro dos próprios sistemas de política exterior. Esta linha de raciocínio embute o problema dos "empíricos universais"[1] e a dificuldade perene que as ciências sociais demonstram de encontrar a via média entre as descrições minuciosas de pormenores factuais e as generalizações amplas, desprovidas de nuanças e, frequentemente, etnocêntricas. No que se relaciona à análise de política externa, tal questão metodológica parece ainda mais difícil de processar, dado que alguns países – centrais ou periféricos – poderão apropriar-se de narrativas teóricas que lhes sejam favoráveis (ou que facilitem a instrumentalização de determinados discursos) para colocar em prática as suas *policies*.

---

1 Isto é, o problema da comparabilidade entre objetos que se encontram potencialmente disponíveis ao redor de todo o globo terrestre.

E há outras razões para cautela metodológica. Marcel Merle (1984) elaborou um conjunto de ressalvas importantes a respeito do empreendimento comparativista em política externa – o que consideraremos, com a devida atenção, na sequência. Merle notou que a dimensão histórica de cada país, decisiva para a conformação do povo e da nação, dificilmente é resgatada em uma análise comparada de política externa. Dessa maneira, parcela das razões que explicam uma determinada orientação na política exterior do Estado acaba se perdendo ou sendo diluída em relevância, dando lugar a informações mais facilmente operacionalizáveis sob a forma de variáveis. Além disso, a comparação em política externa planifica processos que, a rigor, têm densidades históricas muito distintas. Cita-se o caso exemplar de Austrália e Canadá – que, embora membros fundadores da Sociedade das Nações (SDN) em 1920, só adquiriram um departamento próprio para a produção da política externa nos anos 1940. Uma abordagem que levasse em conta apenas o "fato" da adesão à SDN não seria capaz de captar o traço de imaturidade da política exterior daqueles dois países. Seria possível contra-argumentar, a propósito dessa questão, que uma análise mais centrada em processos (e não somente nos procedimentos e práticas isoladas) mitigaria a tendência à "planificação" do comparativista de políticas exteriores.

A segunda advertência de Merle relacionava-se com a dificuldade enfrentada pelo pesquisador para trabalhar com dados que frequentemente se apresentam incomensuráveis, uma vez que os Estados adotarão diferentes metodologias para tratar estatísticas nacionais e, o que é mais grave, diferentes critérios para dar acesso a suas documentações nacionais. Estados jovens poderão sequer ter informações nacionais compiladas e organizadas, ao passo que regimes políticos pouco transparentes tenderão a manipular ou omitir os dados em benefício próprio. Para não citar o elemento do "segredo de Estado" e a obstrução do acesso aos dados que, por definição, são confidenciais/

de acesso restrito, seja nos Estados democráticos, seja nos autoritários (Merle, 1984, p.11-3). A nosso juízo, essas são externalidades acarretadas pela própria relação de soberania moderna – e, nomeadamente, pelo relacionamento que o Estado soberano mantém com o seu território, a sua população e as suas instâncias governativas. Tais externalidades vão se configurar em barreiras operacionais – que, conforme avaliamos, não serão intransponíveis para o comparativista bem treinado. Afinal, comparações a respeito de políticas públicas menos transparentes e menos fiscalizadas pela população também trazem obstáculos para coleta e tratamento de dados, e nem por isso têm deixado de ser realizadas de forma rigorosa e exitosa.

A terceira e derradeira objeção que fez Merle ao comparativismo em política externa concernia à legitimidade de emparelhar, para efeito de análise e interpretação, objetos de estudo tão díspares quanto o são países territorialmente grandes ou pequenos, populosos ou não, militarmente fortes ou fracos, ricos ou pobres, politicamente estáveis ou instáveis, e/ou com agendas de "interesse nacional" incoerentes, quando não incompatíveis. Donde a recomendação: se o pesquisador quiser ainda assim comparar políticas externas, que se atenha a problemas estruturais e comuns a todos os Estados do mundo, e não às soluções contingentes que cada um deles encontrará. Nesse ponto, convém notar que a política exterior atende em cheio a um dos critérios mais críticos para o exercício da boa comparação: a sua potencial comparabilidade global (Sartori, 1997). Explica-se: não há Estado moderno que possa integrar o sistema internacional sem desenvolver uma política exterior; trata-se de pré-requisito para a sua incorporação ao meio ambiente internacional. É plausível – embora pouco provável – que um Estado moderno não possua políticas públicas para dar conta de temas como a saúde, a educação, a segurança, dentre outros. Mas não é razoável supor um Estado nacional que não pratique *alguma* política externa. Afinal, ele é estimulado por seu entorno a oferecer respostas ao mundo. Donde o pressuposto de que, de alguma maneira, as políticas externas dos países *sempre serão comparáveis*. Resta determinar como tornar esse comparativismo uma empreitada cientificamente válida e heuristicamente proveitosa.

Talvez fosse o caso de acrescentar mais um argumento, referente à condição de *política pública* de toda política exterior. Ao cotejar o universo das políticas públicas de um Estado democrático, Lafer (2004) afirmou que a política externa se diferenciava por incorporar uma medida mais *qualitativa* do que *quantitativa* em sua análise. Afinal, é como se, ao tratarmos de política externa, estivéssemos falando de uma *política pública sintética*, que condensa em seu seio uma variedade de agendas domésticas e constrangimentos sistêmicos (Hill, 2003). E não apenas isso: por se constituir antes em política de Estado do que de governo, esta traz consigo um componente extracíclico. Os encarregados oficiais de dar corpo à política externa são, em geral e na sua maioria, funcionários de carreira (e não *protégés* políticos), recrutados mediante concurso público baseado em critério de mérito. Logo, a política externa está, em tese, mais infensa às oscilações eleitorais do que outras políticas públicas; por outro lado, a sua autoria é mais dificilmente atribuível a um ou outro ator em particular, dado que se vincula a tradições históricas e a atores coletivos. Desse modo, ater-se às formalidades procedimentais e desprezar os condicionamentos e a reputação nacional, numa comparação "sem sociologia" dos processos de produção e/ou dos resultados da política exterior, acarretaria notável perda de substância para o analista – o que há de ser evitado a bem do rigor e da profundidade.

As proposições de Rosenau (1968), Cervo (2008), Merle (1984) e Lafer (2004) servem de alerta para a indispensável consideração de que há problemas na comparação que, quando aplicada à política externa, podem tornar-se ainda mais agudos.[2]

---

2 No dizer de Rosenau (1968), a política externa comparada não configura uma área disciplinar consolidada. Existem muitos experimentos e estudos

Isso posto, voltemos agora à perseguição dos objetivos primários deste trabalho.

Experiências colecionadas em outros países

Nesta seção, pretende-se visitar alguns casos emblemáticos de como a política externa tem sido conduzida em regimes democráticos ao redor do mundo. A pretensão é angariar, indutivamente, subsídios empíricos para proceder com uma comparação mais bem fundamentada, tendo como ponto focal o alegado déficit democrático da PEB.

Noves fora, quando se trata de avaliar as possibilidades de participação do público na confecção da política externa, os países europeus tomam a dianteira, em função, principalmente, de sua experiência institucional acumulada, hoje esculpida sob a forma da União Europeia. A necessidade de estabelecer uma política externa e de segurança comum aos europeus – conceito ainda hoje muito contestado por alguns governantes de Estados membros do bloco – tem forçado as populações nacionais a pensar o tema, repensar a condição cidadã em um marco europeu e, para além, intervir na formulação da política externa dos seus Estados (Koenig-Archibugi, 2004; Larsen, 2009).[3]

Em virtude de o processo de integração europeu ter-se desencadeado logo após o fim da Segunda Grande Guerra, incorpora-se como variável da análise a longa trajetória "pedagógica" por que teriam passado os países europeus. É plausível imaginar que, com o correr do tempo, tenha havido aprendizagem, por parte dos cidadãos, da importância de suas intervenções em

---

empíricos à disposição, porém baixa sistematização e organicidade do conjunto dessas propostas.

3 Larsen (2009) analisa a questão a partir de exemplos extraídos da política externa dinamarquesa.

temas de política externa para efeito de organização/estruturação de suas comunidades políticas nacionais. A esse respeito, Russell Dalton e Robert Duval (1986) demonstraram, em estudo sobre as atitudes dos britânicos a respeito da integração europeia durante a década de 1970, que, embora tenha existido inicialmente uma forte correlação positiva entre os "eventos" (noticiados nos jornais de grande circulação) e a formação da "opinião pública" britânica sobre a política externa do Estado, houve também uma tendência de estabilização e solidificação de opiniões individuais que, no médio prazo, passaram a oscilar menos. Outro elemento sugestivo dessa aprendizagem foi a reestruturação dos partidos políticos europeus e das suas clivagens no referente à política externa. Pascal Sciarini e Lionel Marquis (2000) percebem, por meio do "modelo de Zaller" (utilizado para medição de opinião pública), que a polarização na política externa suíça – e europeia – não acontece entre a direita e a esquerda, como de hábito, e sim entre a *extrema* direita e a centro-esquerda. O principal motivador desse deslocamento da clivagem, segundo os autores, foi o processo de integração da Europa e as novas questões por ele suscitadas: migrações, desemprego, leis trabalhistas, diferenças socioeconômicas, culturais etc.

Sciarini e Marquis avançam a hipótese de que não há alteração significativa no teor da opinião pública suíça[4] se o tema disser respeito à política externa do Estado. Os autores investigaram os padrões de votação dos cidadãos suíços nos referendos nacionais ocorridos entre 1981 e 1995, em domínios políticos conexos à política externa (política de imigração e de estrangeiros; política

---

4 Continua valendo a advertência feita anteriormente: *opinião pública* não se confunde com *eleitorado*. Contudo, é provável que, no caso em tela, a confusão terminológica não acarrete prejuízo à análise, uma vez que existe, naquele contexto, em função dos altos níveis de escolaridade e de participação política da população suíça, maior proximidade entre as duas noções.

de defesa e de segurança), e diagnosticaram não haver distinção, por parte dos eleitores, dos objetos da política externa em relação a objetos de outros domínios políticos, tanto no referente ao critério da *complexidade percebida* quanto no da *importância conferida*. Sobre o critério de *participação nas votações*, a única particularidade da política externa foi a maior capacidade de mobilização popular demonstrada.

Helge Hveem também golpeou a premissa do excepcionalismo da política externa em comparação com outras políticas públicas, no artigo em que estuda o caso norueguês. Hveem aponta como regra geral não haver "projeção de opiniões de política externa [...] da periferia para a elite [...] ou da elite para a periferia" (Hveem, 1968, p.166). Em outras palavras, em temas tais como a relação da Noruega com a Organização do Tratado do Atlântico Norte (Otan) e com a Comunidade Econômica Europeia (CEE), não se notou alteração significativa de conteúdo entre o pensamento da elite e o da população em geral. Tampouco um estrato social superior necessariamente "contagiará" a opinião do inferior. Há diversos outros fatores envolvidos na equação da opinião pública. Ulf Bjerefeld e Ann-Marie Ekengren (1999), na comparação que fazem entre os processos de produção da política externa nos Estados Unidos e na Suécia, corroboram o achado: mesmo o comportamento dos mais jovens e com menor grau de escolaridade, suecos ou estadunidenses, diante de questões internacionais, mostra-se razoável, estável, consistente e lógico.

Mas as constatações que valem para Suíça, Noruega, Dinamarca ou Suécia, sobre a plausibilidade de uma política externa democraticamente orientada, podem ser generalizadas para o resto da Europa? Ou para o conjunto dos países da Organização para a Cooperação e Desenvolvimento Econômico (OCDE)? Com toda certeza, não. Bjerefeld e Ekengren (ibid.) ponderam que as variáveis do tamanho do Estado, de suas capacidades materiais e da posição por ele ocupada no sistema internacional podem ser determinantes na definição da política externa.[5] A similaridade entre as opiniões sobre política externa de cidadãos de diferentes países frequentemente não se reverte em ações de política externa parecidas. Tome-se o contraste proposto entre Estados Unidos e Suécia, duas democracias ocidentais modelares: é difícil supor equivalência entre uma superpotência, com interesses econômicos e políticos em diversas regiões do planeta e uma população bastante heterogênea, e um pequeno país nórdico, com recursos econômicos e políticos limitados e uma população relativamente homogênea. Os autores ilustram o argumento com a lembrança de que, durante a Guerra Fria, enquanto os Estados Unidos, por ocuparem posição de protagonismo na cena internacional, se guiavam pelo princípio da contenção do "inimigo comunista", onde quer que ele se manifestasse (ou seja, o conflito Leste/Oeste), a Suécia pautava a sua política externa pelo apoio à ONU e pelas questões do conflito Norte/Sul.

O parágrafo anterior joga luz sobre um fenômeno interessante da política atual: mesmo em regimes democráticos

---

5 Sobre os níveis de "introversão" ou de "extroversão" de um Estado nas relações internacionais, postula-se que o tamanho do país é variável fundamental na equação. Segundo Rubens Ricupero (2002b), "países monstros", como Brasil, Índia e Rússia, têm uma inserção na economia internacional difícil de coordenar; ao passo que "países de intermediação", como Bélgica e Cingapura, se inserem naturalmente, e têm no comércio exterior parte expressiva de seu PIB. Para Arend Lijphart, no entanto, essa relação é ambivalente: os países grandes têm um poder maior nas relações internacionais – que pode ser usado na obtenção de benefícios econômicos para os seus cidadãos; por outro lado, maior influência internacional significa maior responsabilidade, materializada muitas vezes em maiores despesas (especialmente as de propósito militar) (Lijphart, 2003, p.293-308). As contingências do poder na cena internacional também se mostram decisivas: Stephan Haggard percebe que, enquanto o leste asiático era compelido a desenvolver-se após a Segunda Guerra Mundial, a América Latina, geograficamente próxima do "grande arco de contenção americano", não constituía ameaça estratégica e, portanto, não gerava estímulos para o aporte desenvolvimentista da potência capitalista (Haggard, 1990, p.31-2).

Política externa e democracia no Brasil

institucionalmente sólidos, com populações politicamente ativas, munidas de informações e capazes de formular opiniões sobre a política externa dos seus Estados, pode observar-se uma dissonância entre as reivindicações da sociedade e a política externa implementada. A esse respeito, J. Alex Murray e Lawrence Leduc (1976) fizeram o seguinte exercício: monitoraram, entre os anos de 1973 e 1975, as opiniões dos cidadãos canadenses sobre diferentes opções de política externa para o seu país (manutenção do *status quo*, maior aproximação com os Estados Unidos, maior aproximação com a Ásia). As principais conclusões do *survey*, realizado por três anos consecutivos, foram as seguintes: a) a proporção da população canadense disposta a manifestar opinião sobre o assunto foi relativamente alta; e b) as opções de política externa da população oscilaram consideravelmente ao longo dos três anos. Contudo, verificou-se como dado mais expressivo do estudo que, apesar da disposição popular em opinar, isso não gerava qualquer consequência direta para o governo do Canadá. Não havia uma demanda efetiva por mudança da política externa canadense, tampouco uma pressão por impor uma visão mais nacionalista ao departamento de assuntos estrangeiros. A correlação entre mudança na opinião pública e mudança na condução da política externa inexistia, o que pode denotar, sob um regime democrático, algum problema de arquitetura institucional. Em estudo recentemente conduzido por Jacobs e Page, nos Estados Unidos, obteve-se resultado análogo. Na palavra dos autores, "para a nossa surpresa, as preferências em política externa dos cidadãos comuns demonstraram ter pouco ou nenhum efeito significativo sobre os governantes" (2005, p.121). E, nas poucas situações em que a opinião pública produziu algum impacto sobre o tomador de decisão, esse foi de modesta magnitude.

Uma hipótese provisória para tentar aclarar as duas situações anteriormente narradas – a do Canadá e a dos Estados Unidos – é que a prática da diplomacia *per se* tende a desfavorecer a participação popular na produção da política externa, mesmo em países dotados de instituições democráticas efetivas. Basicamente, isso se dá porque os métodos diplomáticos tradicionais, e até mesmo as chancelarias que adotam a rota da diplomacia pública,[6] supõem o Estado, e não a sociedade, como o centro do processo deliberativo em política externa (Snow, 2009; Holsti, 2004). O caso dos Estados Unidos é paradigmático: desde o fim da Segunda Guerra Mundial, os diplomatas norte-americanos têm desenvolvido técnicas de emprego instrumental da comunicação sobre assuntos de política exterior, não raramente com fins de propaganda, para atingir o público doméstico.[7] Via de regra, elabora-se e implementa-se a política pública pela via governamental, ao que seguem as tentativas de convencimento da sociedade quanto à adequação daquela política (Kennedy; Lucas, 2005).

---

6 A definição clássica de diplomacia pública formulada por Edmund Gullion em 1965 é a de que a diplomacia pública "lida com a influência da atitude do público na formulação e execução da política externa [...]. Abrange as dimensões das relações externas para além da diplomacia tradicional; a opinião pública sobre o governo em outros países; a interação com grupos de interesses privados de um país com os de outro; o relato de assuntos externos e seus impactos na política; a comunicação entre aqueles cujas profissões envolvem a comunicação e, também, com diplomatas e correspondentes estrangeiros; e o processo de comunicação intercultural. O ponto central da diplomacia pública é seu fluxo transformador de informações e ideias" (Gullion apud Cull, 2009, p.19).

7 Antes da Segunda Guerra Mundial, assuntos relacionados à política externa dificilmente interessariam o público americano. A diplomacia não era considerada uma prioridade até 1919, quando o Tratado de Versalhes foi assinado. De 1919 até 1945, as categorias de que as operações do Serviço Exterior se ocuparam foram, principalmente, as de cunho administrativo, econômico e político. Durante a Segunda Guerra, o espaço concedido aos assuntos relacionados à política externa americana foi ampliado, tendência essa que permaneceu durante a Guerra Fria, quando o serviço de informação dos Estados Unidos ganhou peso para conter a ascensão do poderio soviético e, adicionalmente, o Plano Marshall foi concebido pelo presidente Truman para, alegadamente, expandir os ideais democráticos a todas as nações do mundo (Kissinger, 1994).

Tal modelo de comunicação governamental com os cidadãos nacionais foi empregado pelos Estados Unidos durante as guerras da Coreia e do Vietnã e, de um modo geral, por toda a Guerra Fria. Liam Kennedy e Scott Lucas (2005) arguem, porém, ter havido uma mudança apreciável desde o Onze de Setembro, pois os norte-americanos passaram a concentrar seus esforços na influência dos formadores de opinião estrangeiros e no combate ao crescente antiamericanismo no mundo. Diagnosticava-se, finalmente, que os valores e ideais estadunidenses não repercutiam exatamente como a Casa Branca desejara. Apesar disso, o investimento na diplomacia pública foi considerado insignificante, além de a postura estadunidense na primeira hora da proverbial "guerra ao terror" ter trazido antes desapontamento e condenação do que propriamente a reversão de imagens negativas (Snow, 2009). Por isso, diversas novas táticas foram empregadas dali por diante, o que incluiu discursos, reforço de relações com os meios de comunicação e numerosos encontros oficiais entre embaixadores norte-americanos e representantes de outros países. Ademais, publicações eletrônicas e transmissões internacionais, pelo rádio e pela televisão, foram intensivamente utilizadas, tanto para disseminar informações cotidianas quanto para promover campanhas de convencimento ao redor do mundo. Decididamente, as chamadas "guerras de ideias" ocupam hoje um lugar de destaque no repertório de ações da política externa estadunidense (Kennedy; Lucas, 2005; Van Ham, 2005).

Essa maior preocupação com a projeção externa da imagem do Estado do que com a legitimação doméstica da política externa não é, entretanto, prerrogativa da democracia estadunidense. Naren Chitty nota que o Reino Unido, a Austrália e o próprio Canadá recorrem, na atualidade, a uma vertente de diplomacia pública que se relaciona com a realização de programas educacionais e de ajuda financeira aos pobres; e com a divulgação de seus Estados/governos alhures. As iniciativas dos países anglo-saxônicos aproximam-se daquilo que a autora chama de "relações públicas internacionais" (Chitty, 2009, p.316). O Estado japonês, por meio de seu ministério das relações exteriores (Mofa) e de outras agências governamentais e não governamentais, desempenha ações autopromocionais desde há muito, por todo o mundo, com especial ênfase ao Oriente Médio, o que lhe tem rendido bons dividendos diplomáticos e comerciais (Ogawa, 2009). Essa concepção estratégica e unilateral da diplomacia pública, de tão influente nos últimos tempos, começa a aparecer até nas cartilhas das missões humanitárias de organizações internacionais. Michael Merlingen e Mujic Zenet (2003) reportam, por exemplo, a necessidade de a Organização para a Segurança e Cooperação na Europa (Osce) implementar suas missões militares concomitantemente a um esforço de transparência e comunicação com a população do Estado-alvo, de modo que ela não se sinta tão ameaçada pela intervenção externa. Citam como caso bem-sucedido a missão da Osce na Croácia, iniciada em 1996 e reformulada, nos termos da diplomacia pública, em 2002.

Uma alternativa possível a esse modelo é oferecida pela diplomacia pública alemã. Segundo Oliver Zöllner, uma prática específica, denominada "Diálogo de Culturas" – que ambiciona a maior aproximação dos alemães com indivíduos provenientes de outros Estados, especialmente aqueles do mundo muçulmano – emerge na contemporaneidade como um "denominador comum das práticas alemãs de diplomacia pública" (2009, p.267). Se a Alemanha se posiciona como mediadora e promotora de diálogos intercivilizacionais por meio de sua chancelaria, isso automaticamente a afasta do modelo de diplomacia pública propagandístico, trazendo-a para uma base dialógica, em que os diversos *stakeholders* também podem opinar e, no limite, participar da elaboração da diretriz de política externa.

Cabe ainda mencionar que o desenho institucional da União Europeia tem provocado uma sobreposição de estruturas de autoridade política que vem permitindo a cidadãos de países europeus se manifestarem decisivamente a respeito de determinados conteúdos de política externa. Episódios recentes dão conta da rejeição da proposta de constitucionalização da Europa por franceses e holandeses, por meio de plebiscito, em 2005; e da não aceitação do Tratado de Lisboa (que promoveria mudanças na relação entre a União Europeia e seus membros) por irlandeses, também por intermédio de consulta popular, no primeiro semestre de 2009. Todos esses movimentos nas urnas foram precedidos por debates públicos que envolveram diversos setores das sociedades nacionais (Camargo, 2007). Sob pena de exceder-se em otimismo, Toby King (1999)[8] chegou a afirmar que o tratamento concedido por alguns Estados membros da União Europeia a determinados temas da agenda internacional configuraria uma espécie de "política externa pós-moderna" – uma vez que ela não seria sustentada pelos pilares modernos da soberania territorial e da razão de Estado, e sim por uma ética cosmopolita.

Entre as modalidades de política externa denominadas de *tradicional* (ou nacional) ou *pós-moderna* (ou comunitária), Larsen (2009) situa outra possibilidade conceitual a meio caminho para explicar o caso europeu continental: a da política externa *transformada*. Na expressão do autor, ela consiste em um "núcleo envolto por um núcleo". Isso significa, mais precisamente, que o ambiente internacional recebe a mediação de um contexto organizacional, e que os Estados europeus respondem a esse ambiente internacional por meio do marco institucional da União Europeia (UE). Dessa forma, a mera existência da estrutura político-administrativa da UE mostra-se decisiva, pois altera substancialmente o conteúdo de uma política externa nacional – a qual passa a ser concebida *dentro* do marco institucional mencionado. A partir daí, o conjunto das políticas (*policies*) da UE, por um lado,

---

8 O atual debate sobre as duríssimas políticas migratórias da Europa ocidental sugere que King (1999) soa exagerado em sua alegação.

consegue influenciar a política nacional dos membros da União, e por outro, é influenciado pela participação dos Estados nacionais na formulação de suas respectivas políticas externas e na configuração da orientação central emanada da União Europeia. Ao cabo, dá-se que a estrutura político-administrativa da UE pode ser usada como suplemento às formulações nacionais, como espaço privilegiado para condução e coordenação de políticas externas nacionais e, ainda, como fórum único para a construção de uma política externa em nível continental.[9]

O contraste das experiências de políticas externas democraticamente orientadas ao redor do mundo pode sugerir, em que pesem os riscos de uma simplificação grosseira, a existência de dois grandes moldes de diplomacia pública: o anglo-saxônico e o europeu continental. Se Estados Unidos, Reino Unido, Canadá e Austrália praticam uma diplomacia aparentemente mais preocupada com a projeção favorável de suas imagens e símbolos no estrangeiro, Alemanha, França, Holanda e Suíça têm preferido a via do debate público e a agregação das preferências dos indivíduos (frequentemente, por meio de votações populares) para efeito de construção das suas políticas externas. É evidente que não se trata de uma fórmula infalível, e que desvios do padrão aqui delineado poderão acontecer. Mas é como se, para usar os jargões dos financistas, enquanto os Estados anglo-saxônicos concedem aos seus cidadãos a condição de *shareholders* da política externa (isto é, indivíduos que podem apenas sofrer as consequências, positivas ou negativas, desencadeadas por tomadores de decisão), os Estados da Europa continental tratam os seus nacionais (e até alguns estrangeiros) como agentes participativos, com interesses em jogo no processo produtivo da política

---

9 A aprovação do Tratado de Lisboa e sua entrada em vigor, no segundo semestre de 2009, reforçaram a capacidade institucional da União Europeia de elaborar uma política externa e de segurança comum a todos os seus membros.

externa (*stakeholders*). De resto, como alegam Peter Hall e David Soskice (2001), esta dicotomia (anglo-saxônicos e europeus continentais) também se aplica, em vários sentidos, às formas de organização da atividade capitalista no mundo moderno.[10]

Em relação a jovens democracias, o equacionamento da questão passa por outras marcas. Rafael Villa (2006) entende que os países da América do Sul, que recentemente passaram por processos de redemocratização institucional, ainda carecem de "capital democrático" no interior de suas sociedades, o que se projeta, consequentemente, nas respectivas produções de política externa. Conforme elabora Villa, "o baixo grau da continuidade e da institucionalização das chamadas regras do jogo em vários países da região, em especial no conjunto dos países da Comunidade Andina, impossibilita um mínimo de congruência entre a racionalidade formal (exprimida juridicamente em constituições, cláusulas ou decretos) e a prática efetiva da democracia" (Villa, 2006, p.82).

Outro grupo de países que passou há pouco pela (re)democratização está no centro e no leste europeu. As sociedades recém-democratizadas da Europa praticam uma diplomacia pública que, segundo György Szondi (2009), aparenta antes uma tentativa de apagar as nódoas de um passado em que o autoritarismo e o comunismo grassavam, por intermédio de propaganda oficial. Outra funcionalidade explícita desse tipo de diplomacia é posicionar os países da região como candidatos confiáveis e elegíveis a uma melhor inserção em grandes instituições e fóruns da comunidade internacional e, ainda, contribuir para a reconfiguração identitária dos povos da Europa central e oriental, durante a difícil transição que tem levado à democracia representativa.

---

10 Embora certamente não seja o propósito desta tese, talvez se faça viável formular um diagnóstico culturalista a respeito de tais comportamentos. Vide Huntington (1968), *Political Order in Changing Societies*.

Assim, a regra que se pode depreender para os países com instituições democráticas jovens, a partir dos poucos exemplos empíricos aqui citados, é a de políticas externas com baixa penetração social ou, simplesmente, instrumentalizadas por governos, sem grande articulação democrática entre sociedade e Estado.

As quatro hipóteses (insatisfatórias) da literatura sobre a experiência brasileira

A proposta desta segunda seção do capítulo consiste em enfocar o problema em seus aspectos empíricos, priorizando-se o período pós-redemocratização (de 1985 até 2010) do Brasil, sem, contudo, ignorar as prefigurações e os condicionamentos.

Sob o prisma constitucional – isto é, segundo a Constituição Federal de 1988 (CF/88) e as suas interpretações mais recorrentes –, a política externa brasileira é política pública do Estado. Diversos dispositivos legais concorrem para respaldar essa visão (conforme demonstram Sanchez et al., 2006) – em especial, o artigo 4º da CF/88, uma inovação em relação a Constituições anteriores do Brasil, responsável por listar os princípios a partir dos quais se deve guiar a gestão da PEB. Ocorre, no entanto, que o caráter "público" da política externa dificilmente se combina, na prática, com a participação da população no processo decisório. É importante entender por que, embora haja registros bem-sucedidos de políticas externas democraticamente orientadas em sociedades politicamente organizadas,[11] no Brasil, permanece a tendência de uma PEB aristocrática, porquanto pouco receptiva aos *inputs* populares. Quatro hipóteses clássicas têm sido formuladas (e reformuladas) ao longo do tempo. Buscaremos expô-las, sumariamente, na sequência.

---

11 Ver seção anterior deste trabalho.

A PEB como caso graduado de apatia política

Uma primeira abordagem possível da problemática é tomar a baixa irrigação democrática da política externa brasileira como um caso específico (porque ainda mais acentuado) de apatia política. Essa aproximação buscaria ferramental explicativo nas correntes que tentam enquadrar o fenômeno do não engajamento político de uma população em conceitos como os de "cultura política" ou "capital social" (Villa, 2006).

Ao tratar da sociabilidade e dos padrões culturais brasileiros, Bernardo Sorj considerou que indivíduos não possuem apenas um *habitus*, no sentido de "interiorização e corporificação de atitudes e conhecimentos da classe e grupo social específico a que pertencem" (2001, p.28), mas também podem interagir socialmente, de modo criativo, a partir do mapeamento cognitivo-afetivo do conjunto da sociedade. Tal capacidade de mapeamento e manipulação do mundo social,

> se, por um lado, é afetada em termos práticos e intelectuais pela posição que cada indivíduo ocupa no sistema social, por outro pressupõe um mundo comum de valores, códigos e conhecimento, compartilhado com o resto da sociedade, que constitui a forma de sociabilidade de uma nação (ou qualquer outro sistema ou subsistema nacional). (Ibid.)

Assim, a sociabilidade brasileira poderia ser caracterizada, conforme Sorj (idem), como um código desenvolvido sob a influência de processos de longa duração, sob o impacto das diversas instituições sociais, trazendo em seu interior aspectos complementares e contraditórios entre si. Dentre os seus principais traços, mencionam-se:

(i) A sociabilidade brasileira apresenta *frágeis componentes cívicos*. Existe, de uma forma geral, baixa identificação da população com os símbolos políticos do Estado e a noção de interesse público (ou nacional). O Estado brasileiro, apesar de ter demonstrado, até meados dos anos 1970, aceleradas taxas de crescimento econômico, não chegou a constituir uma verdadeira cultura cívica, carecendo, pois, do devido suporte nacionalista de sua sociedade. Há duas possíveis leituras para o fenômeno: ou o desligamento entre a identidade coletiva do "ser brasileiro" e os símbolos políticos do Estado está associado a traços antidemocráticos de nossa cultura política (tendo daí resultado imensa desigualdade social no país), ou permitiu o desenvolvimento de uma cultura não xenófoba e uma vida política pouco permeável a discursos políticos que pregam o nacionalismo e, consequentemente, a intolerância.

(ii) A sociabilidade brasileira é fundada na *inserção em redes* e, por extensão, na valorização de contatos pessoais, em detrimento das formas políticas mais institucionalizadas. A valorização da rede é acompanhada de um forte elemento corporativo e, em geral, da valorização dos interesses do grupo em relação a uma maior individualização ou identificação com valores universais. É uma cultura pouco propensa à confrontação ou à crítica aberta, já que a pessoa nunca sabe se poderá "precisar" da outra em uma eventualidade.

(iii) A sociedade brasileira contemporânea é *autoritária, mas pouco hierárquica*. A informalidade é componente típico da sociedade brasileira do início do século XXI, devido, em bom grau, à falta de padrões cívicos adquiridos em casa ou na escola. A valorização de hierarquias é apreendida ou incorporada via sistema educacional. Por outro lado, a socialização da maioria dos brasileiros dá-se no local de trabalho, consoante normas de autoridade e poder. Desse substrato de autoritarismo e informalidade têm resultado instituições idiossincráticas de representação política, calcadas no paternalismo e na demagogia (Sorj, 2001).

Maria Alice Rezende de Carvalho considera que "o diagnóstico sobre o estoque de 'capital social' no Brasil não é dos mais alvissareiros" (2002a, p.323). As pesquisas sobre redes de solidariedade e graus de confiança interpessoal no Brasil são convergentes na interpretação de que existe um considerável hiato entre sociedade civil e sistema político brasileiro, o qual traz implicações sérias para as perspectivas de institucionalização de nossa democracia.[12] Apesar da alegada tendência de ter havido incrementos na "cultura política" no país, Alberto Carlos Almeida (2007) demonstra que tal fenômeno ainda é quantitativamente inexpressivo, além de concentrado nos segmentos de maior renda e escolaridade. Na expressão-síntese que dá título a um capítulo de sua obra, no Brasil impera a sensação de que "cada um cuida do que é seu e o governo cuida do que é público".

Desde a independência política, vão-se 190 anos de história do esforço para construir o cidadão brasileiro. E permanece entre nós certo desconforto quanto à incompletude desse cidadão. Na opinião de José Murilo de Carvalho (2001), não há indícios consistentes de saudosismo em relação ao regime militar, mas

---

12 Maria Alice Rezende de Carvalho, no entanto, não concede à noção de "capital social" toda a centralidade que lhe é dada em outros contextos acadêmicos. Ao contrário, prescreve que devemos tratar de "rebaixar" a relevância atribuída ao tema dos "valores democráticos" – uma notável infiltração aristocrática nas teorias democráticas –, fazendo com que sobressaiam o tema da sociabilidade e a sua linguagem racionalizada, a sociologia. Há que tomar a democracia como construção social ininterrupta que, exatamente por isso, atenua a carga de virtuosismo que a ideia de comunidade política impõe a cada um de seus membros. "Contra as armadilhas ficcionais do heroísmo ou da barbárie, o acordo público quanto à 'realidade' das nossas cidades talvez nos torne racionalmente solidários" (2002a, p.329).

é também correto avaliar que a democracia política, concebida como conjunto de práticas e procedimentos, ainda não resolveu os problemas da pobreza e da desigualdade no Brasil.

A explicação de Carvalho para esse estado de coisas ampara--se no conhecimento da construção histórica da cidadania brasileira. A cronologia e a lógica da sequência descrita por T. H. Marshall, sobre os direitos do cidadão,[13] teriam sido invertidas no país. Aqui, primeiro vieram os direitos sociais – implantados em períodos de supressão dos direitos políticos ou civis, como o Estado Novo ou a ditadura militar pós-1964. Depois, os direitos políticos. A expansão do direito ao voto deu-se durante o regime militar – em que, presumivelmente, os órgãos de representação política correspondiam a peça ornamental. Ainda hoje, os direitos civis – a base da pirâmide marshalliana – não se estendem à totalidade da nossa população.[14]

Pergunta-se: que consequências terão resultado da inversão da sequência marshalliana no Brasil, sobretudo para o problema da eficácia da democracia? Alegadamente, decorreu a excessiva

---

13 Elegendo a Europa como parâmetro para sua análise, T. H. Marshall asseverou que, antes da modernidade, não era possível traçar uma linha divisória entre os três conjuntos de direitos – os civis, os políticos e os sociais. O autor entende que a evolução por que passou a própria noção de cidadania nacional deu azo, no entanto, a uma consequência fundamental: a separação funcional (típica das sociedades complexas e estratificadas), a qual permitiu que cada um dos direitos seguisse seu próprio caminho. "O divórcio entre eles era tão completo que é possível [...] atribuir o período de formação da vida de cada um a um século diferente – os direitos civis ao século XVIII, os políticos ao XIX e os sociais ao XX" (1967, p.66).

14 É costumeiro proceder à comparação com o caso inglês. Na Inglaterra, as liberdades civis vieram primeiro. Com base no exercício dessas liberdades, sobrevieram os direitos políticos. Apenas em um terceiro estágio, pela ação dos partidos e do Congresso, puseram-se em prática os direitos sociais. Mas tais direitos sociais sempre foram percebidos com certa desconfiança pelos cidadãos ingleses, já que, em certas situações, se tornariam incompatíveis com o pleno gozo dos direitos civis. A proteção do Estado a certas pessoas soava como quebra da igualdade de todos perante a lei, uma interferência na livre iniciativa e na livre competição (J. M. Carvalho, 2001).

valorização do Poder Executivo, dado que os direitos sociais foram formalmente implantados em períodos em que o Legislativo se encontrava prostrado – fechado ou executando papéis acessórios –, o que criou, para o grosso da população, a impressão de um Executivo central e onipotente. A fascinação com o Executivo forte remonta a outras épocas e práticas, ecoando a longa tradição portuguesa e ibérica do patrimonialismo. Essa cultura orientada para o Estado redunda no que Carvalho (2001) chamou de "estadania", isto é, a cidadania tutelada pelo Estado.

Em escrito posterior, José Murilo de Carvalho (2003a) percorreu caminho analítico diferente e chegou a conclusões assemelhadas. Segundo o autor, a força do "motivo edênico" entre nós gerou a convicção de que teríamos sido admitidos no Jardim bíblico – sem que para tanto fosse necessário despender esforço na construção da cidade política. Corroboram essa visão de mundo as diversas narrativas que giram em torno do "poderoso império" brasileiro, a um só tempo "gigante pela própria natureza" e "deitado eternamente em berço esplêndido".

No que diz respeito aos heróis políticos, Carvalho aponta ainda que nosso panteão é "bem modesto", comparado com a maioria das nações do mundo. Em análise de pesquisa recentemente conduzida sobre o tema, comenta que a grande maioria dos heróis brasileiros vem do esporte, das artes e do entretenimento. Pelé, o jogador de futebol, e Ayrton Senna, o já falecido piloto de Fórmula 1, aparecem no topo da lista de citações populares. Mas eles não são heróis políticos. A rigor, poucos políticos mereceram mais do que 50% das indicações entre os entrevistados. Na elaboração do autor:

> A dificuldade em se criarem heróis nacionais políticos pode estar ligada à descrença geral nessa classe. A falta de identificação dos brasileiros com sua própria história é equiparada à falta de confiança nos líderes políticos, e mesmo pela sua clara rejeição a eles, incluindo aqueles eleitos para os mais altos cargos. A desconfiança

nos políticos é um dos mais consistentes resultados nas pesquisas de opinião pública. (J. M. Carvalho, 2003a, p.412)

O peso da longa tradição estadista no Brasil não é circunstância fácil de reverter. Caberia, no posicionamento normativo de J. M. de Carvalho, "reforçar a organização da sociedade para dar embasamento social ao político, isto é, para democratizar o poder" (2001, p.227). Maria Alice Rezende de Carvalho (2002a) enfoca a questão inversamente, avaliando que o diagnóstico do déficit democrático brasileiro "costuma assentar-se em uma demanda prescritiva por mais altos índices de participação política, da crença na democracia como forma superior de governo, de confiança interpessoal na base da sociedade" (2002a, p.308). A autora adverte, contudo, que a perspectiva de uma comunalidade de valores nas complexas sociedades contemporâneas, na vigência do pluralismo cultural, pode não passar de uma quimera. Assim, apropriando-se de um linguajar habermasiano, a professora sugere, para os que creem que a teoria democrática pode ser abordada da perspectiva exclusiva da sociologia política, que o desafio que a emergência de processos de democratização em países não originários (o Brasil, por exemplo) trouxe à tona consiste na reedição do tema da solidariedade social sem o recurso a um consenso ético consuetudinário. Posto de forma mais clara: a grande questão, para os culturalistas, é que inexiste, no Brasil, uma "cultura" prévia e afim à democracia.

Reconhecida a distância da população em relação aos temas internacionais no Brasil (Pinheiro, 2004; Cervo; Bueno, 2002), tornar-se-ia compreensível a renúncia a discussões de política externa. Afinal, se o capital cívico do brasileiro médio já é comparativamente baixo (M. A. Carvalho, 2002a; J. M. Carvalho, 2001 e 2003a; A. C. Almeida, 2007), pior ainda será a posição relativa da política externa no universo das políticas públicas do Estado (no que diz respeito à capacidade de despertar interesse cívico).

Dahl (2001), porém, nota que a articulação é um pouco mais complexa. Examinando a literatura sobre a relação entre assuntos exteriores e controle popular, o autor percebe que a hipótese "simples", elaborada por Gabriel Almond – segundo a qual a política externa está muito distante das vidas ordinárias dos cidadãos, o que explicaria os baixos níveis de participação e controle democrático – merece, com o benefício dos estudos mais recentes, alguma revisão. O autor aposta numa versão incrementada daquela hipótese de Almond (1956), admitindo que os cidadãos comuns poderão, em algumas ocasiões (a mobilização em torno da Guerra do Vietnã, nos Estados Unidos, é exemplar),[15] sob determinadas circunstâncias, desempenhar papel ativo na formulação da política externa. Dahl registra, contudo, que, em regra, empiricamente, a política externa comove menos que outras políticas públicas em Estados democráticos, o que poderia corroborar, ao menos parcialmente, a hipótese da apatia política. Permanece em aberto, todavia, quais seriam as circunstâncias capazes de demover a população da condição apática, motivando a sua participação, ainda que irregular, na configuração das decisões referentes à política externa.

A adaptação de Dahl (2001) à tese original de Almond (1956) é consistente com a proposição de Simone Diniz e Cláudio Ribeiro (2008) de que os membros do Congresso Nacional brasileiro tenderão a envolver-se reativamente com os assuntos da PEB, ou seja, à proporção que eles ganharem ressonância na sociedade. Alguns episódios recentes, pertinentes às relações internacionais do Brasil, movimentaram intensamente a opinião pública nacional e acabaram, por conseguinte, sendo incorporados à agenda de determinados congressistas: a controvérsia

---

15 Para referenciar visualmente o afirmado sobre a Guerra do Vietnã e as pressões populares, sugere-se assistir ao documentário *The Fog of War*, protagonizado pelo ex-secretário de Defesa dos Estados Unidos Robert McNamara e dirigido por Errol Morris (Estados Unidos, 2003).

entre a empresa brasileira Embraer e a canadense Bombardier, levada à alçada da Organização Mundial do Comércio, em 1999; o envio de tropas brasileiras para o Haiti, em 2004, e as sucessivas renovações do mandato da Missão das Nações Unidas para a Estabilização do Haiti (Minustah), liderada pelo Brasil; o ingresso da Venezuela como membro pleno do Mercosul, anunciado em 2005 e confirmado somente em 2012; a ocupação militar da sede da Petrobras na Bolívia, em 2006; o abrigo concedido ao presidente deposto de Honduras, Manuel Zelaya, na embaixada brasileira em Tegucigalpa, em 2009, dentre outros.

Outra tendência que concorre com a da apatia cívica, reforçando-a, é a de atomização das demandas dos cidadãos brasileiros espalhados pelo mundo – estimados em 4 milhões (dentre os quais apenas 1,4 milhão em situação administrativa regular).[16] Em vez do engajamento em debates de ideias ou em alguma forma de ativismo democrático, a comunidade brasileira emigrada pressiona – e sobrecarrega – o Ministério das Relações Exteriores com reivindicações muito específicas, de natureza consular e não exatamente política. É evidente que, de modo retroflexo, essas demandas consulares ajudam a modificar a agenda política do Estado e do Itamaraty, em prol da defesa mais eficiente de determinados interesses privados, individuais ou coletivos (Feldman, 2009a). Todavia, elas são incapazes de fortalecer a malha social e o senso de cidadania democrática entre os nacionais brasileiros a viver no exterior.

Provisoriamente e de forma resumida, admite-se como razoável a seguinte correlação: a saliência de que se reveste uma questão específica de política externa brasileira determinará a mobilização do público e, por extensão, de seus representantes institucionais. Parece impossível, no entanto, precisar,

---

16 Estimativa oficial do ministério do Planejamento, Orçamento e Gestão. Disponível em: <http://www.planalto.gov.br/ccivil_03/Projetos/EXPMOTIV/MP/2009/197.htm>, acesso em 23 fev. 2010.

de antemão, qual tipo de assunto de PEB será capaz de tirar o público da sua condição *costumeiramente* apática. Tampouco se explica com facilidade a equação multifatorial que resultará no juízo societário de que um tema específico da PEB é (ou não) relevante politicamente.

A PEB como produto da indução governamental desenvolvimentista

Uma segunda vertente busca razões práticas para o fenômeno da baixa democratização da PEB na indução governamental de alguns comportamentos internacionais do Brasil. Quando a política internacional é concebida como jogo estratégico entre Estados, os governos adotam, habitualmente, a posição de instrumentalizar a política externa para a consecução dos seus objetivos. Em tal circunstância, torna-se desejável – da perspectiva de um governo – o insulamento burocrático da política externa, de modo que se possa comandá-la sem maiores atritos ou interferências populares.

Corroborando a percepção do insulamento burocrático itamaratyano, proferia Roberto Campos, em documento intitulado "Novas perspectivas da política externa brasileira – 1979/1985":

> Não seria exagerado dizer-se que o Brasil desenvolveu, na República, certa tendência a fracionar o seu sistema político-econômico, ficando, aos poucos, o Ministério do Exterior como órgão isolado, um tanto seccionado da realidade mais imediata do país. (Campos, 1978, p.iii)

Ademais, historicamente, como apontam Bielschowsky (2000), Lima (2000)[17] e Cervo e Bueno (2002), a política externa

---

17 A professora Maria Regina Soares de Lima fez, em encontro presencial com o autor do livro, uma ponderação interessante a esse respeito. Argumentou

brasileira esteve voltada para o norte do desenvolvimentismo (via estratégia de substituição de importações). Isso talvez pudesse denotar que, no curso de praticamente toda a nossa história republicana, a PEB tenha servido como um dos mecanismos dos governos nas repetidas tentativas de geração de subsídios para o crescimento econômico e a distribuição interna de riquezas.

Alain Touraine (1992) define desenvolvimento como "a passagem de um tipo de sociedade a um outro, o que supõe que cada um desses tipos seja definido não por um nível de modernização, mas por um conjunto de características específicas que nos fazem falar, por exemplo, de sociedade industrial ou de sociedade mercantil" (Touraine, 1992, p.45). Segundo o autor, são pelo menos seis os modos de desenvolvimento que a história registra: (i) central, (ii) jacobino, (iii) bismarckiano, (iv) pós-revolucionário, (v) pós-colonial e (vi) dependente.

O primeiro relaciona-se fortemente à experiência inglesa, em que o Estado, embora hegemônico em assuntos externos, concedia grande autonomia às instituições representativas internas. Hoje, o grande exemplo desse modo de desenvolvimento seriam os Estados Unidos, em cujo território empresários produziram uma modernização que se apoiou em instituições políticas e jurídicas, definindo as regras do jogo, favorecendo a integração social

---

que, como o Ministério das Relações Exteriores nunca teve, historicamente, muita força política no Brasil, o desenvolvimentismo induzido desde o Poder Executivo cumpria o papel de dotar o MRE de legitimidade social, pois este órgão passava a ser percebido pela opinião pública como uma burocracia governamental a serviço de um projeto nacional verdadeiramente relevante (qual seja, o desenvolvimento socioeconômico). Durante o governo do presidente Ernesto Geisel, por exemplo, ter-se-ia estabelecido uma dinâmica de delegação da autoridade política presidencial, da qual o ministro Azeredo da Silveira soube valer-se, desfrutando de largas margens de liberdade para implementar a agenda da política externa brasileira (contanto que, naturalmente, o Itamaraty estivesse alinhado com os propósitos maiores do Estado e do regime militar brasileiro). Esse seria, portanto, um efeito colateral do indutivismo governamental que viria reforçar a autonomia operacional do Itamaraty.

e limitando os desvios. O segundo modo, o jacobino, diferencia-se do primeiro pelo fato de que nele o Estado desempenha um papel mais importante. A França é o exemplo clássico. Os conflitos políticos com o Estado, ali, ocuparam constantemente um lugar mais importante do que os conflitos entre agentes sociais. O que aproxima os modelos central e jacobino é o apreço pela ideia de modernização. Na América Latina, esses dois modelos exerceram, desde sempre, uma influência ideológica decisiva.

Entre os modos estadocêntricos de desenvolvimento, há o bismarckiano e o pós-revolucionário. No modo bismarckiano, o Estado intervém para criar uma classe dirigente modernizadora, capaz de ocupar o lugar de uma antiga classe dirigente, como nos casos japonês (*daimio* e *samurais*) e alemão (*junkers*). A modernização, assim, é menos a condição do que o resultado da industrialização. Além dos citados exemplos, a Turquia de Mustafá Kemal e o Brasil dos militares configurariam casos de Estado bismarckiano. No que diz respeito ao modo pós-revolucionário, a organização social é diretamente comandada por uma ideologia ou uma cultura nacional, em contraposição às experiências desenvolvimentistas centrais, que valorizam elementos como a ciência e a racionalidade. O Estado tende a identificar-se com uma coletividade histórica, mais do que com interesses sociais específicos. Os exemplos históricos mais notáveis seriam os da União Soviética, da China pós-1949 e de Cuba pós-1959.

Ainda em Touraine, faz-se menção aos modos de desenvolvimento pós-colonial e dependente. As sociedades coloniais são aquelas em que os colonizadores exercem dominação política e cultural, ao mesmo tempo em que econômica. Nessas sociedades, os atores que defendem uma cultura genuinamente nacional, e que se veem confrontados com o problema da integração, intervêm, no nível do Estado, em nome da libertação nacional, mais do que da modernização. São muito comuns, no chamado Terceiro Mundo (expressão típica do contexto da Guerra Fria), os Estados pós-coloniais. As sociedades dependentes, por sua vez, estão submetidas a um controle mais econômico do que político. Há, por decorrência, forte separação entre economia e política nesses países. Para o autor, a América Latina poderia enquadrar-se como o principal conjunto de sociedades dependentes do mundo atual. Assinala ainda que o modo dependente de desenvolvimento pode regenerar-se em pós-colonial, como ocorreu nos países caribenhos; ou em bismarckiano, como no México e no Brasil.

Em sociedades de industrialização recente, como a brasileira, é comum perceber-se uma dissociação entre as esferas econômica, social e política, vindo esta última a adquirir grande autonomia. Tal fenômeno não apenas abre espaço para a desenvoltura com que age o Estado, como cria as condições para a autoexpansão do seu aparelho. Esse Estado passa a exercer função estruturante, assumindo a responsabilidade pela mediação de conflitos de classe em seu seio e o papel de indutor da mudança. É arena e ator, a um só tempo. Ele não se pode limitar à função tradicional do Estado capitalista, qual seja, garantidor dos requisitos sociais necessários à produção e reprodução do sistema. No Brasil, as raízes dessa "desarticulação social" (Touraine, 1992), com a hegemonia do Estado (dimensão política) sobre a economia e a sociedade, são frequentemente creditadas a nosso modo de desenvolvimento capitalista.

A noção de "desarticulação social" baseia-se no entendimento de que a formação dos Estados nacionais em situação de dependência estrutural gera o desquite entre as relações de produção (econômicas) e reprodução (sociais e políticas). Nas sociedades ditas liberais, em que tomaram lugar o desenvolvimento capitalista e a adoção de democracia parlamentar, a cena histórica é marcada por atores – burguesia e proletariado – cujo embate é central à manutenção da estrutura capitalista, e catalisador da mudança social. Em sociedades dependentes, socialmente desarticuladas, o voluntarismo poderá aflorar a todo instante, uma vez que a capacidade de transformação dos agentes políticos é relativamente imune a obstáculos institucionais. O Estado pode tudo – ou quase tudo.

O Estado que emerge no Brasil, a partir da Revolução de 1930, é um Estado que não se limita a manter as condições sociais externas necessárias à produção capitalista, mas pretende atuar internamente ao sistema de produção, organizando a acumulação – fazendo-se promotor e ator da industrialização (o "Estado empresário", numa apropriação torta do ideário schumpeteriano). Segundo Luciano Martins (1991), duas consequências daí advirão: (a) o espaço que se cria para que o Estado venha desempenhar esse duplo papel tende a ser por ele mesmo ampliado, em virtude da lógica de sua intervenção nos domínios econômico e social, e, também, pelos interesses de sua burocracia. O Estado é instrumento e beneficiário da desarticulação social; (b) não apenas essas duas dinâmicas atravessam o Estado, mas é no âmbito de seu aparelho que os interesses conflitantes a elas correspondentes encontram a principal arena política para se expressarem e competirem – redundando, pois, em pouca nitidez na divisão entre o Estado e a sociedade civil.

O modo que assumiu a expansão do aparelho de Estado no Brasil, sobretudo a partir da segunda metade da década de 1960 e da ascensão dos militares ao poder, criou condições para o fortalecimento e a diferenciação interna de sua burocracia. Ao menos três explicações se cunharam a fim de tentar decifrar a lógica do processo: (i) uma, de inspiração marxista, que afirmava a subordinação direta do Estado (e de sua burocracia) a uma dada classe ou fração do capital (falou-se até em "capitalismo monopolista de Estado"); (ii) outra, que situava o problema no contexto mais geral da função do Estado, isto é, manter as condições sociais necessárias ao exercício do domínio das classes capitalistas; (iii) uma terceira, ainda, que entendia que a ação do Estado, voltada para expandir a acumulação, não decorre do controle exercido pela classe capitalista sobre o aparelho do Estado, mas, sim, do próprio interesse institucional deste em favorecer a continuidade de certos processos e práticas (dentre os quais, a acumulação privada) que dependem do seu poder.

Renato Boschi e Maria Regina Soares de Lima (2002) sustentaram que a burocracia vinculada ao Executivo, juntamente com a Presidência da República, se constituiu, em terras brasileiras, no cerne do Estado. O compósito *burocracia federal/Presidência da República* é visto como entidade e núcleo de todo o processo político nacional, desde pelo menos os anos 1930, quando do desenho de nosso modelo desenvolvimentista industrial. A busca da superação do atraso econômico acabou levando à implantação do corporativismo como forma de ordenação das relações público/privado no Brasil. Os autores não desconhecem que, na passagem para um modelo centrado nas leis de mercado, em meados dos anos 1980 e 1990, essa tendência à supremacia do Estado tenha perdido alguma força. No entanto, o Estado não se enfraquece a ponto de perder proeminência no conjunto das forças políticas no interior da nação.

Boschi e Soares de Lima desenvolvem o argumento de que os limites entre o público e o privado no Brasil são dados pela interação que se observa entre, de um lado, a ação coletiva dos atores privados e, de outro, as iniciativas e respostas do Estado em face dos interesses privados. Frequentemente, o processo político oscila entre a ação política desses grupos. Considerados os diferenciais na organização e promoção da ação coletiva dos distintos segmentos sociais, a esfera do público se define a partir da dimensão legal, fruto do processamento de certos interesses com as esferas de poder. A tensão resultante ajuda a moldar a institucionalidade dentro da qual o jogo da política ocorrerá. Em conjunturas específicas, emerge o Estado como um polo dominante dotado da capacidade de iniciativa e controle – maiores graus de autonomia – e, em outros, a sociedade civil, em termos de processos mais pontuais de ação coletiva ou atividade associativa mais permanente.

A hipótese do indutivismo governamental brasileiro é desafiada, contudo, pelo trabalho de Peter Evans (1995). Para Evans, a edificação do Estado desenvolvimentista supõe a existência de uma "verdadeira burocracia" centralizada, capaz de planejar a racionalização industrial e as políticas estruturais. Competências formais, em lugar de laços clientelísticos ou patrimoniais, sustentariam tal projeto no longo prazo (Evans, 1995, p.50-1). Na definição do autor,

> O Estado desenvolvimentista demonstra como a capacidade estatal pode ser antídoto para a predação. Ao prover bens coletivos, os Estados precisam agir como unidades coerentes. O poder burocrático institucionalizado impede que indivíduos possam corromper regras e decisões. Ser um ator coerente envolve mais do que apenas conseguir liderar em meio a indivíduos gananciosos; envolve também o empreendedorismo. O Estado desenvolvimentista deve formular projetos que ultrapassem os interesses imediatos daqueles agentes sociais mais poderosos. (Evans, 1995, p.248)

Da avaliação que faz Evans do comportamento institucional do Estado brasileiro, resulta uma descrição que desencoraja classificá-lo como "desenvolvimentista", no sentido anteriormente exposto. Segundo o autor, isso se deve, fundamentalmente, à "fusão do poder oligárquico tradicional com o moderno aparato estatal" aqui observada, o que distorce a possibilidade de empreitadas conjuntas entre o Estado e o capital industrial. Frequentemente, os projetos de transformação industrial tornaram-se oportunidades para a tradicional oligarquia, encapsulada no Estado, perseguir os seus interesses clientelísticos (Evans, 1995, p.63).

Em linhas gerais, retomando Alain Touraine (1992), o modo latino-americano de desenvolvimento caracteriza-se, dentre outros, (a) pela fragilidade dos atores de classe, (b) pelo hiato socioeconômico entre privilegiados e excluídos, (c) pela relativamente alta mobilidade social, (d) pela separação entre a situação coletiva e a experiência pessoal e (e) pela predominância das categorias políticas sobre as sociais – o que é convergente com a leitura de Evans (1995) sobre o Brasil. O modo latino--americano de desenvolvimento não tem princípio central ou ator hegemônico; combina, sem integrar completamente, várias dimensões e componentes da ação social. Enseja um movimento permanente entre forças centrípetas e centrífugas.

Ademais, ainda que se admita a tese do indutivismo governamental, contra-argumenta-se que, com a intensificação da globalização econômica, já nos anos 1990, o Estado brasileiro teria migrado de uma matriz introvertida, calcada na industrialização por substituição de importações, para outra de fomento à exportação, com ênfase no extrativismo de *commodities* e intensiva em tecnologia. O acirramento da competição por mercados, a multiplicação dos agentes econômicos e a adoção de políticas governamentais (tachadas de) neoliberais tornam pouco credível a versão de que o Estado brasileiro ainda conserve a tutela sobre o Itamaraty no que respeita à inserção econômica do país no mundo. Cason e Power, por exemplo, assim correlacionam os fatores:

> O contexto global cambiante alterou a natureza da delegação política ao Itamaraty. Uma grande consequência da crise da dívida e da mudança no clima ideológico dos anos 1980 foi que os países em desenvolvimento tiveram de se envolver com o mundo exterior muito mais regularmente. Eles eram constantemente compelidos a mudar a estratégia desenvolvimentista de *dentro* para *fora*. A implicação foi que os presidentes brasileiros tiveram de recalcular os seus movimentos em uma série de políticas (industrial, comercial, macroeconômica) com olhos voltados para as repercussões internacionais. [...] À medida que a formulação da política econômica tornou-se um elemento mais importante da política externa, a liderança presidencial tomou a frente. (Cason; Power, 2009, p.125; grifos do original)

Num veio oposto, teoriza-se que a natureza transnacional da ordem econômica global contemporânea desautoriza a pretensão estatal de *regular* (numa acepção forte do termo, como quiseram os nacional-desenvolvimentistas dos anos 1950) os rumos econômicos do Brasil.[18] Cesar Guimarães, em comentário ligeiro, mas elucidativo sobre esse ponto, assim expôs a diferença entre os tempos históricos:

> o desenvolvimento [nacional] não é mais o desenvolvimentismo dos anos 1950 ou 1970, passado, perempto; se nacionalismo, então integração [regional] e democracia; o nacionalismo [contemporâneo] não quer a autarquia, mas a cooperação regional. (Guimarães et al., 2005, p.207)

Como dissemos em outra oportunidade, a noção de ordem econômica internacional é confrontada pela observação de que há, hoje, a emergência de focos de autoridade privada em meio a um quadro geral de governança global. Tais focos são representados, principalmente, pelas grandes empresas privadas multinacionais, que pressionam Estados pela consecução de seus objetivos comerciais e financeiros. As firmas internacionais estabelecem regimes de cooperação e/ou competição à revelia dos mecanismos regulatórios formais, construindo uma "ordem" inerentemente instável e precária (Belém Lopes; Ramos, 2009).

Nos Estados Unidos, Jacobs e Page fazem notar que, direta ou indiretamente (por meio da ação de técnicos e acadêmicos), os empresários são quem molda o interesse nacional do Estado, e não o contrário. As evidências de seu estudo "sugerem que o empresariado costuma exercer a influência mais consistente sobre os agentes governamentais [na definição das políticas de Estado]" (2005, p.121). Como aplicação empírica desse diagnóstico

---

18 Premissa que até mesmo os receituários chamados de "neodesenvolvimentistas" passaram a incorporar. Cf., por exemplo, Sicsú et al., 2007.

ao Brasil contemporâneo, poder-se-ia citar o prestígio de que gozou o empresariado do agronegócio nos governos de Lula da Silva. Assistiu-se até a uma verdadeira inversão dos papéis tradicionalmente jogados: o Ministério da Agricultura, Pecuária e Abastecimento, incorporando antiga demanda dos empresários agroexportadores,[19] foi incumbido de selecionar, entre os seus funcionários de carreira, adidos agrícolas para atuar nas embaixadas brasileiras mundo afora, *a despeito* da resistência inicial à proposta por parte do Ministério das Relações Exteriores (cf. *Folha de S.Paulo*, 15 abr. 2008).[20]

Além disso, com o ingresso na era da comunicação instantânea e dos baixos custos operacionais, aumenta sobremaneira

---

19 Cf. "Exportadores querem adido agrícola", *Folha de S.Paulo*, 4 jul. 2004.

20 Importa notar, no entanto, que a ação relativamente coordenada do empresariado brasileiro é uma tendência recente. Renato Boschi e Eli Diniz afirmam que, no curso histórico, o empresariado foi reconhecido como "um grupo fraco, sem prestígio, passivo e acomodado, ou ainda sem coesão e unidade, envolvido na luta cotidiana pela sobrevivência da empresa, procurando impedir ou adiar o colapso sempre iminente" (2004, p.139). Portanto, um grupo com históricas dificuldades de mobilizar-se em torno de bandeiras comuns e carência de lideranças dotadas de credibilidade para falar em nome do conjunto da classe. A partir dos anos 1990, principalmente, percebe-se uma alteração na ordem das coisas. A "agenda neoliberal" tem sido capaz, segundo os autores, de unificar, no tocante a certa plataforma mínima, a ação desse grupo de interesses. A profissionalização, o aperfeiçoamento técnico, a diversificação dos serviços prestados aos associados, a produção de dados relevantes e a intensa atuação no Congresso, por parte de Fiemg, Fiesp e CNI, têm ajudado a devolver alguma vitalidade a essas organizações. Mais recentemente, tem-se instaurado um novo modo de ação dos grupos empresariais, que tem evoluído à medida que os arranjos institucionais brasileiros, sobretudo os do Poder Executivo, se impessoalizam: o *lobby* no Legislativo (especialmente junto às "comissões especializadas" do Congresso). Observa-se um contraste quanto ao padrão histórico de articulação com o Estado dos anos 1930 aos anos 1980-1990, pois o centro de gravidade da ação empresarial está a deslocar-se do Executivo para o Legislativo. Não obstante, a burocracia governamental, a despeito do insulamento crescente da alta tecnocracia, continua a ser um espaço relevante para a pressão dos interesses empresariais.

a velocidade dos fluxos de capital, alterando-se muito rapidamente a própria geografia econômica internacional. Cidades são incluídas ou excluídas do circuito produtivo global num piscar de olhos. Outra constatação é a da existência de uma volumosa e muito lucrativa atividade econômica ilícita no mundo em que vivemos – "o que dificulta, se não inviabiliza, qualquer perspectiva de ordenação formal das relações econômicas entre Estados e/ou atores não estatais" (Belém Lopes; Ramos, 2009, p.278).

Em suma, se já era dúbio o poder de indução ao desenvolvimento do Estado brasileiro em seus momentos de maior capacidade dirigista e articuladora, tanto mais improvável ele será num contexto de enorme porosidade de fronteiras nacionais, como o atualmente vivenciado nas relações econômicas internacionais. Conforme notava, nos idos de 1978, Roberto Campos:

> A partir das últimas décadas do século passado [século XIX], a economia brasileira, dependente da sua especialização agrária para os mercados externos, tornou-se, ela própria, muito fracionária: um olhar ao mapa ferroviário do país lembra a África colonial, com sua série de subregiões semi-isoladas, tributárias dos portos de exportação. A divisão interna da República, com o excesso de poder dos Estados e os conflitos gerados pela "política dos Governadores", apenas reforçou esse quadro. (Campos, 1978, p.iii)

E diagnosticava, logo em seguida, que:

> Desse contexto, nada mais existe. O Brasil está lançado diante do mundo, tanto pelo seu desenvolvimento interno quanto pela transformação das circunstâncias externas. Desse modo, é o próprio país como um todo que participa desse processo global, e o faz, *não apenas através de um órgão especializado*, o seu Ministério do Exterior, mas por todos os órgãos administrativos, empresas públicas e privadas, entidades financeiras, e assim por diante. (Campos, 1978, grifo meu)

Para não mencionar, no caso específico do Brasil pós-redemocratização, aquilo que Gelson Fonseca Jr. notou com clareza: a profunda crise fiscal em que o país esteve afundado, até o avançado da década de 1990, "enfraquece[u] as possibilidades de o Estado [brasileiro] usar instrumentos econômicos para promover os interesses internacionais do país" (1998, p.366).

Contrario sensu, é igualmente legítimo argumentar que a política externa brasileira, entendida como produto de uma burocracia historicamente insulada como o Itamaraty, não se tenha deixado "colonizar" pelos propósitos desenvolvimentistas dos sucessivos governos desta República. Isso contrariaria inclusive a clássica noção de insulamento burocrático, segundo a qual:

> [insulamento burocrático] significa a redução do escopo da arena em que interesses e demandas populares podem desempenhar um papel. Esta redução da arena é efetivada pela retirada de organizações cruciais do conjunto da burocracia tradicional e do espaço político governando pelo Congresso e pelos partidos políticos, *resguardando essas organizações contra tradicionais demandas burocráticas ou redistributivas*. (Nunes, 1997, p.34; grifo meu)

Ora, existe uma longa tradição doutrinária do corpo diplomático brasileiro que se manifestou, com maior ou menor intensidade, em diversos momentos da história republicana, do barão do Rio Branco a Rui Barbosa, de Afonso Arinos a Oswaldo Aranha, de San Tiago Dantas a Araújo Castro, de Vasco Leitão da Cunha a Saraiva Guerreiro (Cervo, 2008). Na síntese de Andrew Hurrell,

> [a] política externa não pode ser simplesmente reduzida a uma expressão de um modelo de desenvolvimento. [...] [Como] ilustrado pelo caso brasileiro, [...] a ideologia da política externa pode conter valores e metas (a busca por autonomia e maior influência internacional ou a proteção da soberania nacional) que estiveram

intimamente associados a um modelo, mas que vieram à tona por conta própria, e que resistiram às mudanças de modelo. (Hurrell, 2003, p.37-8)

Agrega-se ao excerto de Hurrell um argumento caro à escola historiográfica alemã (Koselleck, 2006): a rigor, é prudente reconhecer que o que se pretendeu por *desenvolvimento*, tanto em termos discursivos quanto práticos, pode ter variado bastante nos diversos momentos da vida republicana brasileira. Logo, questiona-se a crença em que a política externa se tenha mantido fiel a um mesmo "valor" (ou sequer que ela possa ter sido estrategicamente orientada) por décadas a fio.

A PEB em face da cultura organizacional do Itamaraty

Uma terceira frente argumentativa trataria de justificar a ausência de uma política externa democraticamente orientada no Brasil contemporâneo com a hipótese de que a cultura organizacional vigente no Itamaraty é refratária à abertura de seu processo decisório. Isso se afere não apenas pela maneira insulada como as principais decisões da Casa são tomadas, senão também pelos mecanismos de recrutamento e socialização dos seus funcionários – um concurso público percebido como elitista em seu nível de exigência cognitiva (Barros, 1986) e uma carreira embebida em uma "cosmologia" complexa e hierática (Moura, 2007).

Tornada autônoma em 13 de novembro de 1823, a Secretaria de Estado dos Negócios Estrangeiros passou, desde o Império, por sucessivas reformas, as quais, gradualmente, modificaram os protocolos da instituição e formataram o que hoje reconhecemos como sendo o Ministério das Relações Exteriores do Brasil – pensado tanto em termos burocráticos quanto sociológicos. Na primeira grande tentativa de organizar o corpo diplomático brasileiro, datada de 22 de agosto de 1851 (Lei n. 614), já se deparava com um revelador artigo 3º, segundo o qual:

Para os lugares de secretários e adidos de legação serão preferidos os bacharéis formados nos cursos jurídicos do império, e os graduados em academias ou universidades estrangeiras, que mais versados se mostrarem em línguas. Os indivíduos que não tiverem aquelas graduações, habilitar-se-ão por meio de exame, na forma que for determinada pelos regulamentos do governo. (apud Soares, 1984, p.53)

Prevaleceu claramente, à época da tentativa de dar forma à corporação diplomática do país, o formalismo bacharelesco a outras concepções substantivas de mérito. A esse propósito, Cristina Moura acrescenta que, comprovadamente, o Itamaraty esteve associado, ao longo da sua história, ao bacharelismo jurídico: 67,5% dos ingressos dos diplomatas entre 1946 e 1982 foram de graduados em Direito (Moura, 2007, p.54).

Alberto Guerreiro Ramos (1966) foi um dos que buscaram prover explicação para o pronunciado traço de *formalismo* nas posições assumidas por nossas elites políticas e, particularmente, entre os responsáveis por determinar cursos de ação da política externa. Para Ramos, o Brasil era uma "sociedade prismática"[21] e, por isso, ensejava o formalismo, manifesto de, pelo menos, quatro diferentes maneiras: (a) como estratégia para

---

21 Sociedades prismáticas são entendidas como o meio-termo entre as sociedades concentradas (que simbolizam um determinado conjunto de referentes culturais originais) e as difratadas (que simbolizam a completa diluição daqueles referentes culturais em um oceano de referentes próprios). A rigor, não existem sociedades puramente "concentradas" ou puramente "difratadas". Trata-se de dois tipos ideais, de dois extremos de um gradiente. A partir de um instrumental estruturo-funcionalista, sociedades concentradas são aquelas constituídas por relações muito pouco complexas; sociedades difratadas, aquelas onde ocorreram a modernização e a especialização ampla das funções. "A sociedade prismática apresenta alto grau de heterogeneidade, uma vez que nela coexistem o antigo e o moderno, o atrasado e o avançado, o velho e o novo" (Guerreiro Ramos, 1966, p.332).

absorver ou dirimir conflitos sociais, (b) como estratégia a serviço da mobilidade social vertical, (c) como estratégia a serviço da construção nacional (*nation-building*) e (d) como estratégia de articulação da sociedade periférica com o mundo exterior. Interessa descrever, neste ponto da narrativa, os tipos arrolados por Guerreiro Ramos, pois eles permitem entender mais claramente o papel jogado pelo formalismo no Itamaraty do século XIX.

O formalismo como estratégia para absorver ou dirimir conflitos tem sido, historicamente, uma das principais funções latentes das burocracias latino-americanas. No Brasil, esse tipo de formalismo ficou visível no processo através do qual as pessoas "diplomadas e vestidas de casaca", porém sem ocupação profissional (médicos sem clínicas, advogados sem clientes, professores sem discípulos, literatos sem leitores etc.), pressionaram os poderes públicos pela formação de uma classe média nacional. Coube ao poder público, no uso de suas capacidades institucionais, absorver o excesso de contingente diplomado, inflando o aparelho burocrático estatal. Não é ocioso lembrar que o serviço público civil, as Forças Armadas e a Igreja têm operado, em boa medida, como válvulas de segurança do sistema social, assegurando a inserção de cidadãos que, não fossem tais instituições, dificilmente evitariam a condição da subalternidade (Guerreiro Ramos, 1966).

O formalismo como estratégia a serviço da mobilidade social vertical embute relevante função social. Bons exemplos históricos podem ser fornecidos. No período da monarquia, Sales Torres Homem, mestiço de origem humilde, fez brilhante carreira parlamentar, chegando ao posto de ministro de Estado. Na República Velha, outro mulato ilustre, Nilo Peçanha, teve trajetória política que culminou com a Presidência da República. É esse, justamente, o tipo de cidadão batizado por Gilberto Freyre (em *Sobrados e Mucambos*) como "bacharel". Ele trazia consigo uma educação europeizada – socialmente valorizada – e se tornava triunfante, especialmente ao tempo da urbanização do Império, pouco importando a sua árvore genealógica e as suas possessões materiais (idem).

O formalismo como estratégia a serviço da construção nacional relaciona-se com o chamado "problema nacional brasileiro", que teve, para a geração do Sete de Setembro de 1822, um sentido radical. A questão da emancipação de Portugal e a subsequente construção da nacionalidade brasileira foram os desafios com os quais as elites políticas autóctones tiveram de avir-se. No Brasil, não caminhamos do costume para a teoria; antes, construiu-se a nação do teórico para o consuetudinário. Cultura política, só no exterior os brasileiros poderiam buscar, pois não havia o país. Os poderes se instalaram segundo uma espécie de "cultura jurídica universal", o que fazia parte, presumivelmente, de um esforço dirigido para a construção da nação (ibid.).

Considere-se também o formalismo como estratégia de inserção (da sociedade periférica) no mundo. O surgimento do Brasil, sua colonização e sua emancipação de Portugal compreenderam diferentes estágios de sua integração ao moderno sistema internacional. Essa última etapa assinalada, de independência nacional, impôs ao país sérios ônus. Haveria, por assim dizer, uma expectativa, por parte da comunidade internacional, de que o recém-emancipado Brasil se adequasse ao rol das formalidades praticadas internacionalmente (vale lembrar, no âmbito de um sistema internacional talhado à silhueta de nações europeias). O tratamento concedido pela Inglaterra à instituição do escravismo no Brasil dá mostra dessa submissão nacional aos ditames externos. Para ser aceito no condomínio dos países livres, o Brasil foi uma coisa no tocante às suas condições internas, e outra, bem distinta, quanto às suas relações externas. Logo, a mundialização do Brasil teve de absorver uma dualidade essencial: forma discrepante de conteúdo (ibid.).

Se tiver prevalecido a lógica do formalismo estratégico de Guerreiro Ramos (1966), o Itamaraty que se organizou no século XIX poderá ser percebido como um importante "sorvedouro" de

Política externa e democracia no Brasil

nossa elite letrada oitocentista,[22] indutor do nacionalismo brasileiro pela via do contraste e da assimilação das virtudes cívicas estrangeiras, adepto de uma espécie de bacharelismo "proto-weberiano" e, ainda, promotor da inserção internacional do Brasil no sistema moderno de Estados por meio do mimetismo institucional.

O projeto de reforma institucional da Secretaria de Estado dos Negócios Estrangeiros, de autoria de Joaquim Maria Nascentes de Azambuja – que foi saudado por Álvaro Soares (1984, p.64) como uma notável contribuição à "doutrina organizacional" para um "novo serviço diplomático" –, buscava instaurar, em 1856, uma estrutura que conjugasse abrangência e segmentação funcional (estabelecimento de seis seções: dos negócios políticos; de comércio e negócios consulares; do contencioso; de contabilidade; da chancelaria; e do arquivo) com maior centralização administrativa (criação da posição de diretor-geral ou subsecretário de Estado). A propósito da figura institucional do diretor-geral,

> Ao primeiro relance, sente-se no projeto de Nascentes de Azambuja uma simbiose da organização do Foreign Office e do Quai d'Orsay. Exemplo disso encontra-se na criação do subsecretário de Estado ou diretor-geral que substituiria o antigo oficial-maior. [...] O diretor-geral era a imagem da casa. O diretor-geral encarnava

---

22 Em *A cidade das letras*, Angel Rama (1985) elaborou rica narrativa sobre o universo sociopolítico e cultural na América Latina dos séculos XVI a XX. Ele notou como a ordenação social – tanto na América espanhola quanto na portuguesa – esteve a cargo, inicialmente, de sacerdotes, advogados, escrivães, escreventes e burocratas da administração pública. Tratava-se de uma "missão civilizadora" peculiar, promovida pelas pessoas alfabetizadas da época. Mais adiante, num momento de maior difusão da imprensa escrita, projetaram-se os jornalistas, também detentores de competências linguísticas formais. Ainda no século XX, quando escreveu a obra, Rama percebia a influência dos intelectuais – mulheres e homens letrados, por suposto – nas grandes revoluções políticas por que passou o subcontinente.

administrativamente a casa. Os ministros de Estado passam, mas o diretor-geral permanece [...]. (Soares, 1984, p.61-2)

A posição de diretor-geral, oficializada por meio da reforma da Secretaria de Estado lograda pelo Visconde do Rio Branco, em 19 de fevereiro de 1859 (Decreto n. 2.358), de fato permaneceu, até o presente, sob a renovada alcunha de secretário-geral das relações exteriores.[23] Suas competências hoje envolvem, dentre outras:

> I – assessorar o Ministro de Estado na direção e execução da política exterior do Brasil, na supervisão dos serviços diplomático e consular e na gestão dos demais negócios afetos ao Ministério das Relações Exteriores;
> II – orientar, coordenar e supervisionar as unidades administrativas do Ministério das Relações Exteriores no exterior;
> III – dirigir, orientar, coordenar e supervisionar a atuação das unidades que compõem a Secretaria de Estado das Relações Exteriores, exceto a dos órgãos de assistência direta e imediata ao Ministro de Estado. (MRE, 2009)

Essa centralização burocrática, potencialmente concentradora de recursos decisórios nas mãos do secretário-geral (e de seu superior hierárquico, o ministro de Estado das relações exteriores), fica bem demonstrada no organograma a seguir, disponibilizado pelo próprio Ministério das Relações Exteriores (2009).

Cristina Moura (2007) nota ainda, nas práticas cotidianas de ressocialização da Casa de Rio Branco,[24] o constante reforço às hierarquias e às mitologias em torno das quais se erigiu a

---

23 Trata-se do ponto mais alto da carreira diplomática brasileira (excetuado, evidentemente, o de ministro das relações exteriores, o qual requer nomeação direta pelo presidente da República).

24 Forma como o MRE é chamado por seus funcionários, segundo a autora.

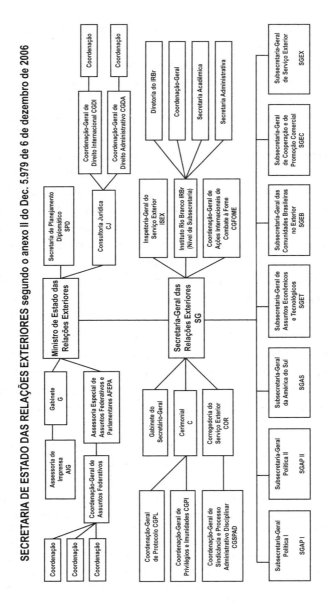

Figura 2: Organograma resumido do Ministério das Relações Exteriores (MRE, 2009)

tradição diplomática brasileira – o que é, por suposto, contrário à ideia de horizontalização das estruturas decisórias. Seu estudo etnográfico é capaz de descortinar como é profunda a dissociação entre certos signos democráticos e as ações que acontecem no interior da corporação diplomática.

Ao descrever detalhadamente determinadas cerimônias e rituais típicos das trajetórias de formação profissional dos diplomatas brasileiros, a autora identifica elementos que interditam (ao menos, parcial e momentaneamente) a proposta da democratização da PEB desde o seu núcleo formulador, quais sejam: a baixa presença de mulheres na carreira diplomática, especialmente em seus postos-chave;[25] a tensão estabelecida entre os diplomatas mais experientes e os seus jovens colegas; a baixíssima presença de diplomatas afrodescendentes na chancelaria; a persistente importância concedida à ordem final de aprovação dos diplomatas no concurso de admissão à carreira e no curso de formação; o *ethos* cortês e aristocrático atribuído (externa e internamente) aos membros da chancelaria. Em passagens elucidativas, narrando a cerimônia anual de formatura dos diplomatas, em 1998, e determinados aspectos arquitetônicos do MRE, Moura captura textualmente algumas das inúmeras contradições entre o discurso e a prática, a forma e o teor:

> Assim, o ritual [da cerimônia de formatura], em primeiro lugar, integra os neófitos ao corpo diplomático. Isso ocorre por meio das

---

25 Conforme me sugeriu um diplomata brasileiro, esta informação parece datada e imprecisa. Recomendou-me atentar para os casos da atual representante permanente do Brasil junto à Organização das Nações Unidas em Nova York; da representante permanente alterna junto à ONU; da representante permanente do Brasil junto à ONU em Genebra; da atual chefe de gabinete do ministro Celso Amorim; da subsecretária política I do MRE; da chefe de divisão das Nações Unidas no MRE; da diretora do Departamento de Europa do MRE; da diretora do Departamento Cultural do MRE; da embaixadora do Brasil em Berna; da embaixadora do Brasil em Ramalá e da embaixadora do Brasil em Luanda, dentre outros.

Política externa e democracia no Brasil

palavras do ministro de Estado que, nessa ocasião, dirige-se aos formandos pela expressão "meus jovens colegas", presente em quase todos os discursos de formatura desde 1970. A expressão "colega" denota a igualdade na profissão. Logo em seguida, após os discursos, são anunciados os nomes dos novos terceiros-secretários, já não mais colegas iguais, mas ocupantes da posição inicial na classificação da hierarquia diplomática. Há, finalmente, uma terceira classificação, que estabelece a ordem de precedência entre os formandos. (Moura, 2007, p.31)

A Secretaria de Estado do MRE funciona em três edifícios, ligados uns aos outros por duas passarelas: o Palácio Itamaraty, o anexo I, apelidado por alguns de *yellow submarine* por ter um de seus lados coberto de persianas amarelas, e, finalmente, o anexo II ou "bolo de noiva". A disposição espacial dos setores do MRE obedece a uma ordem hierárquica na qual "o mais importante" se encontra no Palácio do Itamaraty e "o menos importante", no "bolo de noiva". (Moura, 2007, p.64)

Rigorosamente, não há nada de excepcional nos efeitos (contraditórios) desencadeados, a partir do século XIX, pelo processo da gradual burocratização e profissionalização do serviço diplomático brasileiro. Em trabalho clássico sobre os militares no Brasil, Alfred Stepan (1975) destacou o principal papel exercido pelo Exército desde o Império: o de meio à ascensão social (exemplos como os de Cândido Rondon e Euclides da Cunha dão testemunho desse papel social). Não obstante, cada vez mais, na América Latina contemporânea, os quadros militares têm sido preenchidos por indivíduos de origens socioeconômicas relativamente privilegiadas (ainda que, para o caso brasileiro, os indícios sejam ambivalentes). Dois fatores poderiam, hipoteticamente, explicar essa falha na inclusão representativa das classes baixas no Exército nacional: (i) *as medidas para profissionalizar o quadro de oficiais que foram tomadas.* Disso derivou a elevação dos padrões de educação desejáveis para a Academia Militar. O concurso de admissão tornou-se, gradativamente, mais difícil e técnico. Diversas assimetrias na representação social e regional dos quadros militares resultaram; (ii) *há uma tendência significativa ao aumento do contingente de filhos de militares na organização.* O crescimento industrial e a diversificação das oportunidades de emprego para os filhos das classes média e alta são fatores relevantes para se compreender a estruturação clânica (endogâmica) do Exército brasileiro. Alia-se às razões oferecidas a progressiva tecnificação do *métier* militar, o que dá melhores chances de ingresso na carreira aos já previamente familiarizados com as questões militares. Nesse aspecto, o Brasil contrasta com a maioria das jovens sociedades pós-coloniais, em que a escassez das possibilidades liberais de ocupação profissional acaba por determinar uma alta procura da carreira militar (vide o caso do Paquistão).

Sobre a composição dos quadros do Itamaraty, Moura (2006) fez observações esclarecedoras. Reconheceu que, em função de o processo de racionalização e profissionalização da atividade diplomática brasileira ser recente, existe uma forte identificação com o *ethos* aristocrático – mesmo porque, até meados do século XX, grande parte dos diplomatas era recrutada, de fato, entre famílias que pertenceram à corte imperial. Mas também ponderou que, embora uma longa lista de autores atribua ao Itamaraty a qualidade de endogâmico, não há elemento objetivo que autorize a inferência de que haveria favorecimento, nos exames de recrutamento, aos filhos ou netos de diplomatas. A autora ressalta que a "ilusão biológica" é absolutamente incompatível com as noções de constitucionalidade e Estado de Direito. A reiterada menção à importância do parentesco para a carreira diplomática, da parte dos analistas, não pode ser entendida em seu sentido físico, de pertencimento a uma linhagem. Tratar-se-ia, antes, de um "parentesco simbólico" (ibid., p.29), que se constitui entre os membros da corporação, cotidianamente, na socialização proporcionada pela própria carreira.[26] Tais recursos simbólicos têm servido, ademais, para apresentar à sociedade brasileira e internacional a imagem de um serviço diplomático com fortes vínculos entre seus integrantes.

No que toca às origens sociais dos militares, e do significado decorrente para o comportamento político, um primeiro ponto a frisar é que os oficiais brasileiros dificilmente têm parentesco ou ligações pessoais com fazendeiros tradicionais ou capitães de indústria – historicamente, duas das principais fontes de riqueza e de poder no país. Para tais oficiais, as elites tradicionais têm interesses estreitos e pessoais, incompatíveis com o que os militares consideram de interesse nacional – ostentando uma visão mais republicana de Estado e nação. Ao se arvorarem em porta-vozes do interesse público, tratam de alimentar a imagem do militar como "povo fardado", ou como "reserva moral" da nação. A concepção não é fortuita. Já que os militares vêm da classe média numa composição social, os setores médios consideram-se "aliados" de uma corporação profissional que possui notável grau de coesão institucional e articulação. O burocratismo dos militares traz efeitos consideráveis sobre o seu ativismo político, pois é reconhecida a capacidade do Exército de socializar seus membros segundo as suas próprias normas. A sua estrutura hierárquica é traço marcante (Stepan, 1975).

Moura (2007) argumenta haver, no relativo ao perfil socioeconômico e cultural dos recrutados para o serviço diplomático brasileiro, boa diversidade. Embora se registrem comentários de que o Itamaraty é "o último refúgio da corte imperial" ou "um privilégio de pessoas 'bem-nascidas'", a autora dirá que "a enorme maioria dos jovens diplomatas atuais está longe de ser considerada 'nobre' por qualquer critério de hereditariedade" (ibid., p.103). Também se observa heterogeneidade crescente

---

26 Até mesmo as alianças matrimoniais costumam iniciar-se após o ingresso na carreira diplomática, como nota Cristina Moura (2006, p.32).

no que se refere às regiões do país de onde são selecionados os novos diplomatas. O principal mecanismo de socialização de normas entre os diplomatas parece ser mesmo a burocracia estatal, responsável pela edificação de um *ethos* moderno, caracterizado por combinar, em diferentes doses:

> [i] a distinção do *status* do diplomata em relação aos demais cidadãos brasileiros; [ii] a preeminência do todo sobre as partes, em que os que ocupam as categorias hierárquicas superiores englobam o restante dos diplomatas; [iii] a valorização da singularidade individual como forma de ascender hierarquicamente, através do mérito. (Moura, 2007, p.88)

Ao cabo, estabelece Stepan (1975), deve-se analisar o comportamento de uma instituição militar (ou diplomática, acrescento eu) no contexto total de seu ambiente político, por dois motivos: (i) os papéis políticos que qualquer instituição desempenha são derivados, em grande parte, mais da posição que o subsistema militar (ou diplomático) ocupa dentro do próprio sistema político, do que de características apenas da instituição; (ii) também há que se tomar em conta o nível e o conteúdo da educação militar (ou diplomática). Nos países onde existiam sistemas de educação militar bem desenvolvidos (Brasil e Peru, por exemplo), os militares tenderam a elaborar a própria doutrina de desenvolvimento e seus próprios quadros técnicos.[27] Numa proposição audaciosa, o autor afirma:

---

27 No entendimento de Daniel Pécaut (1990), sempre foi manifesta intenção dos militares brasileiros ter uma *intelligentsia* militar própria, de formação endógena, tão capaz de gerir os negócios da nação como a sua equivalente civil, embora mais integrada aos propósitos e estratégias das Forças Armadas. Com a deterioração das relações com civis, sentiu-se tal necessidade crescer, em meio ao alto comando dos militares. Já ingressávamos, a essa altura, no "início do fim" do regime ditatorial (1964-1985) no Brasil.

Política externa e democracia no Brasil

Dado o fato de que uma instituição militar burocrática bem desenvolvida, como a brasileira, confere grande valor à manutenção de seu comando e estrutura disciplinar, sua heterogeneidade política, quando se combina com o desejo de manter a unidade institucional, frequentemente impede os militares de iniciarem golpes contra o Estado, por receio de dividirem sua própria organização. (Stepan, 1975, p.45)

Analogamente, percebe-se, no interior do Itamaraty, a permanência da noção de "elite do funcionalismo público federal", com boa capacidade doutrinária (vide o Instituto Rio Branco) e elevado espírito de corpo (Moura, 2006; 2007), o que atua no sentido de prevenir rupturas com a tradição e a lógica institucional longamente constituídas.

A perspectiva itamaratyana de abertura democrática da política externa remete, a julgar por recorrentes indicações, a um arranjo institucional sem a pretensão de inclusão universal dos cidadãos. A promoção de debates entre o Itamaraty e setores da sociedade civil não é uma inovação recente. Desde a década de 1980, pelo menos, nota-se a preocupação do MRE em não se descolar completamente das demandas da população, o que se manifesta empiricamente, por exemplo, na realização de consultas da diplomacia nacional ao empresariado e a organizações não governamentais a respeito de questões pontuais na formulação da política externa, além dos eventos de interlocução com o meio acadêmico e com lideranças subnacionais. Porém, a própria compartimentação da comunidade política em grupos de interesse mais ou menos definidos é ponto de apoio metodológico de uma concepção de política (externa) que se aproxima da teoria democrática de Robert Dahl, que entronizou no léxico contemporâneo o termo "poliarquia" – espécie de manifestação *institucionalmente possível* da democracia em contextos políticos complexos.[28] Numa

---

28 Para maior clareza sobre o conceito de poliarquia, cf. Dahl (1997).

versão otimista, dir-se-á que a poliarquia é um estágio da democracia em que se materializam as possibilidades da participação política dos indivíduos e do exercício público da contestação ao regime (Belém Lopes, 2006).[29]

Dois exemplos prosaicos sobre o cotidiano do MRE ilustram a dificuldade de dar operacionalidade a um modo mais democrático de PEB, em função do tipo de cultura política que permeia a Casa (e que se estabeleceu entre seus membros). Primeiro: em julho de 2006, na palestra que deu abertura à I Conferência Nacional sobre Política Externa e Política Internacional, na cidade do Rio de Janeiro, realizada pelo então secretário-geral das relações exteriores, o embaixador Samuel Pinheiro Guimarães, verbalizou-se repetidamente o ânimo de promoção de uma diplomacia participativa, aberta aos estímulos da sociedade. Esse ânimo, entretanto, contrastava com o pronunciamento do embaixador Jerônimo Moscardo, presidente da Fundação Alexandre de Gusmão (Funag, promotora do evento), feito poucos minutos antes. Isso porque Moscardo, ao dar início aos trabalhos, fez sucessivas menções laudatórias a Getulio Vargas, Juscelino Kubitschek e Jânio Quadros, resgatando, ao fim do discurso, um trecho de San Tiago Dantas sobre a chamada "Política Externa Independente" (1961-1964). A exaltação dos três presidentes e de suas concepções voluntariosas da política externa é, provavelmente, lastreada

---

29 Em texto de 2006, escrevi, com um registro bastante mais normativo: "A premissa em que assenta a atual gestão do MRE parece acertada, se entendemos como credível a hipótese de que as famílias brasileiras (ainda) não discutem questões de política externa à mesa do café da manhã. Contra essa constatação, dificilmente haverá argumentos. [...] Porém, se se quer investir o MRE com a autoridade democrática, dependente de uma participação do grosso da população no processo de tomada de decisão, a ideia de poliarquia pode ser considerada como apenas um arquétipo de um arranjo democrático precário e imperfeito – e, por isso mesmo, uma etapa a ser superada, no longo caminho que vai desde a lenta abertura de um corpo diplomático hermético a reivindicações populares à efetivação de uma política externa democraticamente orientada" (Belém Lopes, 2006).

por uma visão do papel do Itamaraty como guardião do interesse nacional (conforme convencionado internamente, entre os membros do corpo diplomático), numa chave pouco democrática. Esse sutil desencontro entre as falas dos dois altos diplomatas de carreira pode revelar, se nada mais, a assimetria entre a enunciação dos princípios e propósitos do MRE pelos chefes da Casa e a absorção desses valores (e a verdadeira percepção estratégica do estatuto do MRE na condução da política externa brasileira contemporânea) pelos mesmos diplomatas (ibid.).

Segundo: ao tratar do papel assumido pela Funag, qual seja, a legitimação dos cursos de ação adotados pelo MRE, pela via da diplomacia pública, Carlos Faria (2009) pôs-se a analisar o conteúdo do boletim produzido pela instituição. Afirmou que "se o seu objetivo [era] promover a divulgação das atividades e dos estudos patrocinados pela Fundação, a logomarca que o boletim exibia até o início do ano de 2009 não deixa de guardar uma certa ironia". Explica-se: o título do informativo fora estampado sobre uma ilustração do célebre afresco de Michelangelo, do teto da Capela Sistina, no Vaticano, em que Deus, das alturas, toca um homem, representando a criação de Adão. A logomarca tinha, segundo Faria, "o potencial de alimentar os muitos críticos do insulamento do Itamaraty" (ibid., p.24). Talvez ainda mais eloquente sobre a cultura vigente no interior da Casa de Rio Branco seja o trecho seguinte, também extraído de Faria:

> Deixando ao leitor a interpretação que lhe aprouver, devemos destacar duas outras iniciativas da Fundação, nas quais, a nosso ver, o intuito de projeção de poder transparece com clareza, no primeiro caso no plano regional e, no segundo, no âmbito intragovernamental. Refiro-me ao Curso para Diplomatas Sul-Americanos, o qual, segundo a mesma fonte, já teria formado 120 diplomatas, e aos Cursos de Capacitação em Relações Internacionais ministrados para 'altos funcionários do governo federal, das autarquias e das agências reguladoras'. A frase subsequente da Newsletter merece ser citada

integralmente: os *"temas e as demandas são avaliados de acordo com as necessidades observadas pelo embaixador Celso Amorim, ministro das Relações Exteriores"*. (Faria, 2009, p.25; grifo meu)

A hipótese dos óbices organizacionais à democratização da PEB deixa de assimilar algumas das recentes mudanças nas regras do concurso de admissão à carreira diplomática (o qual, a despeito das conhecidas dificuldades, vem tornando-se crescentemente divulgado e disputado) e nos critérios para ascensão horizontal e vertical na carreira, bem como os já citados eventos e novos aparatos de interlocução do MRE com a sociedade civil. Como ainda não existe série histórica suficiente para observarmos os efeitos empíricos dessas mudanças, faz-se inviável, momentaneamente, a corroboração ou a refutação, em bases científicas, de uma versão interpretativa para os fatos. Por suposto, dificilmente se poderá explicar a baixa irrigação democrática da PEB tão somente a partir da hipótese da cultura organizacional, explorada nesta subseção do trabalho.

A PEB sob o constrangimento das instituições político-administrativas

Há uma quarta linha de pensamento que apontaria as questões institucionais do Estado brasileiro como obstáculos ao exercício efetivamente democrático da PEB. Primeiramente, porque, como se sabe, o monopólio da representação internacional do Estado brasileiro e a configuração da agenda da política externa brasileira são prerrogativas constitucionais do Poder Executivo[30] – por meio da representação tradicional, via Ministério de Relações Exteriores, da chamada "diplomacia presidencial" (Danese, 2009) ou, mais recentemente, por

---

30 Ver artigos 21 e 84 da Constituição Federal de 1988.

meio da Assessoria de Relações Internacionais da Presidência da República.[31]

Legalmente, o Ministério das Relações Exteriores do Brasil está obrigado a assessorar, direta e imediatamente, a Presidência da República nos assuntos referentes a política internacional, relações diplomáticas, serviços consulares, negociações com países e entidades estrangeiras, programas de cooperação internacional etc. (Lei Federal n. 8.028, 12 abr. 1990). Tal dispositivo do ordenamento jurídico brasileiro demarca, ao menos formalmente, qual órgão, dentre os muitos que compõem a estrutura do Poder Executivo Federal, é investido da responsabilidade de gerar informações e prover aconselhamento para as ações governamentais na dimensão do internacional. Não obstante, concorre com a via tradicional, complementando-a, a atividade diplomática exercida pelo presidente da República em pessoa. Essa é uma modalidade de representação internacional do Brasil que se consolidou ao longo da história de nossa política exterior – conforme tem notado o diplomata Sérgio Danese (2009) – e se acentuou nos últimos quatro mandatos presidenciais. Cason e Power (2009, p.123) ilustram, com dados empíricos, a tendência:

---

31 Criada ainda no primeiro mandato de Lula e ocupada, desde então, pelo professor Marco Aurélio Garcia. Sem embargo, é importante lembrar que muitos dos presidentes da República tiveram seus assessores para assuntos internacionais, formal ou informalmente, ainda que não sob essa alcunha. Cita-se comumente o caso de Augusto Frederico Schmidt como efetivo mentor da PEB de Juscelino Kubitscheck – para ficar apenas em um exemplo histórico.

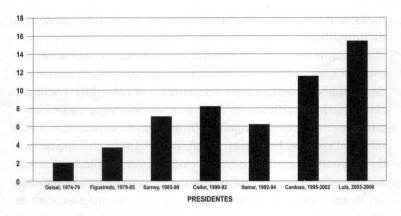

Figura 3: Média anual de ausências do país dos presidentes do Brasil

O gráfico mostra, na média anual, o crescimento do número de ausências do país por parte dos presidentes da República, para efeito de representação política internacional do Brasil. Na interpretação dos autores, isso se deve não apenas a razões conjunturais (maior proeminência do Brasil na cena internacional, características pessoais dos presidentes Fernando Henrique Cardoso e Luiz Inácio Lula da Silva etc.), mas também estruturais (aceleração de processos de integração regional e global, internacionalização sem precedente da atividade econômica no mundo, déficit histórico de participação dos chefes de Estado brasileiros em encontros internacionais etc.). Danese (2009) nota também que até os presidentes eleitos (e ainda não empossados) do Brasil da Nova República têm assumido para si uma agenda internacional – manifestamente os casos de Neves, Collor, Cardoso e Lula. A consequência mais notável desse processo de "presidencialização da PEB" (na expressão de Cason e Power, 2009) seria a perda de relevância política do Itamaraty.

Significativa mudança na tradicional estrutura de gestão da política exterior do Brasil foi a criação, em 2003, do posto de assessor especial da Presidência da República para assuntos internacionais, ocupado, desde então, pelo professor Marco Aurélio Garcia. Tal iniciativa também ajudou a diminuir o forte traço de verticalidade decisória e concentração de poderes no Itamaraty. Garcia tem sido requisitado para dar trato às questões de escopo regional, principalmente. Antes mesmo da posse de Lula da Silva, o seu assessor especial já havia se deslocado até Venezuela e Cuba – dois dos países com os quais o Palácio de Planalto tem mantido intensas relações diplomáticas. Uma importante aparição de Garcia deu-se no episódio da renúncia do presidente boliviano Carlos Mesa, em 2005, em que protagonizou as negociações pela volta da normalidade política ao país. Embora percebido com certa desconfiança pelos diplomatas,[32] suas atribuições não colidem, em tese, com as desenvolvidas pelo MRE (Belém Lopes, 2005). As informações anteriormente expostas dão conta da relativa pulverização de competências que tem ocorrido, mais recentemente, entre os diversos agentes públicos, pertinentes ao Poder Executivo, que se ocupam da gestão da PEB. Contrariamente ao que acontece nos Estados Unidos da América, essa multiplicidade dos atores institucionais autorizados a conduzir a política externa é novidade histórica por aqui.[33]

No tocante às relações *entre* os poderes da República, Maria Regina Soares de Lima e Fabiano Santos (2001) analisam o comportamento do Legislativo brasileiro nas questões de política externa comercial e concluem ter havido uma mudança comportamental significativa por parte do Congresso Nacional, o qual, com o passar dos anos, deixou de delegar funções ao Executivo, abstendo-se dos debates e abdicando de papel político no processo. João Augusto Neves (2003), por seu turno, pontua que a inexistência de um mecanismo formal de delegação de

---

32 Cf. Cantanhêde, "Ativos e pró-ativos", *Folha de S.Paulo*, 23 jan. 2005, p.A2.

33 Para contraste e analogia entre os dois sistemas de política exterior, o estadunidense e o brasileiro, na contemporaneidade, cf. Belém Lopes, "Caos e criação: nasce um novo padrão na diplomacia brasileira?", *O Debatedouro*, p.2-6.

competências do Legislativo para o Executivo[34] gera a percepção de que os congressistas são alheios aos assuntos internacionais do Estado – o que não, necessariamente, será o caso.

Eliézer Rizzo de Oliveira, na avaliação que fez dos papéis institucionais cabíveis ao Executivo e ao Legislativo, nos temas de defesa nacional, ao longo da gestão presidencial de Fernando Henrique Cardoso (1995-2002), afirmou que ao Congresso brasileiro correspondia um "minimalismo político quanto à defesa nacional" (2005, p.49) e, para não dar margem à dúvida, ainda enunciou que:

> O Legislativo desempenha funções complementares e dependentes [...] porque não compartilha das prerrogativas presidenciais, exclusivas do chefe de Estado; complementares, pois existe uma gama de ações de controle legislativo, inscritas na Constituição, que o Legislativo nem sempre aciona com a devida atenção e responsabilidade. (Oliveira, 2005, p.48)

À falta de capacidade institucional do poder Legislativo para cumprir o papel fiscalizador – servindo, efetivamente, de freio ao poder Executivo –, soma-se a relativa inépcia das Casas Congressuais em temas de política exterior. Octavio Amorim Neto (2006) sustenta que, contrariamente ao exemplo estadunidense, na América Latina a capacidade técnica das legislaturas é baixa, o que implica a inaptidão dos parlamentares para a lida com temas cujo grau de especificidade e complexidade seja maior (e.g., a política externa). Isso tem geralmente levado a pouca concorrência, em termos comparativos, pelas vagas nas comissões temáticas de Defesa Nacional e Relações Exteriores, na Câmara dos Deputados e no Senado Federal.

---

34 Como há, nos Estados Unidos da América, a possibilidade de o Congresso aprovar o chamado "*fast track*", concedendo liberdades negociais em temas internacionais ao presidente da república.

Sintomaticamente, fazendo eco à tese do desinteresse parlamentar pela política externa brasileira, declarou em entrevista um alto congressista brasileiro – o senador Jéfferson Péres (PDT-AM) – que o papel do Legislativo na interpelação e no controle da agenda da PEB "é ritualístico, e praticamente fica [apenas] nisso" (*O Debatedouro*, 2004, p.9).[35] O deputado federal Fernando Gabeira (PV-RJ) apontou, de modo ainda mais explícito, essa percepção da baixa relevância dos temas internacionais para a dinâmica parlamentar: "política externa no Brasil não dá nem tira um mísero voto" (*Folha de S.Paulo*, 25 set. 2009, p.A2). Simone Diniz e Cláudio Ribeiro (2008) notam outro fenômeno, bastante típico do nosso presidencialismo: a avalanche de medidas provisórias à espera da apreciação do Congresso Nacional. Tais medidas, que têm precedência sobre as demais propostas de lei, "trancam" a pauta do Poder Legislativo, isto é, impedem que congressistas se dediquem aos atos internacionais do Estado brasileiro, visto que devem antes resolver o que for politicamente prioritário. Isso explica, em boa medida, tanto os descartes de projetos de decretos legislativos quanto a lentidão com que são analisados/aprovados.

Em um nível de análise mais panorâmico, Charles Pessanha (2002) notará a hipertrofia do Executivo federal pelo ângulo do incremento de sua capacidade legiferante no decorrer da história republicana. Pessanha recupera a trajetória constitucional de Alemanha e Itália ao longo do século XX, vindo admitir, ao fim desse percurso, que durante o referido lapso temporal, operou-se naqueles países um movimento de transferência gradativa da iniciativa de legislação para o Poder Executivo. Não bastasse, verificou-se uma transformação na natureza da lei que, de comando normativo estatal proveniente do Legislativo e dotado das características de generalidade, passou a instrumento de governo com escopo específico. Nas democracias, coube ao

---

35 Em entrevista concedida ao autor deste livro.

Legislativo a responsabilidade final pela aprovação das leis e o aperfeiçoamento dos mecanismos de controle e fiscalização (*accountability horizontal*) – em alguns casos, em parceria com o Judiciário. No Brasil, não tem sido diferente: "As mais importantes reformas [no Brasil] têm sido feitas pelo Executivo, em virtude de autorização legislativa" – afirma Raimundo Castro Araújo (apud Pessanha, 2002, p.159). A delegação legislativa demorou a ser incorporada às Constituições brasileiras. Porém, desde 1967, a tal "legislação extraordinária" vem merecendo a preferência dos governantes do país. Empregada pelo presidente da República em situações excepcionais, seguindo o texto constitucional, com ulterior aprovação do Congresso Nacional, ela incorporou modelos que se consolidaram ao longo do século – sobretudo os exemplos da legislação italiana – sem, no entanto, absorver os seus mecanismos de controle. Em 1967 e 1969, a novidade eram os decretos-lei; de 1988 em diante, as medidas provisórias. O constitucionalismo permanece no mundo de hoje, embora o processo de produção de leis se tenha inclinado francamente na direção do Executivo – aqui e algures.

Para Fernando Limongi e Argelina Figueiredo (1999), o controle exercido pelo Executivo sobre a iniciativa legislativa cria incentivos para que parlamentares se juntem ao governo, apoiando a sua agenda. Os autores também argumentam que a Constituição de 1988 não representou um retorno puro e simples ao contexto democrático pré-1964. Evidências empíricas demonstram que, no pós-1988, o Poder Executivo constituiu-se no principal legislador, *de jure* e *de facto*. Tal preponderância legislativa decorre, sobretudo, de sua capacidade de controlar o *timing* e o conteúdo da agenda política – legando ao Poder Legislativo papéis de controle e fiscalização (o que está afinado com a leitura do tema que fez Pessanha, 2002).

Ao estudarem o grau de sucesso na aprovação de agenda legislativa do Executivo e a natureza do apoio político com que contou no Congresso Nacional, Limongi e Figueiredo concluem que, além de ser proponente da grande maioria das leis promulgadas no período apreciado, o Executivo federal raramente tem as suas proposições rejeitadas pelo Congresso. Os poderes legislativos do presidente explicam boa parte da história. Mas não permitem inferir que o presidente possa, em algum momento, passar por cima das determinações do Legislativo. Antes: percebe-se a influência do Legislativo no processo de elaboração das alianças de governo, uma vez que se tomam em conta as configurações político-partidárias do Congresso. Vale notar, a esse respeito, como os presidentes têm frequentemente organizado os seus ministérios em bases partidárias.

Essa concentração da agenda em um Executivo hipertrofiado[36] ajudaria a entender o hermetismo da PEB e a baixa difusão dos temas internacionais na sociedade brasileira (Pinheiro, 2003). Todavia, é importante resgatar a opinião de autores que discordam do diagnóstico de que o arcabouço político-institucional brasileiro leva *automaticamente* à concentração da capacidade decisória sobre a pauta internacional do Estado.

Além da providencial ressalva, feita por Helen Milner (1997), de que, nos Estados liberais e democráticos, o Executivo tende a prevalecer sobre o Legislativo na formulação da política externa, por conta de sua capacidade de propor a agenda – *o que bloqueia a alegação de excepcionalidade da PEB* –, há ainda que considerar, segundo a professora, outras duas correlações empíricas relevantes, encontradas em suas pesquisas, e aplicáveis ao caso brasileiro: (a) quando o Legislativo deseja menos do que o Executivo um acordo internacional, este tem menor chance de ser aprovado;[37] e (b) quando há impasse entre Executivo e Legislativo a respeito de uma matéria de política internacional,

---

36 Como parece ser o caso do presidencialismo brasileiro; cf. Anastasia et al., 2004; Limongi; Figueiredo, 1999.

37 A queda de braço entre Executivo e Congresso Nacional no referente ao ingresso da Venezuela como membro pleno do Mercosul é exemplificativa da correlação.

a superação do impasse tende a favorecer a solução preconizada pelo Legislativo. Logo, em última análise, a legislatura pode levar vantagem sobre o chefe do Executivo em diversas ocasiões, a despeito de atuar reativamente, quando se trata da negociação de acordos de cooperação internacional. As considerações anteriores servem, no mínimo, para relativizar a tese da irrelevância do Poder Legislativo na produção da política externa brasileira, reabilitando parcialmente o seu papel institucional.[38]

Filipe Nasser (2009) acrescenta outro dado significativo à análise institucional em progresso: as decisões de participar de operações de paz da Organização das Nações Unidas – que contaram com componentes civis e/ou militares brasileiros em mais de trinta ocasiões no curso da história recente – não são de competência exclusiva do Itamaraty. O processo decisório é compartilhado, necessariamente, pelo Ministério da Defesa, pelo Ministério do Planejamento, Orçamento e Gestão, pelo Ministério da Fazenda e pelo Congresso Nacional – sendo a participação em tais operações de paz motivo para a constituição de grupos interministeriais. Ponto digno de destaque: o envio de tropas brasileiras para o exterior é prerrogativa constitucional do parlamento. Ao menos nesse quesito, os congressistas não têm podido se eximir da responsabilidade de debater e deliberar.

Mais otimistas no diagnóstico, Carlos Aurélio Pimenta de Faria (2008; 2009) e Cássio França e Michelle Sanchez (2009), embora também partam de premissa institucionalista, têm percebido

---

38 Limongi e Figueiredo (1999) testam empiricamente uma série de hipóteses, chegando a algumas proposições convincentes e até surpreendentes. Em primeiro lugar, postulam a fragilidade da assunção de que presidencialismo e parlamentarismo seriam regidos por lógicas inteiramente diversas – haja vista o conceito, bastante disseminado na literatura, de "presidencialismo de coalizão" (Abranches, 1988) para referir-se ao caso brasileiro. Os autores entendem, porém, que o Congresso Nacional brasileiro *não é* uma instância institucional de veto ao Executivo – como costumeiramente se presume. Sob o presidencialismo, parlamentares poderão ser induzidos a cooperar com o governo e a sustentá-lo.

o progressivo "desencapsulamento" e a "horizontalização" dos processos decisórios de política externa brasileira.[39] Faria indica como fatores institucionais desencadeantes de maior "oxigenação" democrática da PEB a Constituição Federal de 1988 (com seus efeitos previstos e imprevistos), a criação da Assessoria Especial para Assuntos Federativos e Parlamentares (Afepa) do MRE, o estabelecimento de escritórios regionais de representação (ERE) em oito cidades do país, a criação das Seções Nacionais de Consulta (no âmbito do Congresso Nacional) sobre a União Europeia, a Alca e o Mercosul, dentre outros. França e Sanchez chamam a atenção para outro aspecto: a crescente integração entre os ministérios para a produção da PEB, levando à "internacionalização" de algumas estruturas burocráticas do Estado brasileiro:

> No âmbito da Presidência, a Secretaria Especial de Políticas para as Mulheres, a Secretaria Especial dos Direitos Humanos e a Secretaria de Relações Institucionais, por exemplo, contam com pelo menos 50% de suas estruturas com competência para atuar na política externa. Dentre os ministérios, destacam-se o Ministério da Educação, Ministério do Meio Ambiente, Ministério do Desenvolvimento, Indústria e Comércio Exterior, Ministério dos Esportes, Ministério da Fazenda, Ministério do Turismo e o Ministério da Agricultura, Pecuária e Abastecimento, que contam com pelo menos 70% de suas estruturas envolvidas em política externa. (França; Sanchez, 2009)

Esta horizontalização da política externa brasileira deve ser vista como evidência da perda de monopólio do Itamaraty sobre a agenda internacional brasileira, derivada do indefectível processo de globalização, da consequente fragilização generalizada das fronteiras entre o doméstico e o internacional e do adensamento

---

39 Autores com projetos de pesquisa sobre a matéria em andamento.

das relações internacionais do país. Contudo, como evidenciado pela experiência da implementação das diretrizes do Fórum IBAS no país,[40] o MRE parece estar atuando intensamente no sentido da ampliação de sua capacidade de *coordenação interministerial*. Dito de outra maneira, o que pode ser visto, por um lado, como concorrência na definição da agenda internacional do país parece estar redundando, por outro lado, em mais atenção do MRE ao nível intragovernamental, para além de suas tradicionais atribuições no plano internacional (Faria; Nogueira; Belém Lopes, 2012).

Para além dos ministérios, tem-se observado a capilarização da política externa brasileira em autarquias federais, bancos de desenvolvimento e empresas estatais. Na percepção de Denise Marin, "o governo Luiz Inácio Lula da Silva arrastou pelo menos seis instituições federais para o mundo em desenvolvimento nos últimos anos, a reboque da prioridade de sua política externa às relações Sul-Sul" (2009, p.A13). Destacam-se a ação da Agência Brasileira de Desenvolvimento Industrial (ABDI) no desenvolvimento de projetos industriais na Venezuela; a manutenção de escritórios do Banco Nacional de Desenvolvimento Econômico e Social (BNDES) para captação de projetos e de operações, no Uruguai e na Inglaterra; e da Caixa Econômica Federal para prestar

---

40 "O Fórum Trilateral de Diálogo Índia, Brasil e África do Sul (Ibas) foi criado em 2003, pela Declaração de Brasília. Seus objetivos principais são: promover o diálogo Sul-Sul, a cooperação e a convergência do posicionamento de seus membros em assuntos de importância internacional; desenvolver oportunidades de comércio e investimento entre as três regiões, trabalhar a redução internacional da pobreza e em favor do desenvolvimento social; promover a troca de informação trilateral, melhores práticas internacionais, o intercâmbio de tecnologias e habilidades, assim como complementar os respectivos esforços de sinergia coletiva, buscando a cooperação em diversas áreas, como agricultura, mudança do clima, cultura, defesa, educação, energia, saúde, sociedade de informação, ciência e tecnologia, desenvolvimento social, comércio e investimento, turismo e transporte." (Faria; Nogueira; Belém Lopes, 2012, p.179)

cooperação nas áreas de financiamento habitacional e urbanização, também na Venezuela; o envio de pesquisadores e técnicos da Empresa Brasileira de Pesquisa Agropecuária (Embrapa) e do Instituto Nacional de Pesquisas Espaciais (Inpe) para promover cooperação técnica em países da África, Europa e Ásia; a manutenção de um escritório da Fundação Oswaldo Cruz (Fiocruz) para formação de profissionais em doenças infectocontagiosas e planejamento em saúde pública, em Moçambique (cf. *O Estado de S. Paulo*, 6 dez. 2009, p.A13; *Folha de S.Paulo*, 11 dez. 2009, p.D22).[41]

Por fim, vem ganhando monta no país a discussão teórica e política sobre o novo relacionamento que se pode estabelecer entre os poderes Executivo e Judiciário, no tocante a questões internacionais do Estado, a partir da polêmica deflagrada pela apreciação do caso Battisti[42] pelo Supremo Tribunal Federal (STF). Na esteira das teses sobre o excessivo ativismo do Judiciário e a "judicialização da política" no Brasil (Vianna; Burgos, 2002), opina-se que o caso Battisti terá servido para ampliar o poder do Supremo em face do Executivo Federal, especialmente quando se tratar de novos casos de asilo, refúgio ou

---

41 Além do projeto de implantação de um escritório do Instituto de Pesquisa Econômica Aplicada (Ipea) em Caracas, na Venezuela, voltado para troca de experiências em pesquisas econômicas (*O Estado de S. Paulo*, 6 dez. 2009, p.A13).

42 Resumidamente, uma descrição do caso: condenado pela Justiça italiana por cometer crimes comuns (alegadamente, quatro homicídios) nos anos 1970, Cesare Battisti refugiou-se no Brasil, onde foi preso, em 2007. Sob a alegação de ter sido vítima de perseguição política, enviou pedido formal de concessão de refúgio político ao Conselho Nacional de Refugiados (Conare), o qual foi rejeitado, por 3 votos a 2. Essa decisão, porém, foi revertida pelo ministro da Justiça, Tarso Genro, que acabou por reconhecer, em janeiro de 2009, o *status* de refugiado político de Battisti. Ao cabo, a questão foi levada ao Supremo Tribunal Federal (STF), que determinou, por cinco votos a quatro, que o Brasil deveria extraditar Battisti para a Itália; não obstante, o próprio STF também entendeu que a decisão final sobre o ato da extradição deveria caber ao chefe do poder Executivo, o presidente da República. Desde então, permanece o impasse.

extradição – que poderão, doravante, ter a sua legalidade sistematicamente apreciada pelo órgão máximo do poder Judiciário (*O Estado de S. Paulo*, 14 nov. 2009, p.A4). Isso traria impacto direto para o equilíbrio entre os referidos poderes da República e, indiretamente, para o encaminhamento da própria PEB. Na avaliação de Marco Aurélio Mello, ministro do STF:

> Para mim, está havendo atropelo quanto ao exame em profundidade do ato de refúgio – isso nunca ocorreu no Supremo, é a primeira vez – e quanto ao voto do relator, que assenta que o presidente da República estará obrigado a entregar o extraditando. [...] Por quê? Porque o asilo e o refúgio estão no grande todo que é a política internacional. *Quem conduz a política internacional não é o Supremo, não é o Judiciário, é o Executivo.* E a nossa Constituição, nossa República, está assentada na separação dos Poderes. (Mello; Galluci, 2009, p.A4; grifo meu)

Oscar Vilhena Vieira afirma que, tradicionalmente, a política externa tem sido concebida como "uma esfera de ampla discricionariedade política do Executivo" (2009, p.A7). E, se a concessão de refúgio é considerada um ato de política externa (o que lhe parece procedente), a última palavra deveria caber ao Executivo. No entanto, o professor faz uma sensível ponderação ao argumento:

> a Constituição de 1988 mitigou essa tradição ao estabelecer, por força de seu artigo 4º, princípios que regem nossa política internacional. E como não há norma despida de eficácia, o descumprimento desses princípios seria passível de controle pelo Judiciário. Por outro lado, a própria Constituição definiu como competência do STF (art. 102, g) decidir sobre extradição. Assim, seria legítimo ao STF pronunciar a última palavra sobre o tema. (Vieira, 2009, p.A7)

A julgar pela cobertura jornalística dos fatos recentes, entre os próprios colegas de magistratura do ministro Mello prevaleceu a controvérsia quanto às competências dos dois poderes no trato com temas internacionais (cf. *Folha de S.Paulo*, 18 nov. 2009; *O Estado de S. Paulo*, 14 nov. 2009). Não obstante, independentemente de qual seja o rumo dado à discussão que ora transcorre, tem sido notável a difusão social – em grau e escala sem precedente – de uma questão pertinente, concomitantemente, às esferas do direito público e da política externa, a qual, em outros períodos não tão remotos da história republicana, estaria, com toda certeza, restrita aos poucos interessados e iniciados no assunto.

Pelo universo dos motivos anteriormente expostos, é sustentável a hipótese reversa à que foi apresentada no início desta seção: as instituições político-administrativas nacionais *não* podem ser inteiramente responsabilizadas pela baixa irrigação democrática da PEB, ou mesmo ser apontadas como reais obstáculos ao processo conducente a mais participação política dos atores na fabricação da PEB contemporânea. Como observado, sob circunstâncias mais ou menos específicas, elas podem, inclusive, catalisar a abertura político-diplomática brasileira.

Síntese do capítulo: onde está o entrave?

Resumidamente, o presente capítulo deixa como saldo a constatação de que as tradicionais hipóteses da literatura sobre a baixa democratização da política externa brasileira (PEB) – *apatia cívica, indução desenvolvimentista do Estado, cultura organizacional do Itamaraty e instituições político-administrativas refratárias* – são ambivalentes ou inconclusivas a respeito das raízes do fenômeno. De resto, elas mostram-se insuficientes para iluminar a virada discursiva – e também prática – havida após 1985, no tempo da Nova República, quando, a despeito da manutenção de um quadro de pouca abertura dos temas internacionais do Estado brasileiro aos *inputs* populares, a democratização da PEB passou a ser reclamada e incluída como conteúdo programático de formuladores diplomáticos e de presidentes da República. A rigor, as velhas hipóteses não identificam os fatores que bloqueiam, de forma derradeira, o exercício democraticamente orientado da política externa nacional.

Convencido de que o novo nasce é do velho, inovaremos no próximo capítulo, trazendo à baila a hipótese suplementar do "republicanismo mitigado" para tentar resolver o problema de pesquisa que se põe. Para tanto, um recuo de alguns séculos de história se fará necessário.

5
Rearranjando fatores: uma hipótese (residual) para entender o Brasil

"O que é válido dizer é que [a Revolução Francesa] destruiu inteiramente ou está destruindo (pois perdura) tudo o que, na antiga sociedade, decorria das instituições aristocráticas e feudais, tudo o que de algum modo se ligava a elas, tudo o que trazia delas, em qualquer grau que fosse, a menor marca. Conservou do antigo mundo apenas o que fora alheio a essas instituições ou podia existir sem elas."
Alexis de Tocqueville, *O Antigo Regime e a Revolução*, p.24

"Como somos uma sociedade construída em cima da escravidão; da arrogância e da ignorância aristocrática e senhorial; do poder autoritário e revanchista que pensa primeiro nos nossos; da estadomania que tudo resolve, prevê e legaliza para justamente produzir o oposto, temos sido recorrentemente assombrados por fantasmas bem conhecidos."
Roberto DaMatta, "A coluna assombrada",
O Estado de S. Paulo, 13 jan. 2010, p.D10

"A pressão por maior opacidade, registre-se, tem origem no Itamaraty. [...] É por essa razão que até hoje não são conhecidos totalmente os documentos relativos à Guerra do Paraguai e sobre as negociações para delimitação das fronteiras brasileiras."
Fernando Rodrigues, "Transparência em risco",
Folha de S.Paulo, 24 mar. 2010, p.A2

> "Desde o século XIX, o Itamaraty tem sido sinônimo de competência e profissionalismo. O concurso de ingresso à carreira diplomática é disputadíssimo e exige uma formação de elite, abrangendo conhecimentos que vão de música clássica a história de civilizações antigas e assuntos da geopolítica contemporânea. Resta torcer para que os interesses de um partido e a proliferação de embaixadas, do Azerbaijão à Zâmbia, não maculem essa tradição."
>
> Luís Guilherme Barrucho, "A cruzada do Itamaraty",
> *Veja*, 5 jun. 2010, p.84

> "' – Sois dignos de nós, os vossos antepassados? Sois dignos?'
> – Assim fala o tradicionalista. Ele nos examina, e esse exame do moderno em face do eterno revela a função pedagógica da tradição."
>
> Otto Maria Carpeaux, "Tradição e tradicionalismo". In: Carvalho
> (org.), *Otto Maria Carpeaux: Ensaios Reunidos*, p.204

Constatada a capacidade explicativa apenas parcial – e, por isso, insatisfatória – das hipóteses tradicionais a respeito da pouca abertura da política externa brasileira aos estímulos da sociedade,[1] admite-se encaminhar a seguinte questão: não seria a retórica[2] de democratização da PEB incompatível com o histórico conservador, tradicionalista (com notável peso do passado sobre o presente) e pretensamente virtuoso da diplomacia brasileira?[3]

---

1 Em artigo recentemente publicado, tentei sumariar as hipóteses mais recorrentes da literatura para explicar a histórica baixa democraticidade da política externa brasileira. Cf. "A plausibilidade de uma gestão democrática da política externa: algumas hipóteses (insatisfatórias) sobre o caso brasileiro", *Cena Internacional*, 2008, v.10, p.98-118.

2 Presente nos discursos manifestos dos últimos ministros das Relações Exteriores do Brasil após 1984, conforme demonstrado no primeiro capítulo desta tese.

3 Sobre o histórico de conservadorismo, tradicionalismo e alegado virtuosismo da diplomacia brasileira, ver Cervo e Bueno (2002), Cervo (2005) e Moura (2000 e 2007).

Política externa e democracia no Brasil

Tomar por hipótese o Itamaraty[4] como uma entidade cuja autoimagem se associa à de intérprete e guardião do interesse nacional[5] pode nos aproximar da compreensão do descompasso existente entre os esforços alegadamente democratizantes do Ministério das Relações Exteriores no curso das duas últimas

---

4 Burocracia profissional responsável pela condução da política exterior do Brasil. Para apanhado sobre a evolução institucional da organização, ver Cheibub, 1985.

5 A fala de Celso Amorim, de abril de 2007, serve certamente de ilustração para o argumento aqui introduzido: "A política externa é tradicionalmente vista como a defesa do interesse nacional. E qualquer coisa que não seja vista como a defesa do interesse nacional, será tida como mentira ou como ingenuidade. Todos nos lembramos da frase de [Theodore] Roosevelt: 'os EUA não têm amigos, têm interesses'. E isso é citado como defesa do interesse nacional. [...] Mas há algo que merece reflexão: eu acho que pode haver uma dialética entre o interesse nacional e a solidariedade. Nenhum país, nenhum presidente, nenhum ministro das relações exteriores pode deixar de defender o interesse nacional. Essa é a missão fundamental. Mas há necessariamente uma contradição entre o interesse nacional e uma busca da solidariedade? Eu acho que não. [...] A solidariedade corresponde ao nosso interesse nacional de longo prazo. Ela pode não corresponder ao interesse de curto prazo. Ela pode não corresponder ao interesse setorial de determinada parte da indústria ou da agricultura, ou de uma empresa brasileira. Mas ela corresponde ao interesse de longo prazo. [...] É claro que todos nós vivemos em um ambiente político, e temos de responder aos grupos de interesse que existem no Brasil e em qualquer outro lugar. Isso quer dizer que nem sempre poderemos fazer tudo aquilo que consideramos justo. A gente faz – dentro daquilo que acha que é justo – aquilo que a gente pode. Há uma frase de [Blaise] Pascal muito interessante: 'não se podendo fazer que o que é justo fosse forte, fez que o que é forte fosse justo'. Adaptando um pouquinho: nós procuramos fazer a justiça dentro daquilo que é possível. Eu posso, em teoria, achar que deveria fazer mais. Mas também tenho os meus limites, ditados, evidentemente, por interesses que existem por aí. Isso não deve me levar para o campo oposto, e só olhar o interesse nacional brasileiro como interesse de curto prazo de uma empresa, de um setor industrial, de um setor econômico etc. [...]. A combinação não é simples, não é óbvia, pode gerar críticas de um lado ou de outro, mas é verdadeira" (Amorim, 2007).

décadas,[6] por um lado, e de uma "resistência empírica", não apenas de diplomatas, mas da própria população brasileira, no tocante à popularização da PEB, por outro. Em chave teórica, tratar-se-ia da tensão entre os ideais democrático e republicano a manifestar-se no seio do aparelho de Estado brasileiro. A respeito dessa tensão, Renato Janine Ribeiro concedeu que:

> poderíamos dizer que enquanto a democracia tem no seu cerne o anseio da massa por ter mais, o seu desejo de igualar-se aos que possuem mais bens do que ela, e, portanto, é um regime do desejo, a república tem no seu âmago uma disposição ao sacrifício, proclamando a supremacia do bem comum sobre qualquer desejo particular. [...] Para dizê-lo numa só palavra, o problema da democracia, quando ela se efetiva – e ela só se pode efetivar sendo republicana –, é que, ao mesmo tempo que ela nasce de um desejo que clama por realizar-se, ela também só pode conservar-se e expandir-se contendo e educando os desejos. Eis a contradição terrível da democracia. (2002, p.18, 22-3)

Como é sabido, convém ao bom cidadão republicano estar em posição de guarda diante de seus pares (membros da sociedade política circunscrita em um dado regime), em estado de alerta permanente. Numa república, ele converte-se, automaticamente, em zelador da "fundação política" da cidade, de modo que ninguém, movido tão somente pela insaciabilidade dos desejos, pela ganância desenfreada por bens materiais ou por interesses espúrios de cunho pessoal, poderá atentar contra o aparato legal ou as instituições que formatam a estrutura de seu Estado. Nesse sentido em especial, beneficiou-se Nicolau Maquiavel (2007) para formular sua "teoria dos dois humores", da inteligência prática de Rômulo – mitologicamente descrito

---

6 Refiro-me, sobretudo, a aspectos institucionais. Ver nota de rodapé n.6 deste trabalho.

Política externa e democracia no Brasil

como o fundador de Roma. O autor florentino observou que havia na antiga Roma uma situação propícia para o desenvolvimento da liberdade, qual seja, o conflito entre os *grandi* e o *populo*, o Senado e a plebe – os dois humores.[7]

Poderíamos estar vivenciando agora uma situação análoga, no que diz respeito ao conflito entre os "dois humores", no seio da política externa brasileira? Ora: o que suponho estar em jogo, nas primeiras décadas do século XXI, em face do avanço da democracia como princípio organizador e ideia-força da política contemporânea,[8] não é exatamente a marcha rumo à ampla democratização da PEB, mas uma relutante abertura da agenda internacional do Estado brasileiro à participação de determinados setores do corpo político – escamoteando-se, sob o manto discursivo da democracia e um arranjo institucional moderadamente poliárquico, a permanência (ainda que mitigada, porque estruturalmente constrangida) de um republicanismo de corte aristocrático[9] como norte da política externa brasileira.

---

7 Para o bem geral, seria imprescindível que se criasse a via legal para que as divergências normativas entre as partes pudessem acontecer sem obstáculos, através de uma modulação institucional pacificadora (*mezzi*), capaz de defender os pobres da insolência dos nobres. Com tal finalidade se estabeleceu a instituição dos tribunos da plebe (*tribuni della plebe*), com o que plebeus passaram a expressar, muito mais livremente, seus desejos e ambições. Seus apetites foram canalizados para dentro do aparato do Estado, que é, por suposto, o espaço pertinente para abrigar o clamor popular. Esse ordenamento possui o mérito adicional de conter os desejos desenfreados dos indivíduos, gerando a necessária harmonização política entre os princípios da democracia e da república (Maquiavel, 2007).

8 Bastando notar, como suporte à afirmação, a rápida progressão do número de regimes políticos tidos como democráticos: em 1900, contavam-se seis democracias no mundo; em 1930, eram 21; em 2000, havia mais de setenta (o que corresponde a mais da metade da população mundial) – conforme levantamento feito por Larry Diamond (apud Dahl, 2008).

9 É importante notar que, historicamente, o elemento de aristocratismo na condução da política externa do Estado não é, exatamente, uma excepcionalidade brasileira. Como afirmou Paulo de Góes Filho, "a chamada 'diplomacia

A hipótese apresenta um apelo contraintuitivo, uma vez que, como sugerido por Heloisa Starling, "as condições de estrito pragmatismo, a ausência de um projeto de vida pública consistente [e] a falta de convicção republicana, nos cem anos seguintes [a 1889], irão caracterizar a história política da República no Brasil" (2004, p.170). Ou ainda, na apreciação contundente de José Murilo de Carvalho,

> Em vez da agitação do Terceiro Estado, a República brasileira nasceu no meio da agitação dos especuladores, agitação que ela só fez aumentar pela continuação da política emissionista. O espírito de especulação, de enriquecimento pessoal a todo custo, denunciado amplamente na imprensa, na tribuna, nos romances, dava ao novo regime *uma marca incompatível com a virtude republicana*. Em tais circunstâncias, não se podia nem mesmo falar na definição utilitarista do interesse público como a soma dos interesses individuais. Simplesmente não havia preocupação com o público. Predominava a mentalidade predatória, o espírito do capitalismo sem a ética protestante. (J. M. Carvalho, 2005c, p.30; grifo meu)

Seguem a mesma linha argumentativa os trabalhos de Bignotto (2002), Lessa (1999) e Rezende de Carvalho (2002b). Não obstante, em nenhum deles se lida especificamente com o domínio temático da política externa brasileira. Permita-se, pois, a enunciação de minha proposta para contribuir residualmente com o debate em tela: neste quinto capítulo, quero demonstrar como é possível articular novas conexões entre os *elementos factuais* da história da política externa brasileira e algumas das *tradicionais versões interpretativas* desse histórico, anteriormente resgatadas e analisadas.

---

clássica' constituiu-se como uma atividade aristocrática, já que o soberano escolhia um de seus cortesãos para representá-lo junto a outro monarca" (2003, p.77).

Argumentarei, a partir de uma apropriação peculiar do conceito de "republicanismo aristocrático" (baseado na experiência política das repúblicas renascentistas da Península Itálica), que o debate e a decisão sobre as questões internacionais do Brasil couberam, desde a independência política de 1822, a um grupo restrito de "virtuosos" da nação. É como se os membros da elite *bien pensant* brasileira do século XIX tivessem sido autorizados (ou se sentissem credenciados) a interpretar o interesse nacional – isto é, o que se entendia por "bem comum" – em nome da coletividade pátria, tendo por parâmetros os próprios padrões intelectuais e morais, individuais e coletivos. Com o passar do tempo, foi-se sedimentando, durante a etapa embrionária do atualmente complexo e sofisticado sistema de política exterior do Brasil,[10] um grupo de *connaisseurs* das relações internacionais brasileiras capaz de cultivar tradições e mobilizar-se estrategicamente.

O suposto virtuosismo desses tomadores de decisão da PEB media-se segundo critérios aristocráticos pré-modernos – tais como a origem familiar, o círculo de convivas, as viagens acumuladas aos países do "velho continente" ou, mais importante, o acesso a determinadas fontes de conhecimento (as universidades na Europa, os cursos jurídicos, as publicações literárias influentes no hemisfério Norte) e o domínio de técnicas diplomáticas específicas (a competência em idiomas estrangeiros, a capacidade de emular a etiqueta europeia etc.). Dificilmente, tais critérios arregimentadores da elite decisória da PEB seriam aferidos de um modo objetivo ou impessoal. Assim, a situação permaneceria por muitos e muitos anos.

Trata-se, portanto, de pensar a concepção da política externa brasileira, ao longo da sua história, como resultante de um processo que se passava (e que ainda se passa, malgrado, hoje, de

---

10 Para uma exposição compreensiva sobre o sistema de política exterior do Brasil na contemporaneidade, a referência a consultar é Souza (2009).

forma menos convicta e hermética) *no interior de uma diminuta fração do Estado e da sociedade brasileiros,* numa espécie de "estamento da PEB", ainda mais resistente e resiliente que o estamento burocrático originalmente imaginado por Raymundo Faoro, em *Os donos do poder* (1958). A isso que conjeturo nas últimas linhas se liga, por exemplo, a crença generalizada de que o Ministério das Relações Exteriores – o principal *locus* institucional contemporâneo de formulação sobre assuntos internacionais brasileiros, embora não seja o único – se teria constituído em "refúgio da nobreza [imperial]" na contemporaneidade.[11]

A última demão que acrescento ao argumento consiste em reconhecer que o "estamento da PEB" encontra-se hoje fortemente pressionado, tanto por forças democratizantes quanto pela complexificação das relações internacionais modernas, o que pode erodir, por dentro e por fora, a antes indisputada primazia da elite aristocrática na definição do que seja a nossa proverbial razão de Estado. A gestão dos assuntos internacionais do Estado brasileiro passou a ser compartilhada com outros e diferentes atores, deixando-se entrever aí como as dinâmicas da atualidade geram subprodutos (em termos de política e de *policies*) na orientação da PEB.

Conclui-se, desta maneira, o nosso périplo – da razão de Estado ao republicanismo (aristocrático) que se tornou mitigado. Compete, doravante, tentar convencer o leitor das razões que me moveram a propor esta nova narrativa sobre a história da PEB, com realce nos motivos de sua baixa democraticidade.

---

11 Para uma abordagem alternativa e concorrente a esta, que tenta apontar a contínua e crescente modernização institucional – em termos racionais-legais weberianos – do Itamaraty ao longo de sua história, ver Cheibub (1985). Para outra, de natureza mais teleológica, que atribui à chancelaria brasileira a condição de construtora perene da nacionalidade brasileira, ver Danese (1999b). Confrontarei essas duas versões narrativas na Conclusão.

Vestígios de republicanismo aristocrático

O republicanismo dos modernos tem em Nicolau Maquiavel, Francesco Guicciardini e Leonardo Bruni alguns de seus principais formuladores. Eles conformam a tradição de pensamento republicano renascentista, que ditará, em uma determinada direção, os fundamentos da teoria política moderna (Pocock, 1975; Skinner, 2006; Bignotto, 2006). À guisa de organização de ideias, antes de seguirmos adiante com a investigação do caso brasileiro, faremos breve digressão teórica para tentar apreender os pontos mais importantes do republicanismo. Isso viabilizará a construção do argumento em que temos investido esforços.

Republicanismo aristocrático na Renascença

O republicanismo maquiaveliano é guiado pela noção de *verità effetuale*.[12] Trata-se de uma aproximação realista dos processos sociais e políticos, radicalmente refratária à idealização do ser humano, para a qual a sabedoria consiste em agir segundo a *necessità* do tempo vivido, combinando virtudes clássicas com outros modos de ação que melhor se conformarem às contingências particulares do presente.[13] Assim, para Nicolau Maquiavel, o que dá unidade de propósito à sociedade política é o temor, cujas bases propulsoras são o conjunto das leis e o emprego da força (legalmente amparado e devidamente racionalizado), em consonância e proporção com o que se mostrar estritamente necessário à manutenção da cidade (Wolin, 1960). Sob a ótica republicana, o governante atuará na defesa interna e na conquista

---

12 Verdade efetiva ou factual.

13 Em *O príncipe*, Maquiavel afirma textualmente: "o homem que quiser fazer profissão de bondade é natural que se arruíne entre tantos que são maus" (1987, p.63). Portanto, o bom cidadão é aquele que sabe variar o seu modo de agir para adequar-se à necessidade dos fatos, desde que ele observe, em sua maneira de atuar politicamente, o bem público.

externa, o que lhe conferirá poder imperial por meio da expansão territorial e fazendária. Frequentemente, a busca do bem comum e da grandeza da pátria leva à subversão de todos os predicados morais – ou seja, expedientes de força, astúcia, fraude, tumulto e denúncia passam a ser utilizados em prol do *vivere libero*.[14] Afinal, como ensina o pensador florentino, não se deve manter a fé ou a palavra, como fazem os homens considerados bons, porque o governante, para manter o governo, poderá ser levado a agir contra a caridade, a humanidade e a religião (Maquiavel, 1987). Como grande exemplo autorizador do conselho maquiaveliano, resgata-se a Roma republicana, onde impetuosos comandantes militares venceram as intempéries do tempo, agindo com rigor e severidade, bem como os cidadãos comuns, que denunciaram e tumultuaram – e ainda pegaram em armas – em prol da defesa da liberdade e do bem comum, exatamente como se lhes demandava.

Ao produzir sua teoria dos regimes políticos, Aristóteles (2001) previra seis possibilidades – três retas e três degeneradas – de governo dos homens pelos homens. Entre as formas íntegras, o pensador antigo listou a monarquia, a aristocracia e a democracia. Na monarquia, quem governa é um único homem, que põe sua gestão para o benefício dos súditos (cidadãos passivos),[15] garantindo-lhes segurança pública e proteção

---

14 Para Wantuil Barcelos, Maquiavel "dilata este conceito ao postular que uma república deve ser fundada para conquistar outras nações que foram orientadas para se manterem em seus limites territoriais. Nós identificamos esta liberdade com potência. Porém, como conquistar é um desejo natural e ordinário dos homens, nós então concluímos que esta liberdade, como potência, é procedente da natureza humana" (2005, p.135).

15 Para entender as privações da noção de súdito, convém regressar à Idade Média. Naquele período histórico, os súditos detinham um estatuto severamente reduzido diante do poder temporal, podendo expressar seus desejos, mas não exigir o direito a certas ações, leis ou decisões, porque, segundo se argumentava, eles só possuíam um conhecimento limitado do universo, e não o total, o qual competia tão somente ao *speculator omnium*. Esse

Política externa e democracia no Brasil

da vida; sob a aristocracia, os cidadãos plenos são os homens honrados (os ricos ou, no registro do Renascimento italiano, os *ottimati*), incumbidos, porquanto notados como virtuosos, de gerir os negócios públicos para o bem da maioria; em um regime de cunho popular, os homens – em sua maioria, desprovidos de posses – de tudo farão para assegurar a liberdade, governando, quase sempre, contra os desmandos de uns poucos concentradores da riqueza material da cidade (chamados de *gentiluomini* por Maquiavel). Como também se deve recordar, Aristóteles excluía da participação nos negócios públicos, isto é, do exercício da cidadania, as crianças, os idosos, os escravos e os estrangeiros.[16]

Maquiavel, por sua vez, se apropriará de forma heterodoxa da clássica teoria aristotélica dos regimes políticos para produzir seu receituário para a vida pública moderna. Notará, primeiramente, que em um regime republicano eminentemente popular (reconhecidamente, sua forma predileta de organização da cidade),[17] a sociedade está centrada no Estado. Em decorrência, o conflito e o apetite por conquistas serão tornados fundamentos das estruturas administrativas do Estado, e, num caminho de mão dupla, o Estado assumirá a função de "formatar" os homens, os quais, por sua vez, terão a sua natureza plenamente justificada no interior das organizações estatais, por intermédio da participação nos negócios públicos. Nos governos que estão sustentados nos ombros de um ou de poucos homens – ou, para usar terminologia de Maquiavel, em um *governo stretto* –, o corpo social está

---

conhecimento da totalidade e também a faculdade de legislar e de interpretar as sagradas escrituras eram uma prerrogativa confiada exclusivamente ao papa. O poder papal lhe fora transmitido por Pedro para que ele pudesse governar a comunidade jurídica dos católicos, no cumprimento das leis reveladas por Deus (cf. Ullmann, 1972).

16 Cf. Aristóteles, *Política*, livro III.

17 O que se torna explícito nos *Discursos sobre a primeira década de Tito Lívio*, livro III.

numa condição de passividade, merecendo antes o epíteto de súditos do que de cidadãos (Barcelos, 2005).

Francesco Guicciardini, conterrâneo de Maquiavel e também um defensor da república, apoia-se firmemente na matriz teórica aristotélica, segundo a qual o poder ficará concentrado, preferivelmente, nas mãos das elites aristocráticas, os *ottimati*. A engenharia política guicciardiana é hierarquizada de tal forma que o povo, por meio de uma assembleia, tem o poder de legislar, ao passo que o Conselho Grande, formado pelos *ottimati*, tem a capacidade de sancionar ou vetar a proposta popular. A proposta teórica de Guicciardini é semelhante ao regime misto adotado em Veneza, o qual fora paradigma de regime político para muitos intelectuais do *quattrocento* e do *cinquecento* e que era um amálgama dos três regimes retos, assim constituído: o Doge representava o poder monárquico; o Senado era o elemento institucional aristocrático e o Conselho Grande, o democrático. Como o poder de decisão se encontrava, efetivamente, com os *ottimati*, pode-se concluir, sem embargo, que esta teoria era uma apologia de um *governo stretto* que restringisse, tanto quanto possível, o poder deliberativo das massas populares expresso nas assembleias (Bignotto, 2006).

Maquiavel adotou a célebre metáfora da "roda da fortuna" para significar que, por mais virtuoso que pudesse mostrar-se um governante, ele sempre estaria sujeito aos caprichos da sorte. Dessa maneira, para conter fluxos contingenciais indesejáveis, sua teoria republicana admitia a figura institucional do *ditador*. Quando instituído, este ganharia plenos poderes para combater, por tempo limitado e sempre com um mandato predeterminado, os eventos extraordinários. Uma vez conferidos poderes ao ditador – sempre específicos para uma dada circunstância –, ele não precisaria se reportar a qualquer outro órgão do Estado, fazendo-se as suas decisões inapeláveis. Ao defender a criação do referido instituto, Maquiavel assim o justificou:

Política externa e democracia no Brasil

E vê-se que o ditador, enquanto foi designado segundo as ordenações públicas, e não por autoridade própria, sempre fez bem à cidade. Pois o que prejudica as repúblicas é fazer magistrados e dar autoridade por vias extraordinárias, e não a autoridade que se dá pelas vias ordinárias: e vê-se que em Roma, durante tanto tempo, nunca ditador algum fez nada que não fosse o bem da república. [...] Por isso, para concluir, digo que as repúblicas que, nos perigos urgentes, não encontram refúgio num ditador ou em autoridade semelhante, sempre se arruinarão nos graves acontecimentos. (Maquiavel, 2007, p.106 e 108)

Por fim, outra importante instituição republicana, sobretudo no contexto da antiga Roma, foi a *milícia cidadã*. Leonardo Bruni (1996) postulava que, para que a cidade conseguisse realizar a sua natureza, era preciso que ela tivesse três classes de homens: os camponeses, os artesãos e os defensores em guerra. Os camponeses fornecendo os grãos; os artesãos produzindo as casas, vestes e outros gêneros necessários à vida; e os defensores em guerra, depois nomeados soldados, salvaguardando todos os homens e suas obras. Em sua proposta, a cidade que possui as três classes sociais é perfeita. Por isso, a milícia, em Bruni, tem uma origem natural. Ao fazer seu aberto elogio do ordenamento da milícia romana, o que está subjacente à teoria de Bruni é o favorecimento das elites,[18] que faz par com a noção de regime

---

18 Traço importante da formação da milícia romana e que Leonardo Bruni trata de sublinhar é a disposição das classes sociais nas tropas, que eram, ao tempo de Rômulo, subdivididas em duas categorias: a infantaria, formada pela baixa plebe, e a cavalaria, ocupada integralmente pelos nobres ou pelos homens mais honrados da república. Bruni postula que, ao se criar uma milícia, a cavalaria tem de estar no topo da hierarquia social – portanto, no controle supremo das atividades militares. Tal expediente dava face às honras que o cavaleiro já gozava enquanto cidadão, em sua singularidade humana: "E tal honra um cavaleiro não tinha somente quando estava no Exército e na guerra, mas a portava também na pátria e em tempos de paz, não porque agora era soldado, mas porque tinha uma dignidade pela qual, quando tivesse

misto, celebrado pelo autor como o melhor sistema de governo republicano, na medida em que o poder decisório repousa nas mãos de aristocratas.

Maquiavel não faz uma investigação histórica na busca pela gênese do surgimento do soldado, nem mesmo recorre à filologia para desenvolver uma teoria sobre a importância da milícia para a conservação de um regime, seja qual for a sua orientação para a ocupação do poder, quer seja nas mãos de um, de poucos ou de muitos. Ele limita-se a dizer que as forças com que um príncipe mantém o seu Estado são próprias ou mercenárias, auxiliares ou mistas. Em seguida, faz uma crítica algo lacônica e indeterminada: "as mercenárias e auxiliares são inúteis e perigosas. Se alguém tiver seu Estado apoiado em tal classe de forças, não estará nunca seguro" (1987, p.49). Para justificar a conclusão, Maquiavel remarca que essas tropas são "ambiciosas, indisciplinadas, insolentes para com os amigos, mas covardes perante os inimigos, não temem a Deus, nem dão fé aos homens" (ibid.). Daí o preceito de que os príncipes prudentes devem repelir tais forças para se valerem de suas próprias, compostas por plebeus, preferindo antes perder com estas a vencer com o auxílio das outras. Nicolau Maquiavel, assim como Leonardo Bruni, entendia que, para ingressar no exército, o aspirante deveria fazê-lo mediante juramento – que, a rigor, é uma prática consagrada pelo povo romano. Quem não jura, não deve ser enviado aos campos de batalha. O soldado virtuoso, quando vai para guerra, compromete-se a remeter todo o patrimônio amealhado no exercício de sua função para o erário público. Essa é a prática definida por lei e, alegadamente, a mais condizente com o espírito republicano.[19]

---

que prestar serviço militar, o prestava, não na infantaria, como a plebe mais baixa, mas num tipo mais elevado de milícia, a cavalaria" (Bruni, 1996, p.671).

19 O tema da corrupção (*corruzione*) merece especial atenção por parte dos estudiosos de Maquiavel. Trata-se, em outras palavras, da degração dos costumes e do desrespeito às leis que regem a cidade. A corrupção está relacionada com

Guicciardini era também bastante claro no entendimento realista de que o emprego da força constituía um aspecto central nas relações entre os Estados e dentro deles. Pensar a guerra era tão importante quanto pensar a ordenação institucional das cidades. A existência de um exército que pudesse reduzir a vulnerabilidade de Florença tornara-se importante à época, porque aquela cidade havia perdido a capacidade de produzir riqueza e a Itália encontrava-se assediada por potências estrangeiras. Ao redigir um perfil de Francesco Guicciardini, Newton Bignotto esclareceu que o Estado, na concepção daquele autor, "não é outra coisa [...] [senão] uma violência sobre os súditos mascarada por algum título de honestidade. Querer conservá-lo sem armas e sem forças próprias é o mesmo que querer exercer uma profissão sem os instrumentos necessários" (2006, p.94).

Em resumo, o republicanismo é aqui concebido, em linhas gerais, como a tradição política centrada nas ideias de constitucionalismo (ou "fundação política" ou "constituição"), império da lei (ou "justiça") e empenho para a promoção do bem público (ou "grandeza da pátria" ou "virtude cívica"). Será de uma vertente popular, se previr participação de todo o povo (ainda que sob a mediação de instituições, onde se admitir a representação) na condução da política; ou aristocrática, se embutir como pressuposto o desejo de que os rumos da política sejam definidos apenas pelos mais aptos ao exercício (os *ottimati*). Além disso, nas versões "romanas" ou "neorromanas" do republicanismo, o elemento militar é considerado e problematizado, assumindo relevância no esquema explicativo da vida dentro da sociedade política (cf. Cardoso, 2004; Bignotto, 2002; Silva, 2008; Nelson, 2008).

Pensemos agora, à luz do exposto, o caso brasileiro.

---

o afastamento da *virtù* cívica e do *vivere libero*; e com a indesejável dissociação entre o cidadão e o soldado, a vida civil e a vida militar, levando ao enfraquecimento da república. Cf. Maquiavel, 2007, p.459-60.

Republicanismo aristocrático no Brasil do Oitocentos

No princípio, integrar era o verbo. A questão da integração nacional parece ter colonizado o ideário dos homens responsáveis pela política ao tempo da independência brasileira. Como é sabido, o clima era de tensões, turbulências, levantes, inquietações. Na expressão de Fábio Wanderley Reis (2000), vivíamos a "era pré-ideológica" brasileira, anterior ao soerguimento do Estado (*state-building*). Os núcleos de solidariedade territorial eram limitados e escassos, sobretudo em face da constelação de atores que acabavam excluídos do processo político.

O problema da integração, típico das sociedades políticas tradicionais ou pré-ideológicas,[20] está intimamente relacionado com o processo da institucionalização do poder. Institucionalização de poder nos termos weberianos, com a concessão, ao Estado, do monopólio do recurso legítimo à força. A institucionalização do poder no Brasil ocorre, em um primeiro momento, à revelia das variáveis sociais. Os nossos vínculos estreitos de solidariedade territorial acarretavam relações de tipo clientelístico, persona-

---

20 Fábio Wanderley Reis (2000) procura estabelecer uma taxonomia das sociedades políticas na modernidade, com base nos critérios de desenvolvimento político. Para o professor, as sociedades políticas dividem-se em três grupos: pré-ideológicas, ideológicas e pós-ideológicas. Com a política (i) pré-ideológica, o problema da integração territorial assume especial relevância. Os núcleos de solidariedade existentes são fracos ou limitados, e o particularismo aflora. Na política (ii) ideológica, preservam-se marcadas desigualdades estruturais, embora avancem os processos de mobilização social e integração territorial. Neste novo estágio, como afirma Reis, o problema mais preocupante deixa de ser o da integração política, e passa a ser o da igualdade política. Por fim, na política (iii) pós-ideológica, vige a chamada "solidariedade territorial ampla". A mobilização social e a solidariedade territorial já atingiram níveis tais que anulam o alastramento de eventuais focos internos de não solidariedade. Sociedades políticas desenvolvidas são aquelas em que se faz possível o "mercado político" em sua plenitude. O desenvolvimento político mais elevado é atingido, portanto, nas sociedades políticas ditas pós-ideológicas, em que os problemas da integração e da igualdade já se encontram devidamente equacionados.

lista, dignas de um "mercado político" atrofiado. A instauração de um Estado centralizador, demiúrgico até, seria a forma encontrada de se garantir a unidade nacional e, a um só tempo, buscar superar as clivagens e disputas políticas que existiam no interior desse Estado. O processamento dialético das questões de *state-building* e *nation-building* conduziria, por assim dizer, à própria construção da sociedade brasileira (*society-building*) (Reis, 2000).

Nas primeiras décadas do século XIX, o desígnio integrador do emergente Estado brasileiro, em face da efetiva ameaça de desintegração política como consequência da desmontagem do aparato colonial português, reforçou-se. Assim, boa parte dos historiadores tendeu a concordar com a tese que ressalta a importância da continuidade, representada pela concentração do poder nas mãos de um membro da dinastia portuguesa, Pedro de Alcântara. Medidas administrativas e políticas foram adotadas com o fito de equipar devidamente o poder centralizado para a construção da ordem. Tudo e todos, doravante, subordinavam-se à autoridade (ou, melhor dizendo, ao poder institucionalizado) do Imperador. Dom Pedro I investiu-se do "poder moderador", que lhe concedia liberdades para intervir, igualmente, no nível nacional, nos ramos executivo, legislativo e judiciário. Tratava-se de um instituto despótico, na acepção helênica do termo (idem).

Entretanto, na interpretação de Renato Janine Ribeiro (2009), malgrado toda a centralização do poder que de fato houve no Brasil Império, talvez tenhamos sido, àquela época, mais republicanos do que somos hoje – em diversos aspectos da vida política –, especialmente se se tem em conta o período do Segundo Reinado, sob D. Pedro II. Poder-se-ia afirmar convictamente que a *res publica* foi mais respeitada pelo Imperador do que pelas oligarquias que comandaram os partidos políticos da República Velha.[21] Para o professor,

---

21 Terence Ball explica que os antigos não tinham sequer conceito correspondente ao que hoje entendemos como partido político. Uma facção – conectada

[É] fato que o imperador respeitou mais a liberdade de expressão do que os presidentes da República Velha, e que no Parlamento do Império – em que pese suas eleições serem manipuladas – não se chegou ao nível de fraude que envergonha as primeiras décadas republicanas. Se coroada imperatriz, d. Isabel I certamente teria mantido a tradição que seu pai iniciara, de afastar-se dos partidos. Seria plausível abolir o poder moderador, tornar eleito o Senado, em síntese, ampliar de dentro as liberdades políticas. Uma evolução à inglesa seria possível – porque em 1889 fazia apenas meio século que a rainha Vitória subira ao trono e transformara a desmoralizada e agonizante monarquia britânica numa instituição respeitada, exemplar, e ela o conseguira justamente ao se afastar das disputas políticas, que ficaram com os eleitos do povo. (Janine Ribeiro, 2009)

A provocativa asserção de Janine Ribeiro encontra respaldo factual em pelo menos duas outras grandes "questões" da política oitocentista nacional. A primeira, talvez a maior de todas as querelas do Brasil imperial, envolveu o modo escravocrata de produção e o tema da razão de Estado. Para José Murilo de Carvalho (2005a), a escravidão contrapunha duas razões: uma eminentemente cristã e outra colonial/nacional. Nos Estados Unidos e na Inglaterra, teria prevalecido, sobretudo a partir da

---

etimologicamente ao verbo latino *facere*, fazer ou agir – almeja o seu próprio bem, em detrimento do todo. Por contraste, partido – derivação de *partire* – só pode existir como uma das partes do todo (1999, p.155-9). Maquiavel (2007) advertia para o potencial autodestrutivo do facciosismo. E essa advertência é demonstrável, com riqueza de indícios, no Brasil da República Velha. A autonomia política e financeira dos governadores colocava nas mãos dos estados federados o controle amplo da vida política nacional. Os mecanismos empregados eram diversos: o empreguismo, o nepotismo, a corrupção eleitoral, a violência. Conformava-se a "política oligárquica como estrutura" (Soares, 2001). Esse quadro se notabilizava por alguns aspectos mais ou menos recorrentes na história de nosso sistema político, dentre os quais se destacavam: (a) a dominação política da maior parte dos estados por uma oligarquia; (b) a realização periódica de eleições, quase todas fraudulentas; e (c) a existência de constituições estaduais.

segunda metade do século XVIII, a orientação teológico-filosófica, conformada tanto pela ideia de escravidão como pecado[22] (preconizada pelos *quakers* desde o século XVII) quanto pela força do abolicionismo entre os adeptos do pensamento liberal iluminista (porquanto a instituição da escravidão atentava contra o direito natural à liberdade, além de ser antieconômica).[23] Aqui no Brasil, porém, os movimentos abolicionistas foram bastante menos expressivos. Apenas nos últimos anos do império houve algumas manifestações de maior relevo e, ainda assim, restritas aos religiosos e ao mundo oficial da política. Elas nunca chegaram a ganhar verdadeiro apelo social.

Carvalho destaca ainda as doutrinas de dois vultosos abolicionistas da política imperial – José Bonifácio de Andrada e Silva e Joaquim Nabuco – para demonstrar como o modo escravocrata de produção foi percebido antes pelas lentes da razão de Estado do que pelo ângulo humanitário. Tanto um quanto o outro apontavam a abolição da escravatura como condição necessária para a construção da nacionalidade brasileira. Conforme essa linha de raciocínio, uma nação que tem esculpido em sua Constituição o princípio da liberdade não poderia sobreviver com aquela multidão de escravos em seu território. Acrescente-se que a escravidão era contraditória com o governo liberal. Além disso, constituía um risco à segurança nacional, tanto interna – por transformar o governo em inimigo comum dos escravos – quanto externamente – por impedir a formação de exército e marinha poderosos, compostos de homens leais ao monarca. De resto, comparando-se o Brasil aos Estados Unidos, notava-se que lá, após a abolição – ocorrida ao fim da Guerra da Secessão, em 1865 –, logrou-se reforçar o sentimento patriótico nas diversas

---

22 O que invertia a lógica católica, segundo a qual a escravidão *decorria* de uma culpa prévia (pecado original).

23 Incidem fortemente as doutrinas liberais de John Locke, do barão de Montesquieu, de Jean-Jacques Rousseau e de Adam Smith.

camadas sociais e regiões geográficas, diferentemente de cá, onde o irmanamento cívico entre os nacionais permaneceu relativamente fraco. Outros questionamentos também vieram à tona: a escravidão seria incompatível com a infante indústria brasileira; seria avessa à riqueza econômica da nação; seria contrária ao direito moderno, civil e internacional; seria violadora da promoção da felicidade coletiva; seria atentatória à marcha da civilização; seria antiecológica e antiprogressista etc.

De um jeito ou de outro, como se pode depreender com muita clareza na leitura do parágrafo anterior, mesmo os argumentos esgrimidos pelos abolicionistas brasileiros confluíam no que tratavam de ressaltar, como regra, o primado da coletividade sobre o indivíduo.[24] A Igreja, sob o manto do absolutismo monárquico, pouco pôde fazer. Quando não se ausentou por completo do debate, tentou aconselhar os senhores a tratar com mais dignidade os escravizados, até para amortecer, de alguma forma, o seu enorme dilema moral. A rigor, foi justamente o Estado, e não a sociedade brasileira, que deu encaminhamento ao problema do modo de produção escravocrata, balizando-se para tal por suas "razões de razão nacional" (ibid.).[25]

---

24 Para Michael Walzer, há duas visões opostas sobre a cidadania: uma, descrevendo a condição cidadã como um ofício, uma responsabilidade, um fardo orgulhosamente assumido; outra, descrevendo a cidadania como um *status*, uma prerrogativa, um conjunto de direitos desfrutado passivamente. Pela primeira visão, mais afeita ao republicanismo, a cidadania é entendida como central à vida; pela segunda, não passa de um espaço extrínseco. A cidadania ativa enseja ao cidadão a possibilidade de ser o ator político principal, de fazer as leis e autogerir os seus negócios políticos; a cidadania passiva permite ao cidadão abdicar da condição pública, centrando-se nos seus negócios privados. A cidadania ativa corresponde, segundo Walzer, ao primado de uma moral coletiva sobre as concepções individuais (Walzer, 1999, p.216).

25 Tratando da cidadania numa chave dos Oitocentos, José Murilo de Carvalho registrou, em seu clássico trabalho *A formação das almas*, a tibieza do estatuto do indivíduo, porquanto, para as correntes liberais "americanistas" e "positivistas" que lideraram o processo de republicanização do Brasil, não interessava promover a ideia de "república popular" e expandir, além de um

A segunda grande questão oitocentista, abordada por Lilia Moritz Schwarcz, diz respeito à maior mobilização militar da história da PEB – a participação brasileira na Guerra do Paraguai – e ao papel então jogado por Dom Pedro II – o "voluntário número um" da pátria. O imperador, segundo a autora, nunca escondeu o que pensava dos componentes de exércitos, "todos uns assassinos legais" (2008, p.299). No entanto, esse mesmo homem, que ficara reconhecido em todo o mundo por seu pendor para as artes e as ciências, e cujo pacifismo motivou mais de um convite de nações desenvolvidas para fazer arbitramento de litígios internacionais, transformara-se, por ocasião do conflito contra o Paraguai, numa espécie de "senhor da guerra", contrariando convicções pessoais e os membros do Gabinete Imperial, a propósito de encarnar a razão de Estado.

Indícios de republicanismo aristocrático[26] no exercício militar oitocentista podem ser percebidos não somente no engajamento pessoal do monarca, mas também no envio de seu genro, o conde d'Eu, para chefiar as tropas do Exército, a despeito das reivindicações de sua filha, a princesa Isabel, que, em carta endereçada ao pai, protestava com veemência: "Que a sua paixão pelos negócios da guerra não o torne cego! Além disso, Papai quer matar o meu Gaston [de Orléans, o conde d'Eu]: Feijó recomendou-lhe muito que não apanhasse sol, nem chuva, nem sereno; e como evitar-lhe isso quando se está na guerra [...]" (Schwarcz, 2008, p.310).

Quanto à política de "voluntariar" a população negra para lutar a guerra, o monarca utilizou como moeda de troca as alforrias, mediante ressarcimento dos senhores de escravos. Nesse sentido – em consonância com o que foi alegado por José Murilo de Carvalho (2005a), poucas linhas atrás –, a escravidão era

---

mínimo necessário, a participação política (2005c, p.12). Fez-se a "transição pelo alto", entre as elites políticas de então, a que o povo assistiu, "bestializado" e inerte, tornando-se evidente a dissociação existente entre sociedade civil e sociedade política (J. M. Carvalho, 2005b; 2005c).

26 De uma vertente romanizada, mais propensa ao militarismo que a ateniense.

mantida, a duras penas, por revestir-se da condição de "negócio de Estado", não obstante os crescentes constrangimentos morais e econômicos que pudesse gerar.[27]

Em suma, é como se, em conformidade com a majestática concepção de Dom Pedro II,[28] naquele momento histórico e diante daquelas configurações materiais, em lugar da preocupação com as demandas imediatas e atomísticas da população, se atribuísse maior importância – quer para o conjunto dos brasileiros, quer para as perspectivas futuras deste Estado nacional – à defesa intransigente da integridade territorial e à garantia da livre navegação nos rios Paraná e Paraguai, bem como a um equacionamento, favorável ao Brasil, da balança de poder regional. Esses seriam, por assim dizer, os insumos da razão nacional que justificariam, ao menos em hipótese, o cálculo da manobra política e, por óbvio, a guerra contra a ditadura de Solano López.

"Os donos do poder": genealogia faoriana para uma política externa estamental

Max Weber (1997) tem sido frequentemente empregado, nas ciências sociais brasileiras, para explicar o atraso social em

---

27 Sumariando essas dificuldades lógicas e constrangimentos morais, afirma Carvalho: "era atroz ironia ter de usar ex-escravos para defender o país. Era insuportável contradição ter de usar ex-escravos numa guerra que se fazia em nome do combate à ditadura e à opressão. Era, enfim, enorme risco ir à guerra no exterior com a retaguarda ameaçada pelo inimigo interno" (J. M. Carvalho, 2005a, p.57).

28 Na carta enviada pelo imperador ao conde d'Eu – em 6 de abril de 1869, em que convocava o genro para o comando do Exército na Guerra do Paraguai – lia-se (em demonstração, ao mesmo tempo, breve e eloquente da centralidade de Pedro II no processo decisório da política imperial, fazendo lembrar o célebre dístico de Luís XIV): "*O governo pensa como eu* [...] é preciso quanto antes livrar o Paraguai da presença de López [...] [o governo] julgou conceder a demissão a[o duque de] Caxias e nomear você" (Schwarcz, 2008, p.310; grifo meu).

função de algum "mal de origem". Alguns dos ensaístas mais ilustres têm seguido essa trilha. Na vertente institucionalista, Raymundo Faoro (1958) procurou entender a especificidade do processo de desenvolvimento brasileiro a partir da herança lusitana – a transmigração da corte portuguesa para o Rio de Janeiro, em 1807-1808, é metáfora para significar o transplante, para o Brasil, de um aparato estatal patrimonialista que operava em Lisboa desde a Idade Média. O Estado, comercial ou territorial, é dirigista e apropriacionista. Repetindo também Weber, Faoro acreditava que a grande distinção entre as colonizações inglesa e portuguesa nas Américas decorria, sobretudo, das instituições que lá e aqui se instalaram.

O autor principia *Os donos do poder* com a contextualização de Portugal medieval/feudal. Sustenta a tese de que os reis portugueses governavam o reino como se fosse a própria casa. O seu poder assentava no assenhoreamento do patrimônio público. Dá-se, então, a fusão entre o patriarcalismo e o patrimonialismo,[29] do que resulta, na palavra de Faoro (em referência explícita a Weber), uma "organização tradicional--estatal-patrimonial" (Faoro, 1958, p.11). Duas teriam sido as etapas para a consolidação do Estado português, conforme ele se estruturou:

(i) A etapa do patriarcalismo anterior ao quadro administrativo, orientado pelas relações da economia natural. Segundo esse modelo, o uso de dinheiro era praticamente nulo, e a ação do mercado, duramente restringida. A economia da nação era tratada como extensão da casa do rei.

(ii) A etapa do patrimonialismo estamental, com quadro administrativo transformado em órgão de domínio. A

---

29 Chama-se de patrimonialismo o fenômeno político consistente na apropriação privada de bens públicos.

partir daí, emerge um capitalismo à sombra da casa real, apêndice do Estado. É o capitalismo político, uma deturpação do sistema econômico que despertava viçoso no norte europeu.[30]

Na sequência, Faoro introduz em sua narrativa a muito instrumental noção weberiana de *estamento*. Distingue-o da casta, pois aquele (ao contrário desta), embora traga consigo um sentido de permanência, não se encontra impermeável à ascensão social. O sistema estamental permite o acesso daqueles que porventura estejam excluídos, desde que absorvam uma determinada visão de mundo, assimilando um conjunto específico de valores. A "situação estamental", de acordo com Weber, caracteriza-se pela pretensão de privilégios positivos ou negativos na consideração ou estimação social. Apoia-se, em regra, no modo de vida, em maneiras formais de educação ou em um prestígio social, tradicional ou adquirido. Enquanto classes sociais nascem vinculadas à economia de mercado, os estamentos buscam "o leito da economia de consumo litúrgico-monopolista, feudal, e, sobretudo, da economia patrimonial" (Faoro, 1958, p.25). Vitorioso o patrimonialismo estamental, ele se burocratiza, de modo a lidar com a complexificação da gestão social. O estamento burocrático, mais bem equipado para processar a racionalização das funções do Estado – a *raison d'état* –, supera o patriarcalismo original. Ou, numa outra chave, a soberania territorial supera a suserania. Como manifestação dessa tendência, despontam a centralização administrativa e a codificação normativa – "os filhos

---

30 Max Weber (ibid.) apontava os seguintes entraves à manifestação do verdadeiro capitalismo moderno: a) o tradicionalismo; b) o patrimonialismo sem quadro administrativo; c) o amplo campo de arbítrio do governante; d) a má qualidade do pessoal administrativo; e e) o patrimonialismo via quadro administrativo. Em alguma medida, todos eles estiveram presentes na construção do Estado português na modernidade.

primogênitos [...] do aperfeiçoamento do conceito de soberania" (Faoro, 1958, p.33).

O processo histórico que culminou com a independência política brasileira, no início do século XIX, passou por etapas constitutivas que são abordadas por Raymundo Faoro. No referente ao período da colonização (desde o início do século XVI) ao estabelecimento do governo-geral (em fins do século XVII), o autor anota ter sido a conquista da terra um empreendimento diretamente comandado pelo rei, sob o manto legitimador do Estado. As colônias de plantação, instituições úteis para a ocupação do território brasileiro, não eram empresas públicas, embora de interesse público, razão pelo que se justificava a vigilância ferrenha a que estavam submetidas. Adiante, passou-se do povoamento à defesa, das sesmarias ao latifúndio e ao capitalismo comercial (encarnados na figura do governador-geral). Apesar da precariedade da organização territorial brasileira, das distâncias entre agentes da Metrópole e das quebras de comunicação, não há que confundir a colonização brasileira com o feudalismo, na medida em que esses engenhos não se desenvolveram por impulso próprio, obedecendo à risca um planejamento da Coroa.

A partir do século XVIII, sobretudo, aumenta a centralização colonial. "Divide-se para governar e para centralizar", indica Faoro. A escolha dos funcionários estatais não atendia a critérios meritocráticos, e sim a caprichos dos governantes. É quando avança a estratégia do fiscalismo na administração pública. O "espírito fiscal" preocupava-se em "haver mais, e sempre mais dízimos, quintos e tributos" (Faoro, 1958, p.95), mantendo-se rigorosamente fiel ao objetivo. Contribuiu também como mecanismo centralizador o advento de um exército permanente. Uma vez dotado o Estado brasileiro de braços armados e de meios de autofinanciamento, este se equipara (ao menos, de uma perspectiva arquitetônica institucional) ao Estado moderno europeu, surgido nos séculos XIV e XV (cf. Tilly, 1996). Unidade de governo confunde-se com unidade nacional; Estado com sociedade. E esse desarranjo é traço que acompanhará o Brasil até a República, sentenciava o autor de *Os donos do poder*.

Funções judiciárias e administrativas não se separavam no Brasil do Setecentos. A patronagem difundia-se e cargos públicos eram distribuídos em paga pelos serviços prestados ao rei. Até a Igreja se imiscuiu no aparelho de administração pública guiado desde Portugal. No bojo do processo de transmigração do estamento burocrático português para o Brasil, não aconteceu a assimilação da então economicamente florescente burguesia urbana; antes, verificou-se uma relação simbiótica, em que aquela provia os recursos materiais para a gestão do Estado, ao passo que o estamento burocrático se encarregava de traficar influência, abrindo portas para a atividade econômica dos comerciantes e profissionais liberais. Ao cabo, Faoro (1958) consegue encontrar um efeito colateral benéfico do fiscalismo: segundo o professor, foi ele o responsável pela estabilização da nossa economia.

Nos primeiros anos após a independência política do Brasil, acontecida em 1822, já se pôde notar diferenciação entre a elite portuguesa e a brasileira. Aquela continuou a fornecer quadros para o estamento burocrático, enquanto esta envolvia a gente rica, embora desprestigiada politicamente. O rústico militarismo dos senhores rurais havia sido domado no curso do século XVIII. O problema fundamental da política brasileira no século XIX não era mais a conciliação do fiscalismo centralizador com a força regionalista, mas a manutenção da unidade política do país, "ameaçada pela anarquia difusa de uma nação sem amadurecimento orgânico" (Faoro, 1958, p.141). Nos momentos de evocação da razão de Estado, ganha particular importância a instituição do poder Moderador.[31] Como ressalvou o autor, "o estamento [...]

---

31 Segundo Faoro, tratava-se do "relicário das tradições monárquicas" (1958, p.146).

aninhava-se no poder Executivo, no Senado vitalício e, principalmente, no poder Moderador" (ibid.) – cujas capacidades potestativas eram insuperáveis.

Numa síntese do Período Regencial, Raymundo Faoro constatou, desde a abdicação de Pedro de Alcântara, em 1831, até o Golpe da Maioridade, em 1840, um eclipse do estamento burocrático. Foi o breve "momento liberal", caracterizado pela ascensão dos senhores territoriais ao poder.[32] Contribuíram para tanto o novo Código do Processo Criminal, de 1832, que descentralizava a autoridade judicial, e o Ato Adicional, de 1834, que transferia poderes para as províncias, enfraquecendo a atuação dos caudilhos. Por via reflexa, contudo, a Regência teve notável papel na formação dos estadistas brasileiros. Ante os temores gerados pela situação de anarquia, instaurada após a saída de cena de D. Pedro I, persuadiram-se os políticos das virtudes do regime monárquico na garantia da unidade nacional. O Senado vitalício e o Conselho de Estado despontaram como esteios morais do estamento burocrático, assim permanecendo por todo o Segundo Reinado. No que concerne ao Legislativo, os anos sob D. Pedro II foram de relativa calmaria, com rodízio dos dois partidos – conservador e liberal – à frente dos gabinetes.

O Segundo Reinado, relata ainda Faoro, foi o "paraíso dos comerciantes". O Estado não restringia a sua atuação econômica às faculdades formais de autorizar e legislar, mas também chamava os empresários, com as concessões e subvenções. Estabeleceu-se, à época, uma aliança espúria entre o estamento burocrático e alguns negociadores – que se nutriam de relações privilegiadas com o Tesouro para extrair grandes lucros. Os maiores êxitos econômicos, segundo o autor, não estavam com

---

32 Apesar do "momento liberal", Faoro reconhece que o povo brasileiro não conheceu a experiência da autodeterminação política, uma vez que "o self-government não estava nos hábitos e nos costumes, mas nas doutrinas e teorias" (ibid., p.193).

os "agricultores laboriosos", e sim com a "vanguarda inquieta dos especuladores". Do ponto de vista da formação intelectual, o professor comenta que ainda está por ser escrito estudo sobre a "paideia" do estamento burocrático brasileiro.[33] Não obstante, alguns poucos traços dessa formação já podiam ser apontados: muitos dos membros do estamento foram recrutados nas escolas dos jesuítas, nas escolas jurídicas ou nas academias militares, tendo ingressado, adiante, na carreira pública. Para tanto, como ironizou Manuel Bonfim, eles não precisavam demonstrar outra virtude além da "firmeza dos colchões" e da "aderência das ventosas". Na palavra de Faoro: "Com a diligência governamental de educar a juventude para o emprego público, e com a tendência de tudo esperar-se do Estado, a empregomania seria a doença geral dos cidadãos" (Faoro, 1958, p.227). O Estado brasileiro caracterizava-se, por um lado, pelo estamento burocrático superpovoado de funcionários e, por outro, pelo comércio alimentado por favores do governo.

No avançado do século XIX, o estamento burocrático repartiu-se. A partir de 1870, juntam-se a liberais e conservadores os republicanos, embaralhando o quadro político. As diferenças entre liberais e republicanos, como se notou, não eram apenas formais ou estéticas, mas doutrinárias. O Partido Republicano, nascido no seio do Clube Radical, postulava a antinomia entre o governo monárquico e a "verdade democrática" – no que se opunha aos liberais. Os conservadores, guardiães do espírito imperial, subsistiam, acomodados no estamento, embora cada vez mais desfalcados de seus quadros, perdidos para os liberais ou os republicanos. A tese mais ambiciosa de Faoro (1958), nesta altura da obra, é de que tanto a abolição da escravatura quanto a proclamação da República são frutos de uma desarticulação dentro do estamento burocrático. No caso específico do advento da

---

33 Faoro escreve o seu ensaio muito antes da publicação de *A construção da ordem: a elite política imperial*, de José Murilo de Carvalho, cujo original é de 1980.

República, afirma-se que o ponto-chave para a compreensão do fenômeno foi o divórcio havido entre o exército e a monarquia, processo iniciado com a Guerra do Paraguai e a polêmica entre o marechal Caxias e o gabinete de Zacarias.

O vitorioso ideal republicano traduzia-se, na visão de Oliveira Vianna, como "a afirmação da integridade pela fragmentação do poder". Ou seja: nos primeiros anos da República, o estamento burocrático continuou incumbido da missão de preservar a unidade nacional, daí retirando parcela de sua legitimidade. Já no século XX, surge um fato novo no arranjo das forças sociais: a "política dos governadores". A contar desse momento, as oligarquias estaduais começam a sobrepujar o estamento, mas não o aniquilam. Tal ascendência provinciana duraria até a revolução de 1930, quando o Estado brasileiro passa por nova centralização administrativa, facilitada pela redução dos obstáculos geográficos, com a construção de estradas. O Estado de Vargas não é indesejável para os empresários, visto que nele se davam emissões de moeda em larguíssima escala, com o fim de alimentar uma industrialização em curso, o que em muito favoreceu a atividade dos especuladores. Constituiu-se ali a chamada "indústria da especulação", que permanece ativa, aparentemente, até os dias correntes (Faoro, 1958).

No ponto de chegada da sua narrativa, o professor põe-se a divagar a respeito de "consequências e esperanças" para o estamento burocrático brasileiro. E é revelador dar-se conta, com o benefício da perspectiva histórica, de que o otimismo que tomava de assalto a população brasileira de então, nos "anos dourados" sob a presidência de Juscelino Kubitschek, não chegou a contaminar Raymundo Faoro. O autor concedia, em suas notas finais, ser o estamento burocrático o fruto da *apropriação aristocrática da soberania popular*. E que o antídoto para essa usurpação residia não em fórmulas institucionais, senão em um tipo de contramovimento social – a ser manifesto por meio da cultura e dos costumes dos cidadãos nacionais. O principal obstáculo para tal reação é que, sob o Estado-providência, a população acostuma-se a ver o tirano como "bom príncipe", que fala direto ao povo, sem intermediários. Acostuma-se, também, a enxergar no Estado o maior e mais altaneiro dos senhores; aquele ao qual servir parece ético e recompensador. Acostuma-se, em outras palavras, à política do estamento burocrático, que, habilmente, legitima o próprio mando (Faoro, 1958).

Para Simon Schwartzman (1988), o conceito weberiano de patrimonialismo não tem sido bem explorado por nossos pensadores. No Brasil, como em toda América Ibérica, não existe – segundo o autor – uma separação precisa entre as esferas econômica e política da sociedade, e a busca do poder político não pode ser interpretada como decorrente de interesses autônomos e articulados. Antes, a busca de poder político obedeceu e obedece à lógica do controle direto de uma fonte substancial de riqueza em si: o próprio aparelho estatal. Schwartzman chega a propor que entre nós, ao contrário do que se teria passado nos Estados Unidos,[34] *a tradição venceu a modernidade.*[35]

A tentativa de resgatar fundamentos faorianos para a discussão em tela evoca os escritos de Cristina Moura (2006; 2007) sobre o Itamaraty como "último refúgio da nobreza brasileira". Moura mostrou, por diversos caminhos, a persistência da imagem estamental entre os estudiosos *outsiders* e também entre os *insiders* já integrantes do corpo diplomático brasileiro. A trajetória de dois personagens da nobreza autóctone – o visconde de Cabo Frio e o barão do Rio Branco – no interior do Ministério das Relações Exteriores do Brasil ajudou, decerto, a corroborar essa impressão.

---

34 Alusão ao resultado da Guerra Civil (1861-1865), na qual os industralistas do Norte confrontaram os escravocratas do Sul e saíram vitoriosos.

35 Referência feita à Revolução da Nova República, em 1930, e à sublevação paulista, em 1932, enfrentamento de forças políticas de que saíram vitoriosas as correntes "tradicionais", que apoiavam a Vargas.

Joaquim Thomaz do Amaral, o visconde de Cabo Frio, ministro no tempo do império em vários postos, foi diretor-geral do Ministério dos Negócios Estrangeiros, de 1865 até ser aposentado, já no tempo da república, pelo barão do Rio Branco. Mesmo com o advento das instituições republicanas, continuou a desempenhar funções de relevo na estrutura diplomática nacional, conforme relata Álvaro Teixeira Soares:

> Transformou-se em senhor inconteste de uma liça, porque possuía admirável sentido de orientação política. Prestou grandes serviços a Deodoro da Fonseca e a Floriano Peixoto, em particular a este último, que lhe concedeu honras de general de brigada do exército nacional. "Sempre o verdadeiro ministro com estes políticos que a república improvisa", conforme assinalou o conde de Paços d'Arcos, ministro de Portugal ao tempo de Floriano em suas memórias. [...] Por conseguinte, um diretor geral como Cabo Frio centralizaria toda a administração da Secretaria de Estado. (Soares, 1984, p.62)

Já José Maria da Silva Paranhos Júnior, o barão do Rio Branco, patrono da diplomacia brasileira, foi quem ocupou, por mais anos consecutivos, a posição de chefe do Itamaraty (de 1902 a 1912). Celebrado por sua argúcia e habilidade negocial, o barão, apesar de ter servido a diversos governos republicanos e ser considerado o arquiteto da aproximação brasileira com os Estados Unidos da América, era um convicto monarquista à moda europeia, alinhando-se às tradições imperiais e às instituições políticas do Brasil do Oitocentos. Em registro de Clodoaldo Bueno,

> Para ele [barão do Rio Branco], o prestígio que o Brasil desfrutara no exterior ao final do Império decorrera da ordem interna e da estabilidade das suas instituições. [...] No entendimento de Rio Branco, a monarquia fizera o Brasil "unido, grande, próspero e livre", invejado pelos "súditos de Gusmões Blancos e Porfírios

Dias". [...] Rio Branco orgulhava-se de ver o Brasil como uma exceção na América do Sul, na qual lhe cumpria, até, desempenhar uma missão histórica. O Império, ao fazer intervenções armadas nos países platinos, atendeu à sua honra e aos seus interesses, mas também desempenhou uma missão civilizadora. (Bueno, 2003, p.128, 130)

O diplomata Luiz Feldman (2009b) também descreveu como, durante boa parte do Segundo Reinado, o Conselho de Estado teria funcionado como estabilizador das posições brasileiras para a política exterior – perceptivelmente, nas negociações do Império com os Estados Unidos, sobre tratados comerciais e a abertura do rio Amazonas à navegação estrangeira (1850-1866), e com a Grã Bretanha, sobre a abolição do tráfico de escravos africanos e os direitos civis e criminais de súditos britânicos no Brasil (1845-1850) –, coadjuvado, nesses papéis, pelas instituições da Câmara dos Deputados, do Senado[36] e do próprio Ministério dos Negócios Estrangeiros (MNE). Como o autor verbalizou:

> Durante o Segundo Reinado, as discussões sobre política externa não se restringiam a uma instituição em particular. O papel do Parlamento, por exemplo, é conhecido. Contudo, a posição do Conselho de Estado se diria singular: contrastava com a diminuta burocracia do MNE e com a incapacidade do Parlamento de controlar efetivamente os compromissos externos firmados pelo governo, sendo favorecido pela propensão do imperador D. Pedro II a convocá-lo e deliberar conforme as suas consultas. Outra vantagem do Conselho estaria em que, por confidenciais, suas discussões seriam mais francas do que as do Senado. (Feldman, 2009b, p.3)

---

36 Para descrição mais pormenorizada do papel do Parlamento na produção da política exterior do Império, pede-se ver Cervo (1981).

Ilmar Mattos cunhou a hipótese de haver um *continuum* político-institucional que interligava a Câmara dos Deputados, o Senado, o Conselho de Estado e o imperador (nesta ordem). Enunciou-se, assim, o curioso contraste: de um lado do contínuo imaginário, "o máximo de política", pensada como "paixão partidária", incontrolável porque ligada a "interesses locais, mesquinhos e imediatistas" e, de outro, "a ausência de política", com o predomínio da razão e dos interesses gerais, que se confundem com "os interesses da Pátria" (2004, p.202). Nesse esquemático modelo de análise, conforme fica subentendido, o polo relativo à busca da razão de Estado e do bem comum (por extensão, à produção da política externa brasileira no século XIX) materializa-se no Conselho de Estado e no imperador; e está *em oposição diametral* com o polo das instituições parlamentares (Câmara e Senado), típicas dos regimes democráticos representativos.

Não surpreende que, na vasta investigação que fez sobre o ideário do corpo diplomático português em fins do século XVIII, Júlio Joaquim da C. R. da Silva tenha atribuído àquela elite de Estado traços como o tradicionalismo e a moderação política. Nas palavras do autor, o "processo de modernização do absolutismo mariano [...] [esteve] muito longe das expectativas do diplomata português, que não exprime nada de equivalente quando aborda as realidades nacionais" (2002, p.23). Assim, descolando-se do jogo mais amplo da política do Estado, ao mostrar-se impassível diante das tendências modernizadoras que se espalhavam e contagiavam os governantes do continente europeu àquela época, a corporação diplomática portuguesa do período mariano (1777-1793) excluiu do leque das possibilidades empíricas "a institucionalização da participação política dos povos no quotidiano da ação governativa, negando-lhes igualmente qualquer legitimidade" (idem). É de se supor que, a prevalecer a lógica faoriana da transmigração do aparato burocrático português para a América do Sul, o Brasil, em geral, e seus agentes diplomáticos, em particular, tenham herdado disso boa parte.

Globalização e avanço da fórmula democrática liberal: a erosão do estamento?

Nas relações internacionais contemporâneas, Nicholas Onuf (1998) é um dos autores que busca assinalar a persistência de traços do ideário republicano. Um exemplo é a instituição da tutela, haurida do direito privado romano. Trata-se do entendimento republicano clássico de que o governante é o responsável pelo povo, o incumbido das obrigações públicas. O vínculo de tutela só se rompe quando o tutelado estiver suficientemente maduro. Na história contemporânea, como demonstra Onuf, há diversas manifestações institucionais de tutela – dos protetorados da Liga das Nações e da ONU aos territórios semiautônomos de Porto Rico e de Taiwan –, o que reforça o argumento de haver um legado de ideias republicano.

Existem diversas outras manifestações palpáveis. A noção de associação coletiva pelo bem comum está presente em experimentos institucionais como a Commonwealth of Nations (Comunidade Britânica de Nações) e a União Europeia (previamente, Comunidade Econômica Europeia); o tema da hierarquia (dita natural) entre os Estados é retomado em construtos como o Conselho de Segurança das Nações Unidas e o Tratado de Não Proliferação Nuclear; o pretorianismo em nível internacional ganha a pecha de intervenção humanitária ou operação de paz, seja ele patrocinado por organizações internacionais (ONU, Otan etc.), seja por Estados; a própria condição de potência (Estado com excedente relativo de poder) faz remissão a conceitos republicanos romanos, tais como *imperium* e *potestas imperiandi*; as tentativas de estabelecimento de um direito internacional mais efetivo, a profusão de regimes normativos e a crescente teia de organismos com jurisdição supranacional dão supostamente conta do processo – ainda embrionário – de construção de uma *politeia* global; da fundação política de uma ordem constitucional internacional.

Política externa e democracia no Brasil

No que tange à questão da obediência política, Onuf pondera que a perenidade de certos questionamentos – tais como: "o povo sabe o que é bom para si?"; "pode o povo depor os maus governantes?"; "como o povo pode manifestar a sua existência que não por intermédio de arranjos institucionais?" etc. – indica que os governantes ainda são tratados pelos governados como depositários da confiança pública. Em certo sentido, essa é uma consequência do regime de poder soberano, que concede ao líder de cada Estado uma espécie de "concha protetora" para o exercício da soberania. Se os Estados são soberanos, eles têm direitos de posse e de uso sobre o seu território – os quais são desfrutados por seus governantes, e não diretamente pelo povo (Onuf, 1998, p.128-31).

Andrew Hurrell (2003), por sua vez, aponta, diante da mesma coleção de dados, outra tendência contemporânea: a democracia e os valores democráticos tornando-se mais firmemente estabelecidos no quadro normativo da sociedade internacional. É um movimento que se iniciou na segunda metade do século XX, acelerando-se com o fim da Guerra Fria. Ele tem significado, efetivamente, a expansão do regime de proteção aos direitos humanos; o acréscimo de importância concedida aos princípios da autodeterminação e da democracia política no mundo; a tendência crescente de as ameaças à segurança internacional serem definidas em termos humanitários; o combate a líderes autocráticos, culminando com a ingerência internacional, nos casos extremos; o papel destacado que o princípio democrático cumpre nas ações desempenhadas pela Organização das Nações Unidas (tanto em atividades de suporte à democracia, como o monitoramento de eleições, quanto em operações de reconstrução nacional); a presença de exigências "democratizantes" entre as condicionalidades impostas pelos bancos multilaterais para a concessão de empréstimos aos países em situação de crise de liquidez, entre outros (Hurrell, 2003, p.61).

David Held (2004) interpreta que, comparativamente às gerações anteriores a 1939, os nascidos depois da Segunda

Guerra Mundial são mais propensos ao cosmopolitismo, a favorecer a ideia do multilateralismo via ONU e o livre fluxo de pessoas e mercadorias. O atual modelo de governança global que se estabeleceu no decorrer dos anos 1990, bem como as novas concepções do direito internacional público, corroboram essa proposição. Embora faça reparos e demande reformas de diversas naturezas às instituições globais, Held também reconhece o potencial para a democracia na vida internacional contemporânea. "A possibilidade de uma *politeia* social-democrática global" – reivindica – "está condicionada [à existência de] um quadro expandido de Estados e agências vinculados pelos princípios do imperativo da lei, da democracia e dos direitos humanos" (Held, 2004, p.108).

Rigorosamente, Hurrell (2003) e Held (2004) não oferecem à disciplina uma leitura inteiramente nova dos desdobramentos internacionais mais recentes. Joseph Nye Jr. e Robert Keohane já afirmavam, no clássico trabalho *Power and Interdependence*, publicado em 1977, que o primeiro efeito das interações mais intensas entre os cidadãos de diferentes Estados soberanos é a mudança nas atitudes e opiniões políticas, o que pode impactar diretamente a sociedade e o Estado nacional. O segundo efeito presumido pelos autores, correlato ao primeiro, seria a *promoção do pluralismo no nível internacional*, ou seja, a ligação de grupos de interesses em estruturas transnacionais, envolvendo, geralmente, organizações não governamentais a propósito de coordenação. Com tais considerações, Nye Jr. e Keohane expuseram, no citado trabalho, a maneira como as interações e as organizações transnacionais desafiaram as tradicionais percepções do Estado – aquele ator quase sempre retratado como sendo compulsivo por poder, e que teria nas figuras do soldado e do diplomata os seus principais agentes.

Jonathon Moses e Tobjorn Knutsen (2001) avistaram que a globalização representou um considerável desafio para a obsoleta visão de mundo que muitos chefes de Estado traziam consigo –

traduzida em duas maneiras diferenciadas de fazer a política externa: (i) a primeira supõe que diferentes ministérios (ou secretarias de Estado) devem assumir diferentes áreas de competência; (ii) a segunda, que a divisão institucional do trabalho por competências leva o ministério das relações exteriores a exercer o papel de "guardião do portal" (*gatekeeper*) do Estado em face do mundo exterior. As duas perspectivas são tornadas anacrônicas pela intensificação sem precedente dos fluxos transnacionais, dado que novas tecnologias e modelos de comunicação embaçam as fronteiras que separam as competências soberanas e, também, pelo fato de que a natureza da interação entre o Estado e a sociedade está mudando rapidamente, e estimulando novas formas de interação da sociedade com a própria sociedade. Nesse novo contexto internacional, o papel de organizações não governamentais e de outros atores privados tem-se incrementado e, com isso, à medida que o mundo se integra, como consequência da globalização, cada um dos outros setores do governo, que não o de relações exteriores, passa a fazer um número crescente de trocas com o mundo exterior. A globalização envolve, segundo Moses e Knutsen, a expansão da rede de interdependência entre os Estados e a diminuição da importância da dimensão espacial, pois as pessoas tornam-se aptas a manter contatos sociais, políticos e econômicos, a despeito de uma geografia eventualmente desfavorável.

A abordagem de Keohane e Nye Jr. (1977) traz em seu bojo a noção de "interdependência complexa", caracterizada pelos seguintes traços empíricos: a existência de canais múltiplos de contato entre os atores estatais e não estatais, a ausência de uma hierarquia rígida entre os assuntos que compõem a pauta de política externa do Estado e, sobretudo, a menor importância relativa das questões militares, em benefício dos aspectos econômicos, políticos, ambientais, normativos etc. das relações internacionais. Esse tipo de aproximação é, naturalmente, bastante afeito às interpretações que tratam de apontar e realçar indícios de "democratização", "poliarquização" ou "pluralização" das estruturas de poder nas relações internacionais contemporâneas.

Note-se que, em seu estudo sobre o republicanismo, Nicholas Onuf não deixou de reconhecer o avanço da fórmula liberal nas relações sociais e internacionais. O autor concedeu, por exemplo, que "a opinião pública alcançou significância política desde o início do século XIX" (1998, p.244), e que existe "uma constelação extraordinária [...] de centenas de milhares de atores a perseguir diferentes objetivos [...] nos arranjos econômicos e sociais em interseção [...] no mundo" (Onuf, 1998, p.246). Mas há nuanças que devem ser assinaladas. Os processos automaticamente associados à emergência dos referenciais políticos liberais – modernização, aumento dos níveis de participação e de pluralismo, racionalização, diferenciação social, expansão da sociedade civil e dos movimentos sociais, democratização, globalização etc. – não estão, de todo, descolados da influência do ideário republicano.

Onuf logrou demonstrar que, por detrás de conceitos iluministas como modernização e racionalização, há postulações éticas pela razão pública (vide Immanuel Kant ou David Hume); na discussão sobre associativismo político promovida por Alexis de Tocqueville, decano da moderna democracia estadunidense, há referências explícitas à organização hierárquica e ao sentido de dever entre os membros de uma associação voluntária; nos estudos sobre segmentação e mudança social de Samuel Huntington e outros, há o reconhecimento tácito da importância da solidariedade social, a fim de que não se ingresse em experiência política totalitária; ao adensamento político dos movimentos sociais transnacionais corresponde a configuração de um sistema global de atendimento inclusivo a necessidades humanas; e mesmo no avanço da democratização de públicos ao redor do globo, há o farto emprego do linguajar político republicano (com destaque para "cidadania" e "empoderamento"), bem como a disseminação da pedagogia da participação política. Tudo o que

Política externa e democracia no Brasil

foi anteriormente arrolado faz crer no que o autor denominou, nas suas considerações finais, de "o retorno da cidade" na política internacional (Onuf, 1998, p.273).

Ao tratarem desse mesmo tópico por um ângulo diferenciado, Ulrich Preuss e Claus Offe (1991) diagnosticaram o desenvolvimento paralelo de duas culturas democráticas ao longo da história moderna: uma norte-americana e outra francesa. Segundo a tradição americana, interesses devem contrabalançar interesses e poder deve frear poder. Tal tradição recorre à base conceitual realista (em oposição à idealista), a partir do que não se pode demandar moralmente muito do cidadão. Por conseguinte, torna-se difícil praticar a democracia à americana à luz de uma concepção de bem comum ou de virtude cívica. Na denominada vertente francesa, a noção do coletivo, ao contrário, deve sempre aflorar. Alimenta-se do conceito de *politique politisante*, isto é, da política que envolve, abraça a todos. O problema da matriz francesa, diferentemente da norte-americana, não é impor limite ao poder alheio, e sim capacitar os bons cidadãos. Ela finca raízes na obra de Rousseau e em sua doutrina da *volonté générale*. Logo, poder-se-ia dizer, sem prejuízo aos conteúdos aqui expostos, que estamos lidando, por um lado, com uma vertente liberal (norte-americana) e, por outro, com uma vertente republicana (francesa) da democracia.

Como último expediente de análise, cabe também destacar o vaivém de ideias políticas influentes nas sociedades ocidentais, ao longo dos últimos dois séculos de história. Russell Hanson (1999) registrou que, ao tempo dos "pais fundadores" dos Estados Unidos (fim do século XVIII), a democracia era tida em baixa conta pelos americanos, assim como pelos europeus. A expressão "democrata" costumava ser empregada na mesma acepção pejorativa de "jacobino", em contraposição a "republicano" (o virtuoso "amigo" do governo representativo e do constitucionalismo). José Guilherme Merquior, atento à evolução do pensamento político, anotou "por volta de 1800, os benthamitas colocaram-se a uma maior distância do discurso cívico e o liberalismo voltou a falar com a voz da utilidade, e não com a voz dos direitos ou da virtude cívica" (Merquior, 1991, p.106).

É argumentável, ao cabo desta exposição, que o relacionamento entre república e democracia (liberal) é constitutivo do tipo de experiência política que nos é dado vivenciar nos dias de hoje, tanto internamente nos Estados quanto entre eles. Werneck Vianna e Carvalho (2002) lançam um olhar "histórico-processual" sobre a política contemporânea, alertando para a grande plasticidade das instituições, tomada uma série histórica mais alargada. Atribuem à sociologia um papel relevante em todo o processo, uma vez que esta se tem incumbido, com frequência, de identificar movimentos de segmentação e de diferenciação dos interesses sociais, induzindo à mudança institucional que tem por objetivo aumentar ou qualificar a representatividade política de indivíduos e de grupos específicos. Na instigante elaboração dos autores,

> Resultado de uma história particular, a crescente democratização da vida republicana tem sido reforçada pela lógica inerente às suas instituições [da república], operando como uma revolução permanente estendida ao longo do tempo, sustentada por atores que, reflexivamente, já se comportam como seus intérpretes [da república]. E, além desse continuado aprofundamento, a república ["democratizada"] conhece também uma universalização, expandindo-se as suas instituições por todo o mundo, inclusive pelos países retardatários, onde não medra a cultura da liberdade. (Vianna; Carvalho, 2002, p.142)

Pode, hoje, a democracia ser resumida a esta ou àquela vertente? Pode o liberalismo sobrepor-se irreversivelmente ao republicanismo, como *modus faciendi* da política contemporânea? Ou vice-versa? Pode um substituir por completo o outro? Dificilmente, apostam Offe e Preuss. Normativamente engajados, os autores reivindicarão a necessidade de um "laborioso esforço de síntese com vista a uma reconciliação válida dos opostos" (1991, p.158). No caso da política externa brasileira contemporânea, é o que se vem processando – segundo o argumento tentativamente oferecido ao leitor desta obra.

A globalização das relações humanas, acompanhada do avanço de argumentos em prol da democracia ao redor do mundo, trouxe ressonâncias para a estrutura estamental do sistema de política exterior do Brasil. A principal plataforma institucional para a observação empírica do fenômeno é o Ministério das Relações Exteriores, que, a pretexto de adequar-se ao que se espera dele em um regime democrático (uma maior aproximação com o interesse manifestado pelo público), vem promovendo muitas e intensas reformas – as quais são, até certo ponto, dramáticas, dado o dilema distributivo envolvido[37] – em seus mecanismos de

---

37 Para efeito de ilustração do argumento, resgata-se um documento apócrifo, veiculado no ano de 2007, nos moldes de uma carta aberta, sob o título "Guerra e Paz no Itamaraty", em que se lia esta verossímil exposição de motivos: "A recente divulgação, na primeira semana de março último, do Quadro de Acesso para Promoções válido para o primeiro semestre de 2007 causou espanto entre a maioria dos diplomatas. No caso de Segundos--Secretários, houve mesmo constrangimento, dado o ineditismo da decisão. Diplomatas que não contavam com nenhum tempo de serviço no exterior e com apenas alguns meses de interstício na classe 'saltaram' quatro ou cinco turmas à frente, ou seja, ultrapassaram dezenas de outros que já eram Segundos-Secretários desde 2003 e que se encontravam servindo no exterior há anos. Não foram alguns casos isolados, que poderiam encontrar alguma justificativa particular; pelo contrário, foi atitude generalizada, sem nenhuma explicação aparente. Não há 'merecimento' possível que justifique tamanho salto; e, caso houvesse, que fossem claros e transparentes os critérios desse mérito [...]. Não se quer, em absoluto, questionar o 'mérito' dos incluídos no Quadro de Acesso, mas é preciso admitir que, aos olhos dos diplomatas das novas gerações, que se conhecem perfeitamente, a lista pareceu pouco representativa. Se o objetivo era premiar diplomatas mais recentes pelo merecimento, não foi bem-sucedido de forma geral. Além disso, abrir a possibilidade de que diplomatas possam 'saltar' outros posicionados quatro ou cinco turmas à frente tornará insuportável a vida cotidiana no Itamaraty. Para

recrutamento, promoção e avaliação de mérito profissional. Tais mudanças, naturalmente, desencadeiam reações de toda sorte, das mais às menos entusiasmadas. Vamos à descrição destas:

- Entre as mudanças nas regras referentes ao recrutamento dos novos diplomatas do Estado brasileiro, citam-se: (a) a retirada da prova de francês, em caráter eliminatório, do concurso de admissão à carreira diplomática (CACD), em 1996;[38] (b) o fim do caráter eliminatório da prova de inglês do CACD, em 2005; (c) a reformulação do desenho das provas do CACD e a reorientação de seus conteúdos, com a indicação expressa de uma bibliografia, mais ou menos constante, a partir de 2005 (e a desconsideração da noção de "currículo oculto", presente em manuais de preparação para o CACD dos anos 1990 e 2000); (d) o abandono de determinados critérios de seleção tidos como excessivamente subjetivos ou arbitrários pelos candidatos à carreira (com a decorrente supressão da fase de entrevistas presenciais com os candidatos à carreira, em 2005); (e) o alargamento do número de vagas oferecidas anualmente, por via de concurso público (aproximadamente 400 vagas ofertadas e efetivamente providas entre 2006 e 2010). Conseguintemente, (f) o número de inscrições

---

completar o desânimo, tudo indica que todos os integrantes do atual Quadro de Acesso, no caso de Segundos-Secretários, serão beneficiados na próxima promoção (meados do ano), pois é preciso preencher com rapidez as vagas recentemente criadas. Como esperado, as reações fizeram-se sentir de imediato: animosidade entre colegas, frustração de bons funcionários, ensaios de revanchismo. Não é um quadro saudável para o Itamaraty, cuja Chefia deveria evitar, na medida do possível, conflitos desnecessários entre jovens diplomatas, que têm toda uma carreira pela frente. O problema pode e deve ser solucionado, dentro do Ministério e pelos próprios diplomatas. Acima de tudo, deve estar a preservação da instituição".

38 Mas que tornou a ser aplicada, em caráter classificatório, juntamente com a prova de língua espanhola, no certame de 2006.

no concurso de admissão à carreira diplomática aumentou exponencialmente: de 2.556, em 1999, para 8.869 em 2010. Houve também (g) uma expansão do número de praças onde o concurso passou a ser realizado – de 13 capitais brasileiras para 27. Essa tendência deu-se em concomitância com (h) o aumento real da remuneração do ingressante na carreira: de aproximadamente R$ 3.500 mensais, em 2002, para cerca de R$ 12.400 mensais, em 2010.[39]

- Entre as mudanças nas regras para ascensão horizontal e vertical na carreira diplomática, citam-se aquelas previstas nos dispositivos da lei nº 1.440, de 29 de dezembro de 2006; e do decreto nº 6.559, de 8 de setembro de 2008, quais sejam: (a) a contagem do tempo de estudos no Curso de Preparação à Carreira Diplomática como "exercício efetivo da Carreira"; (b) a investidura do cargo de terceiro-secretário tão logo da admissão na carreira (isto é: aprovação no concurso e tomada de posse do cargo); (c) a automática promoção de terceiro-secretário a segundo-secretário, por critério de antiguidade; (d) a maior ênfase no critério do merecimento, em prejuízo relativo do critério da antiguidade; e, como consequência empírica, (e) a aceleração da escalada vertical até o posto de ministro de primeira classe.[40]

---

39 Conforme edital do concurso de admissão à carreira diplomática de 6 de novembro de 2009. Considerada a inflação acumulada no período de janeiro de 2003 a novembro de 2009, calculada em aproximadamente 50% (segundo o Índice Nacional de Preços ao Consumidor Amplo, o IPCA, aferido pelo Instituto Brasileiro de Geografia Estatística, IBGE), estima-se um ganho salarial real da ordem de 200% para os ingressantes na carreira diplomática, ao longo da gestão Lula da Silva.

40 A média histórica era de aproximadamente trinta anos de serviços prestados até a promoção ao posto de ministro de primeira classe ("embaixador"), geralmente obtida pelo critério de antiguidade. A aparição de uma geração de jovens embaixadores, na casa dos 50 anos de idade, tem gerado alguma

- Entre os novos canais de interação com a sociedade, citam-se: (a) a disponibilização da agenda com os compromissos diários do ministro das relações exteriores na internet; (b) a presença institucional do MRE em redes sociais online (YouTube e Twitter); (c) a diplomacia pública praticada via Funag; (d) o patrocínio a encontros culturais e acadêmicos (com destaque para a Conferência Nacional sobre Política Externa e Política Internacional) etc.

Carlos Faria (2009) levanta a hipótese de que, em face do ingresso em massa de diplomatas no serviço exterior brasileiro – a partir do ano de 2006 (com o aumento de cerca de 50% do contingente ao fim de um ciclo de cinco anos) – e da possibilidade da ascensão profissional mais rápida (comparada à trajetória que era seguida, necessariamente, pelos que entraram no antigo regime), poder-se-ia imaginar um enfraquecimento do tradicional *ethos* associado à carreira, acompanhado pela perda de coesão organizacional, em virtude das novas e maiores dificuldades para

---

perplexidade, haja vista o artigo de Isabel Fleck, publicado no jornal *Correio Braziliense*, em que se lê: "A chegada de Antônio Patriota à Secretaria-Geral das Relações Exteriores será o exemplo mais emblemático das mudanças que colocaram uma nova geração de diplomatas na linha de frente do Itamaraty. Assim como Patriota, que assumiu seu primeiro posto como chefe de representação em Washington aos 52 anos, e aos 55 torna-se o número dois do ministério, está um grupo de embaixadores na faixa dos 50 anos. Todos estrearam, recentemente, como titulares em postos-chaves da diplomacia brasileira. [...] O movimento no Itamaraty começou nos últimos cinco anos, quando diplomatas como Mauro Vieira e o próprio Patriota assumiram, pela primeira vez como embaixadores, os postos mais importantes do continente – Buenos Aires e Washington, respectivamente –, ambos com pouco mais de 50 anos. Agora, Vieira sucederá o colega nos Estados Unidos, e Patriota já está no Brasil para assumir, provavelmente na próxima semana, como secretário-geral, no lugar de Samuel Pinheiro Guimarães, que saiu dias antes de completar 70 anos e se aposentar. Nos últimos dois anos, outros recém-promovidos a embaixadores assumiram postos de peso". Cf. Fleck, "A vez dos cinquentões no Itamaraty", *Correio Braziliense*, 22 out. 2009.

Política externa e democracia no Brasil

a socialização dos pares, advindas do alargamento e da diversificação da base de recrutamento. Para não mencionar aspectos subjetivos muito mais sensíveis, como a carga de preconceito a que os novos diplomatas estarão sujeitos, por parte dos seus colegas, por terem ingressado na carreira por concursos públicos considerados mais fáceis; ou por terem entrado no Instituto Rio Branco (IRBr) por força da política institucional de capacitação de afrodescendentes[41] (o que pode acarretar, adicionalmente, formas silenciosas e dissimuladas de segregação entre os cotizados e os não cotizados).

O prognóstico é questionável. Dado que o estamento burocrático não é impenetrável a novos membros – no que se diferencia da categoria da casta, como ensinava Raymundo Faoro (1958) –, ele pode mostrar-se resiliente e perdurar no tempo, remodelando-se adaptativamente às contingências. Conforme profere Diego Santos de Jesus (2009), acerca da suposta abertura do debate democrático da PEB, havida durante o segundo mandato presidencial de Fernando Henrique Cardoso (1999-2002):

> Embora não tenha ignorado a presença de mais atores no debate sobre as melhores opções diplomáticas – o que certamente tornou menos imediato e mais competitivo o processo de construção de consensos –, o Itamaraty ainda é bastante relutante, por exemplo, na prestação de contas de suas ações à sociedade civil e na construção de maior transparência no processo negociador, buscando garantir sua autonomia para assim permitir o cumprimento de seus compromissos externos sem os percalços de uma oposição interna. (Jesus, 2009, p.197)

---

41 Uma parceria institucional do IRBr com o Conselho Nacional de Desenvolvimento Científico e Tecnológico – CNPq, que vem em socorro da pretensão do Itamaraty de contar com maior pluralidade racial em seus quadros.

Segundo Jesus (ibid.), o Ministério, em regra, aproveita-se da ausência de normas e mecanismos de controle sobre o processo de formulação da política externa para beneficiar-se de uma participação errática das forças sociais. Tal leitura encontra guarida na proposição de Letícia Pinheiro (2003) de que o Itamaraty sob a Nova República tem conseguido ganhar representatividade sem, todavia, arcar com os ônus típicos de regimes democráticos – como a prestação de contas à população. Pondere-se ainda que a qualidade e a quantidade dessas mudanças institucionais implantadas no Itamaraty (anteriormente listadas) não foram recepcionadas pacificamente entre os diplomatas de carreira, o que pode denotar resistência à abertura política da Casa de Rio Branco, e até mesmo a sobrevivência de conceitos e marcadores políticos "antidemocratizantes" entre os membros da corporação diplomática nacional.

O ex-chanceler Mário Gibson Barboza, por exemplo, explicitou seu desagrado logo que as alterações começaram a ser postas em prática. No referente à supressão do caráter eliminatório da prova de inglês no CACD, proferiu: "O Brasil tem, infelizmente, um vasto número de analfabetos. Não me parece conveniente, contudo, abrir as portas de nossa carreira diplomática ao analfabetismo" (2005, p.A2). O também ex-chanceler Luiz Felipe Lampreia engrossou o coro: "o inglês é para a diplomacia como a matemática para a engenharia" (apud Janine Ribeiro, 2005).[42] Outro que reagiu fortemente à nova forma de cobrança do inglês no teste de admissão foi o experiente embaixador Paulo Tarso Flecha de Lima, para quem "a aposta na mediocridade dos quadros diplomáticos é uma aposta equivocada que nos tolherá em termos de atuação externa".[43] No tocante ao incremento

---

42 Declaração veiculada originalmente no telejornal *Bom Dia Brasil*, da Rede Globo, 13 jan. 2005.

43 Em carta endereçada à seção "Painel do Leitor" da *Folha de S.Paulo*, 22 jan. 2005.

Política externa e democracia no Brasil

do contingente diplomático, Barboza voltou à carga, acusando o golpe da "absurda e desnecessária criação de novos quatrocentos cargos de diplomatas" (2008, p.172).[44] O embaixador aposentado Márcio Dias expressou de modo mais genérico mas igualmente contundente seu descontentamento com os novos rumos gerenciais da Casa de Rio Branco: "difícil engolir calado a série de estrepolias [sic] administrativas que vêm sendo praticadas. E que já se iniciavam com a falta de legitimidade do Secretário Geral, que não preenchia os requisitos legais para ocupar o cargo" (2007, p.A11).

Um recurso bastante útil para a análise desta fenomenologia da PEB contemporânea – alegadamente premida e, com toda probabilidade, substantivamente influenciada pelas consequências da globalização – é mirar e comparar as políticas externas (aqui entendidas como *policies*) formuladas e postas em prática nas duas últimas décadas desta República (em especial, sob as presidências de Fernando Henrique Cardoso e Luiz Inácio Lula da Silva).

Nova política, nova *policy* – da "autonomia pela participação" ao "pragmatismo democrático"

Conforme o relato apresentado no segundo capítulo deste livro, desde a presidência de José Sarney, no advento da Nova República, faz-se notória a instrumentalização da institucionalidade democrática doméstica em benefício da inserção internacional do Brasil. Em seu primeiro discurso no púlpito da ONU, em 1985, Sarney tratara de sublinhar nossas abonadoras características democráticas, como quem quisesse apresentar ao mundo o Brasil – renovado em suas fundações políticas – que debutava na cena internacional.

---

44 Artigo publicado postumamente.

De lá para cá, reportam-se progressos no nível de integração do Brasil às principais instituições das relações internacionais. Diferentemente do que se passava nos anos do regime militar, o país voltou a ser interlocutor em arranjos multilaterais, aderiu a importantes regimes normativos e passou a pleitear maiores responsabilidades na gestão conjunta da ordem internacional. Gelson Fonseca Jr. entende que, na raiz dessa guinada de orientação da PEB, está o contexto da Guerra Fria, determinante para que o Brasil, durante a vigência de tal período,[45] adotasse um modelo de inserção internacional por ele batizado de "autonomia pela distância". Consistiu, segundo o autor, em um "não alinhamento específico", que se aproximava das posições do Terceiro Mundo, mantendo lealdade a valores ocidentais (1998, p.361).[46]

O mundo do pós-Guerra Fria proporcionou as condições para um novo balizamento da política exterior do Brasil. Com a fragmentação e dispersão das temáticas e os emergentes padrões de alinhamento e coalizões diplomáticas, abre-se "uma nova brecha para os países em desenvolvimento" (Fonseca Jr., 1998, p.365). Segundo o ex-presidente Fernando Henrique Cardoso, o país pôde, enfim, distanciar-se de uma "predisposição arcaica à não participação e à não submissão às regras de convivência internacional, estratégia que havia sido elaborada com requintes de sofisticação intelectual para nos defendermos dos efeitos da Guerra Fria" (2006, p.616-7). Cita como exemplos desse novo

---

45 Pontualmente, nos anos de Guerra Fria, o Brasil negou-se a pactuar com os articuladores da ordem internacional. Foi assim quando se deu a recusa de envio de homens para a Guerra da Coreia, em 1950, o rompimento com o Fundo Monetário Internacional, em 1958, e a não assinatura do Tratado de Não Proliferação Nuclear, em 1968.

46 Cabendo notar que, mesmo em tempo de ditadura militar, algumas instituições democráticas, embora inoperantes, foram formalmente mantidas. Além disso, malgrado o universalismo da PEB, conservou-se o foco no norte desenvolvido, o que contribuiu para a modernização e a consolidação industrial do país (Fonseca Jr., 1998, p.361).

Política externa e democracia no Brasil

posicionamento nacional a ativa participação nas negociações referentes ao Protocolo de Kyoto, a assinatura tardia do Tratado de Não Proliferação Nuclear e o comprometimento com uma série de tratados internacionais de direitos humanos. Em sua autobiografia política, Cardoso (ibid.) chegou a admitir abertamente a influência exercida pela concepção de "autonomia pela participação" sobre a sua visão da PEB, tanto como ministro das relações exteriores (1992-1993) quanto como presidente da república (1995-2002). A seguir, tal conceito será mais fielmente reproduzido nas palavras de seu formulador:

A autonomia, hoje, não significa mais 'distância' dos temas polêmicos para resguardar o país de alinhamentos indesejáveis. Ao contrário, a autonomia se traduz por 'participação', por um desejo de influenciar a agenda aberta com valores que exprimem tradição diplomática e capacidade de ver os rumos da ordem internacional com olhos próprios, com perspectivas originais. Perspectivas que correspondem à nossa complexidade nacional. (Fonseca Jr., 1998, p.368)

Vale chamar a atenção para o sentido que Fonseca Jr. imprime, nesse mesmo trabalho, à noção de autonomia. Trata-se, segundo ele, da faculdade que cada Estado preserva de formular a sua norma de conduta nas relações internacionais. Todo Estado deveria, por suposto, ser capaz de pensar e executar a própria estratégia de projeção internacional, sem interferência de outros Estados, desde que em adequação à normatividade vigente entre as nações. À diplomacia brasileira, o autor reconheceu como principal recurso à mão, para efeito de projeção internacional do país, a histórica legitimidade para persuadir os demais atores, não com armas, mas com ideias. Tal legitimidade se desdobraria em duas dimensões: uma bilateral (cumprimento dos acordos bilaterais, pacifismo etc.) e outra multilateral (propensão à negociação, compromisso com a ordem). Resumidamente, parafraseando a célebre citação atribuída a San Tiago Dantas,[47] é como se na intangibilidade dos princípios residisse a nossa grande arma.

Sendo assim, tanto a volta à institucionalidade democrática quanto a promulgação da Constituição Federal de 1988 são marcos para a inflexão da PEB. Para um governo cioso por coerência entre o que se fazia internamente e o que se pregava internacionalmente, era imperioso ajustar os termos da inserção internacional do Brasil ao demandado pelo meio ambiente internacional. Donde, portanto, a adesão, sob a presidência de Cardoso, aos regimes normativos de não proliferação nuclear e de promoção e proteção de direitos humanos (de resto, mandamentos constitucionais, nos termos bastante explícitos do artigo 4º da CF/88).

O ex-presidente Fernando Henrique Cardoso reconheceu o nexo entre a democratização das sociedades nacionais e a democratização das relações internacionais. A via multilateral, tão incensada nos seus anos de gestão de PEB, representava o caminho "progressista" pelo qual se obteriam "valores universais" tais como "a preservação da paz e da democracia" em cada país; no que respeita à ordem internacional, buscava-se maior transparência, institucionalização e "democratização crescente dos processos deliberativos nos órgãos internacionais" (Cardoso, 2006, p.602). O multilateralismo era, por assim dizer, a projeção no nível sistêmico da democracia experimentada internamente, marcada pelo "aspecto multirracial" e pela "cultura sincrética de nosso povo" (ibid., p.603).

A tradição principista da PEB e a preocupação com a correspondência entre discurso e prática diplomática também invadem as reflexões de Celso Lafer. Sob a alegação de, recentemente, nos anos de governo Lula da Silva, estar havendo ruptura com o

---

47 Para coletânea de textos sobre política externa de San Tiago Dantas, cf. Lessa; Buarque de Holanda (orgs.), 2009.

histórico apartidarismo do Itamaraty, o professor e ex-chanceler do governo FHC alertou: "A dimensão de continuidade confere coerência à ação diplomática e contribui para a credibilidade da política externa do Estado" (2009, p.A2). Mais uma vez, evocava--se o conceito de coerência e o entendimento de que o "crédito" brasileiro nas relações diplomáticas advinha da previsibilidade e da confiabilidade de seu tradicional padrão comportamental. Em Lafer, nossa autoridade para enunciar propostas a outros atores é transformada em um – talvez no principal – instrumento de PEB. Aspectos conjunturais, identificados com as necessidades de governos democraticamente eleitos, deveriam acomodar-se, *a fim de legitimar-se*, ao que é mais permanente na plurissecular trajetória internacional do Estado brasileiro.

O expresso reconhecimento da força das ideias e das concepções morais nas relações internacionais do Brasil encontrou chão firme na teorização de Fonseca Jr. sobre o tema da legitimidade. Segundo o autor, definiram-se, após a Guerra Fria, tópicos que passaram a constituir o "corpo hegemônico das políticas legítimas", correspondentes, em larga medida, ao discurso das potências ocidentais:

> Os temas são bem conhecidos: *democracia* e direitos humanos, problemas humanitários, liberdade econômica e criação de condições iguais de competição, combate ao narcotráfico e ao crime organizado, a *solução multilateral* para crises regionais, defesa do meio ambiente, movimentos para institucionalizar, em *organismos multilaterais*, as propostas e teses nessas questões etc. São os temas que definem o espaço de proposição das potências e, consequentemente, um espaço de disputa entre interpretações. (Fonseca Jr. 1998, p.216-7; grifos meus)

Para além das dinâmicas domésticas, a democracia liberal – e a sua extensão *coerente* no nível sistêmico, o multilateralismo – constituiu-se em ideia-força das relações internacionais hodiernas.[48] É instigante perceber o apelo ideológico das formas democráticas em um mundo globalizado: travam-se guerras e intervenções militares pela deposição de tiranos, cujos países são agrupados em um hipotético "eixo do mal"; associam-se regimes não democráticos à megalomania bonapartista, ao culto ao terrorismo, à ganância nuclear ou à ineficiência econômica; impõem-se embargos e sanções de toda sorte às nações conduzidas por líderes autoritários. Ante o exposto, como não ser democrata em um mundo regido por "leis morais" liberais democráticas? Em prefácio a obra publicada em 2004, pouco depois de sua saída da presidência da República, Cardoso arguiu, tendo por motivação as críticas que se fizeram ao modelo de inserção econômica internacional do Brasil durante o seu governo:

> Os mais radicais dirão: façam como em Cuba, como a China anteriormente à abertura de sua economia aos fluxos financeiros e ao mercado internacional, ou, quem sabe agora, como a Malásia: isolem-se. Fácil dizer, difícil fazer e, pior, há que se pagar um preço não desejável... (Cardoso, 2004, p.xi)

Adalberto Cardoso desvelou uma importante característica da gestão presidencial de FHC – que, conforme entendo eu, é perfeitamente extensível à PEB daquele período. O autor chamou a política produzida sob Fernando Henrique Cardoso de "a arte do possível", uma vez que, alegadamente, ela restringia-se "à otimização dos meios, em lugar de ser o momento da elaboração e negociação de projetos de sociedade" (2003, p.26). Os fins estavam postos pela globalização, ao que o presidente brasileiro se adaptava, mimetizando as ações bem-sucedidas – a estratégia do "*mimetikós* adaptativo" (ibid.). Logo, a "arte do possível"

---

48 Tanto Fonseca Jr. (1998) quanto Cardoso (2006) são mais enfáticos nesse entendimento, pelo que atribuem à democracia a condição de "valor universal".

compreendeu a adoção de uma lógica das adequações, em oposição à lógica das consequências.[49]

Se admitida como pertinente ao campo de estudos da PEB a relação anteriormente explorada, reveste-se de mais sentido a noção, introduzida por Alexandre Parola (2007), de "pragmatismo democrático", no intuito de explicar a gestão da política exterior do Brasil sob os auspícios do presidente Luiz Inácio Lula da Silva e de seu chanceler Celso Amorim. Parola relata que, desde o discurso de posse, em 2003, Lula da Silva colocou em destaque e estabeleceu como bandeira de política externa do seu governo a democratização das relações internacionais. Por ser encarada como meta prioritária para as interações dos Estados, e não somente como regime político doméstico desejável, a democracia tornou-se ordenadora da diplomacia brasileira, servindo de plataforma para a elaboração de políticas no plano internacional.

Essa mudança na condução da PEB, de alguns anos para cá, explica-se tentativamente da seguinte maneira: enquanto a democracia foi concebida como o destino para o qual todas as nações convergiriam, mais cedo ou mais tarde, ao tempo da presidência de Cardoso, sob Lula da Silva ela se transformou em "argumento propositivo de crítica e reforma da ordem internacional" (Parola, 2007, p.421). Reconhecidamente, um dos mais importantes formuladores da concepção lulista de política externa foi o ex-secretário-geral do Itamaraty, Samuel Pinheiro Guimarães, para quem o objetivo principal de grandes países periféricos, tais como o Brasil, deveria ser participar das "estruturas hegemônicas" – isto é, das organizações intergovernamentais multilaterais – de forma "soberana e não subordinada", promovendo redução da "vulnerabilidade diante da ação dessas estruturas" (Guimarães, 2007, p.161). De certa maneira, os

---

49 Isso fica bem ilustrado não apenas no excerto do ex-presidente Fernando Henrique Cardoso, anteriormente reproduzido, mas também, e principalmente, nas passagens creditadas a Gelson Fonseca Jr. (1998) e Celso Lafer (2009).

valores democráticos passaram a servir de alicerce pragmático para o pleito por mudanças nas instituições internacionais e a defesa do que fosse percebido, em face das contingências, como o interesse nacional. Em poucas palavras: o *mimetismo* dava vez a uma espécie de *consequencialismo reformista*.

A ênfase no critério do pragmatismo distancia a gestão da PEB de Lula/Amorim da retórica da legitimidade baseada na coerência interno/externo.[50] O multilateralismo continua a ser propugnado, considerado o espelho da democracia doméstica na política internacional. Embora não se abandone a dimensão normativa (democracia como "imperativo categórico" contemporâneo), as instituições democráticas são antes valorizadas por nossa diplomacia como ferramental para criar constrangimentos políticos às potências, de modo que elas sejam obrigadas a tomar decisões transparentes, legítimas e representativas (Parola, 2007).

O processamento das muitas contradições entre a orientação pragmática e o apego a valores democráticos no encaminhamento da política externa brasileira não é tarefa banal. No que tange, por exemplo, ao multilateralismo, Filipe Nasser aclara:

> A escolha pelo multilateralismo não está assentada somente na adesão incondicional a princípios de ação externa. Trata-se, sobretudo, do *meio* que o Brasil elegeu para projetar influência no plano internacional e fazer valer o que seus agentes diplomáticos

---

50 Comentadores da PEB de Lula/Amorim não deixaram de apontar essas incoerências. Cito dois exemplos recentes: Magnoli (2009) chamou a atenção para o fato de que o abrigo concedido ao presidente hondurenho Manuel Zelaya, na embaixada brasileira em Tegucigalpa, sob pretexto de defesa das instituições democráticas na América Latina, entraria em choque com o preceito constitucional da não ingerência em assuntos domésticos de outros Estados; Asano, Nader e Vieira (2009), por sua vez, condenaram a postura ambígua do Brasil no Conselho de Direitos Humanos da ONU, especialmente nos casos que envolveram as violações de direitos humanos em países como Coreia do Norte e Sri Lanka, porque ofensiva ao compromisso firmado no artigo 4º da CF/88.

definiram como interesse nacional. Pode parecer contraditória a ideia de que um Estado busca ampliar seu poder nacional por meio de participação em um arranjo multilateral – concebido originalmente para limitar o uso arbitrário do poder por parte dos Estados. Ocorre que a defesa do interesse nacional é necessariamente caudatária de uma leitura particular da visão de mundo da elite de política externa a respeito de quais são os interesses do país no mundo e do que se pode colher das relações internacionais para o país. [...] Para uma potência média, periférica e incapaz de impor suas vontades por força das armas ou pelo volume de seus capitais, o multilateralismo tem se afigurado como arena natural para que consiga projetar poder ou expressar sua autonomia em termos de política externa. (Nasser, 2009, p.126-7)

Parece evidente para o autor da passagem a conjugação, por um lado, de cálculo racional, lastreado por discurso de fundo axiológico, do corpo diplomático nacional e, por outro, o diagnóstico de relativa impotência militar do Brasil no concerto internacional. Consciente de tais limitações materiais, o "pragmatismo democrático" buscou apropriar-se de fóruns internacionais multilaterais para projetar mensagens e imagens favoráveis ao país.[51] Parola (2007) e Nasser (2009) arrolaram como *loci* preferenciais[52] dessa intensa mobilização discursiva da PEB nos últimos anos: a Organização Mundial do Comércio

---

51 Sobre a lógica das imagens nas relações internacionais, ensina o professor Robert Jervis (1989): "Muitos fatores a respeito do Estado, que contribuem pesadamente para a formação de sua imagem, são permanentes ou semipermanentes e, portanto, estão além do controle de seus tomadores de decisão. A geografia e a história e, em larga medida, os sistemas político, econômico e social de um Estado, não podem ser manipulados [...]. Enquanto os elementos básicos de uma imagem são difíceis de alterar, detalhes desta imagem, que podem influenciar fortemente a maneira como o receptor [da imagem] age, são mais suscetíveis à mudança" (p.13 e 15).

52 Convém resgatar aqui o conceito de "espaço de proposição" de Fonseca Jr. (1998, p.193 e 195). Trata-se, em breves linhas, dos limites predeterminados

(a partir da reunião interministerial de Cancún, em 2003, e da criação do G-20 agrícola, herdeiro do Grupo de Cairns), a Organização das Nações Unidas (vide o insistente pleito pela reforma de seu Conselho de Segurança e o incremento da participação do Brasil nas operações de paz da ONU), a Organização dos Estados Americanos (especialmente nas crises regionais que envolveram a Venezuela, o Equador e a Colômbia) e, a partir de 2008, a União das Nações Sul-Americanas (criada em Brasília e concebida para ser o arrimo institucional da PEB regional).

Em que pesem as ambiguidades embutidas no conceito de "pragmatismo democrático" (ou nas práticas a ele associadas e por ele inspiradas), não se trata, decididamente, de um oximoro, tampouco de uma contradição insanável. A superação de pontos de estrangulamento lógico no discurso da PEB (coerência interna), ou entre o discurso e a prática estabelecida por seus agentes autorizados, passa pelo correto diagnóstico do problema, seguido de prescrição eficaz. É nesse sentido que, em reconhecimento explícito de haver conteúdos antitéticos na política externa executada pelo governo Lula da Silva, o ministro Amorim chegou a indicar, mais de uma vez, o método dialético como remédio para combater incongruências.[53]

É bastante provável, contudo, que a PEB de Lula/Amorim não seja sintética, no rigor da expressão, e, sim, conciliadora da premissa racionalista (utilitarismo, custo/benefício, pragmatismo) com a dimensão axiológica (democracia como "imperativo categórico") das relações internacionais. Aparentemente, ela apenas logrou "encaixar" duas perspectivas compatíveis entre si, *apesar*

---

pelas condições ideológicas e de poder de uma época, em cujo interior se legitimam as posições de política externa.

53 Cf. p.69 deste livro para ilustração do que chamamos de "dialética do interesse nacional". O método dialético implica, por definição, a superação das contradições entre dois elementos antitéticos quaisquer, o que gera, por conseguinte, um terceiro elemento sintético, ontologicamente distinto dos dois genitores.

de incoerentes, sem gerar inovação conceitual/teórica (no nível das definições primárias). A possibilidade de processamento dialético que concebemos (entre interesse nacional, pensado em termos de projeção de poder, e apego a valores democráticos) requereria o transcurso de um tempo histórico alargado, suficiente para que contradições emergissem, arestas fossem aplainadas, transformações essenciais acontecessem e, finalmente, a dita síntese se consumasse.

Cabe, por fim, trazer à baila uma radiografia conjuntural de minha autoria. Se há, certamente, pontos de contato diversos entre a doutrina da "autonomia pela participação" (Fonseca Jr., 1998) e a noção, bem menos sedimentada na literatura, de "pragmatismo democrático" (Parola, 2007), também existem descontinuidades que, ainda nos idos de 2004, pudemos detectar. Conforme registramos em texto publicado àquela época:

> Com o ocaso da Guerra Fria, Gelson Fonseca Jr. chegou a contemplar uma nova atitude da diplomacia brasileira diante do mundo, [...] [marcada] pelo ímpeto participativo do país [...] na conformação da ordem [internacional]. No entanto, dificilmente será sustentável que o Brasil tenha alcançado [real] autonomia no período. Se aconteceu, o foi em nível bastante limitado. [...] A contribuição brasileira para o novo quadro político, se houve, não passou da marginalidade. (Belém Lopes; Vellozo Jr., 2004, p.339)

O argumento dos autores era de que a propalada "autonomia pela participação" não se convertera em uma efetiva influência do Brasil na configuração das relações internacionais após a Guerra Fria, tendo este permanecido fortemente influenciado por "campos gravitacionais" delimitados pelas potências – destacadamente, os Estados Unidos da América.[54] Prenunciava-se o

---

54 Em um livre exercício de paródia, em vez de autonomia pela participação, sugerimos rotular a PEB sob FHC de "participação pela adequação" (Belém Lopes; Vellozo Jr., 2004, p.339).

elemento distintivo da gestão da PEB sob Lula/Amorim: a tentativa pacífica de revisão da ordem internacional via participação nos grandes fóruns multilaterais, sob o moto da "democratização das relações internacionais", que, com a devida maturação, autorizou a cunhagem do conceito de "pragmatismo democrático"[55] por Alexandre Parola (2007).

Extrapolando a face conjuntural do assunto em tela, guiado pelos fatos e interpretações aqui colocados em apreciação, conjeturo que a evolução mutante da política externa, no decurso da Nova República brasileira e, mais particularmente, nas duas últimas décadas (sob presidências de Cardoso, Lula da Silva e Rousseff), quer evidenciar uma recombinação complexa e sutil de elementos conceituais democráticos e republicanos, dificilmente perceptível ao observador menos atento, ocorrida no "código genético" da PEB. Tratarei de destrinchar o assunto na próxima – e última – seção do capítulo.

Síntese do capítulo: entendendo o republicanismo mitigado

Neste capítulo, buscamos reconstituir a evolução do sistema de produção da política externa brasileira desde o século XIX, apontando-lhe os traços mais ou menos permanentes, em oposição àqueles meramente conjunturais. As noções de *republicanismo aristocrático* (esta baseada, sobretudo, na obra de Francesco Guicciardini) e *estamento burocrático* (de Raymundo Faoro) mostraram-se úteis aos propósitos do trabalho, pois forneceram substrato teórico à fabricação de nossa narrativa. Aproximamos a lupa analítica dos eventos referentes às últimas gestões do Itamaraty, sob as presidências de Cardoso e Lula da Silva, ao que

---

55 O conceito, que não merece um tratamento mais cuidadoso e sistemático por parte do autor, parece pretender um contraponto com o "pragmatismo responsável", aplicável às gestões de PEB dos governos militares de Médici e Geisel.

confrontamos os conceitos de "autonomia pela participação" (Fonseca Jr., 1998) e "pragmatismo democrático" (Parola, 2007). Trabalhamos, enfim, sobre a hipótese alternativa do *republicanismo mitigado*, no intento de jogar luz sobre os potenciais e as limitações do processo de democratização da PEB na contemporaneidade.

O republicanismo mitigado na história da política externa brasileira pode ser mais bem compreendido por meio de uma imagem simples: a de uma corda de violão afinada. Por óbvio, admitiremos que essa corda de violão em vibração produza sons. Nos termos abstratos do raciocínio que vamos empreender, os sons corresponderão às orientações da PEB nos diversos governos brasileiros. Imaginemos agora que, ao longo dos anos, essa corda de violão (ou seja, a PEB) tenha oscilado, de forma irregular, entre as duas extremidades do seu intervalo de variação (republicanismo aristocrático e democracia), mas, quando em repouso, tendesse ao equilíbrio. Ocorre que, com o uso continuado, a corda foi se deformando, o que trouxe por implicação *um novo ponto de equilíbrio no repouso*. Apesar de as suas oscilações periódicas não cessarem, é altamente provável que tal corda (já deformada pelo tempo de uso) passe a produzir sons diferentes dos que produzia originalmente.

Relativamente à PEB, nossa interpretação é de que, com a série de novos elementos que se apresentaram desde o século XIX – e particularmente, desde 1985 –, ela teve de amoldar-se às circunstâncias. Incorporou, parcialmente, a via democrática a seu *modus operandi*. É como se aquela corda, que sempre produzira uma sonoridade mais aguda, tivesse passado a produzir sons mais graves – sem, todavia, deixar de ser uma corda de violão; sem deixar de vibrar periodicamente; sem deixar de estar amarrada ao "braço" do violão; sem deixar de sofrer novas deformações no futuro...

Se estiver correto no emprego da "metáfora da corda" para explicar a trajetória histórica da PEB, penso que existem dois movimentos coordenados, surpreendentemente complementares

entre si, potencialmente reveladores sobre o objeto da pesquisa –
e, por tudo isso, merecedores de atenção. Por um lado, quer me
parecer que a retórica e a institucionalidade da democracia têm
sido recorrentemente utilizadas, de um modo tutelar (e, talvez,
republicano), pelos usuais promotores da inserção internacional
do país. Trata-se de reconhecer variantes do "pragmatismo democrático" nas falas e iniciativas práticas de presidentes da república
e diplomatas de carreira, principalmente nos últimos vinte anos
de vida pública nacional; por outro lado, faz-se notar a escalada
"democratizante" sobre o Itamaraty, seguida pela emergência de
uma concepção poliárquica de PEB, mais aberta a estímulos de
um número plural de atores sociais.

Embora não disponhamos de elementos objetivos para
afirmar que a democratização da PEB seja tendência indesejável para o Ministério das Relações Exteriores do Brasil e seus
membros, cumpre reconhecer que essa burocracia tem sabido
absorver muito do impacto proveniente das pressões por mais
democracia, convertendo-as, frequentemente, em insumo de
legitimidade para uma condução (ainda) aristocrática da política
exterior do Estado brasileiro. Exposto da forma mais clara possível: a *inevitável* abertura, por diferentes caminhos institucionais,
de alguns processos da PEB à influência da sociedade brasileira
tem, curiosamente, ajudado a manter a estabilidade de propósito
do Itamaraty, por (ainda) não ameaçar a "arca das tradições" da
Casa.[56] Mesmo que o pêndulo da PEB vá até o lado democrático,
ele não abandona o campo de forças republicano. Tudo isso des-
cortina, possivelmente, uma solução de compromisso discursiva,
em que novas teses e elaborações conceituais têm serventia para
encobrir velhas motivações e barganhas políticas.

---

56 A expressão "arca das tradições" foi empregada, originalmente, por Joaquim
Nabuco (1997, p.79) para descrever o Conselho de Estado do Brasil Império.
In verbis, "[o Conselho de Estado era] o crisol dos nossos estadistas e a arca
das tradições do governo".

Conclusão
Uma nova estratégia de legitimação para a política externa brasileira?

"Indivíduos, grupos sociais, povos ou sociedades são considerados intrusos sempre que a diplomacia entra em jogo. Houve um tempo em que a observação valia para todo o cenário político; em seguida veio a democracia, precedida, no século XVIII, pela constituição de um espaço público onde a opinião se forjava e exprimia suas aspirações e suas críticas. O cenário internacional resistiu, por muito tempo, a essa conquista social e, ainda hoje, os não profissionais não são bem-vindos na cena diplomática. Domínio reservado, domínio do segredo, último bastião da razão de Estado, essa arena não deveria, assim, acolher o cidadão anônimo que ali habitualmente padece de todo tipo de desdém: incompetente, indiscreto, sem sangue frio, corroído pelas paixões, ele não tem nada a fazer ao lado de diplomatas; tem somente o direito de aparecer como soldado, mas em um papel de estrita obediência e total sacrifício. Último espaço em que o soberano dispõe, pelo menos em princípio, do direito de vida e de morte sobre os seus súditos, o cenário internacional não deveria ser apropriado pelos indivíduos..."

Bertrand Badie
O diplomata e o intruso, p.11

"Do novo Itamaraty são ausentes as vetustas colunas e a retilínia arquitetura do velho Itamaraty, no qual passeava a nobreza do barão do Rio Branco. As curvas de Niemeyer e a clareza dos salões, com a invasão da luz de Brasília, correspondem ao que somos, enquanto os cisnes idosos, sob a sombra das palmeiras do antigo palácio carioca, recordam o que fomos. As águas, mais leves, do Planalto, são outras, outras, mais próximas do chão, as plantas que adornam seus jardins."

Mauro Santayana
"Amorim destaca diplomacia: 'EUA foram surpreendidos'",
Jornal do Brasil, 23 maio 2010, p.A2

"Pois é, eu sou um chanceler popular."
Celso Amorim
(*em tom de brincadeira, depois de ter a sua entrada na Casa Rosada argentina barrada e caminhar, entre os populares, até a embaixada do Brasil em Buenos Aires*)
"Em Buenos Aires, Garcia e Amorim são barrados na porta da Casa Rosada", *O Globo*, 26 maio 2010

Arrematar este livro requer o esforço derradeiro de responder uma pergunta – tão crítica para os propósitos do trabalho quanto ousada: quão viável é a realização de uma política externa cujo conteúdo seja orientado pela sociedade democrática do Brasil contemporâneo?

Note-se, em primeiro lugar, que não estou interessado, neste momento, na discussão normativa sobre a desejabilidade de uma PEB democraticamente orientada; e, em segundo lugar, que tampouco pretendo dar ênfase à tecnicalidade dessa operação política. Questiono-me, no decorrer desta obra, se se trata, efetivamente, de uma proposta *plausível*, ou seja, passível de ser levada a efeito neste país, no tempo presente, em que pesem todos os obstáculos. As dúvidas que emergiram na fabricação do texto – para as quais não esbocei traço de solução – não foram poucas. Embora algumas pistas tenham sido colecionadas durante a investigação, a pergunta lançada ao início do parágrafo anterior parece não admitir (ainda) uma resolução pronta e acabada. A resposta perseguida, a rigor, permanece pendente. Ou talvez, simplesmente, o problema em avaliação não se preste a respostas de exatidão matemática...

Há questões conceituais e teóricas que atravessam silenciosamente a discussão promovida. Delas pretendo aproximar-me, ainda que brevemente, nesta conclusão. Uma delas, provavelmente a principal, liga-se ao conceito de autoridade política e suas variações históricas, da antiguidade à modernidade. Tais variações podem iluminar a mudança (já em curso) nos critérios que embasam a legitimidade social da política externa praticada no Brasil de hoje.

I

Na antiga Roma, concebe-se o significante *auctoritas*, referência linguística mais remota da contemporânea autoridade política.[1] *Auctoritas* vem do verbo *augere*,[2] que quer dizer "aumentar", "ampliar". Aquilo que a *auctoritas* amplia é a base normativa em que se funda a relação de autoridade. Como Hannah Arendt (1988) registrou, *auctoritas* era o que o Senado romano, composto de *senes* (homens senis) ou *patres* (patronos), possuía, em contraste com a *potestas* do povo. Os anciãos obtinham a autoridade por descendência ou transmissão (*tradere*, tradição) daqueles que haviam lançado as fundações de todas as coisas maiores. A autoridade dos vivos era sempre derivativa, repousando, no dizer de Plínio, nos *auctores imperii Romani conditoresque*.[3] Distintamente

---

1 Apesar de só então ter surgido a palavra e ter-se consolidado o conceito *auctoritas*, isso não implica admitir que as relações de autoridade não haviam existido até aquele momento histórico.

2 No grego clássico, *auxein*.

3 Ou seja, os fundadores do Império Romano.

da *potestas*, uma relação do tempo presente, a *auctoritas* sempre conduz ao passado, a algum momento fundante. Num contexto em que o passado era santificado pela tradição, nada mais natural do que se recorrer aos *senes*, homens mais idosos e, por isso, mais "próximos" do momento original, tendo eles mesmos testemunhado de perto os ensinamentos e privado dos valores que os antepassados cultivavam. É por isso que a idade provecta, e não simplesmente a maturidade, continha para os romanos o clímax da vida humana.

Logo, a *auctoritas patrum* era mais do que o simples conselho e, contudo, menos do que um comando, um mandamento. Consistia no "conselho que não pode ser ignorado com segurança, tal como o conselho que o especialista dá ao leigo" (Friedrich, 1974, p.52). As posições assumidas pelo Senado romano, apesar de não terem como intenção estabelecer limites para a livre decisão do povo, procuravam como finalidade impedir uma violação daquilo que era tradição e ordem divina. Cria-se que tal violação, por constituir um crime (*nefas*) contra as divindades, poderia prejudicar a Providência. A conservação dos bons auspícios, portanto, era a ideia subjacente à atuação do Senado, justificando, assim, a sua prerrogativa da *auctoritas patrum*.

Tratava-se, pois, de imprimir mais sabedoria à vontade, razão à força e ao desejo, conhecimento profundo de valores comuns e de tradições consagradas a tudo aquilo que o povo desejasse fazer. Arendt (1988) elucida: "A característica mais proeminente dos que detêm autoridade [na Roma antiga] é *não* possuir poder" (Arendt, 1988, p.164). O caráter autoritativo do "acréscimo" dos anciãos às decisões populares reside exatamente em sua natureza de aconselhamento, prescindindo seja da forma da *ordem*, seja de *coerção* externa para fazer-se respeitar. Cícero, em *De Legibus*, corrobora: "enquanto o poder reside no povo, a autoridade está no Senado".[4] Agir sem autoridade e tradição, sem padrões e

---

4 *"Cum potestas in populo auctoritas in senatu sit"* (Cícero, 2010).

modelos aceitos e consagrados pelo tempo, sem o timbre da sabedoria dos pais fundadores, tornara-se inconcebível para os antigos romanos.

II

Quando tentamos identificar os fundamentos de autoridade política em sociedades modernas e complexas, defrontamo-nos com diferenças marcadas em relação à experiência dos antigos. Joseph Raz (2001) assinala que, hoje, o governo tem, em regra, *apenas parte da autoridade [política] que reclama*, e, além disso, mais autoridade sobre umas do que sobre outras pessoas. Há autoridade política em diferentes graus e contextos, variando de indivíduo para indivíduo. Nota-se, ainda, que o caráter comunal da autoridade política afeta o processo de legitimação entre o Estado e o indivíduo. Na vida cotidiana das comunidades políticas, dado o imperativo de execução eficiente de algumas tarefas por parte do Estado, o fundamento de legitimidade da autoridade política pode ser sacrificado em nome do poder efetivo. Isso não elimina, contudo, a necessidade da relação de autorização entre governados e governante para a sobrevivência de um governo civil.

O Estado moderno prossegue como a referência institucional em termos de autoridade pública. A forma do Estado burocrático (liberal) consolidou-se, estando largamente disseminada. Não obstante, esse mesmo Estado moderno expõe fraquezas neste início de século XXI. A alegação muito repetida é de que a globalização[5] tem drenado a autoridade dos Estados-nação.

---

5 Operar com uma definição consensual de *globalização* é tarefa difícil, em face da profusão de visões oferecidas a respeito do fenômeno. Para os efeitos deste estudo, nós nos referimos, por "globalização", ao estágio das relações humanas em que ingressamos a partir da década de 1970, marcado, sobretudo, pelo incremento nos fluxos transfronteiriços de bens, capitais, ideias,

O monopólio estatal das funções de governo estaria ruindo em face da emergência de novos agentes no ambiente das relações políticas domésticas e internacionais. Nesse bloco poderiam ser enquadrados os novos poderes regionais, as províncias e as municipalidades, as organizações intergovernamentais e supranacionais, as organizações não governamentais e as firmas multinacionais, as igrejas e movimentos sociais transnacionais, entre outros. Em suma, embora o Estado nunca tivesse sido, de fato, a "bola de bilhar" que se imaginava nos antigos modelos analíticos, é razoável afirmar, hoje, que ele se encontra mais poroso, mais exposto a (e afetado por) formas alternativas de exercício de autoridade política.

Passar em revista as bases de legitimidade deste Estado contemporâneo pode fazer mais compreensível o nosso problema de pesquisa. *Grosso modo*, a missão do Estado moderno relaciona-se ao realismo político de Maquiavel. Fazer a guerra externamente e garantir a ordem internamente (evitando-se o caos) constituíram as suas duas grandes tarefas iniciais. Para tanto, esse Estado financiou exércitos permanentes, fiéis ao soberano, além de coletores de impostos, para tributar a população, e diplomatas, para representá-lo perante outros Estados. Ao longo dos séculos XVIII e XIX, houve uma alteração de foco no mandato estatal. Às clássicas tarefas estatais de fazer a guerra e evitar o caos, agregou-se a condução da transformação econômica.

O processo de deslegitimação do Estado pode ser avaliado por diversos ângulos. Em primeiro lugar, o Estado contemporâneo tem encontrado dificuldade de avocar para si o propósito da transformação econômica. Esse hiato funcional é crescentemente suprido pela atuação dos mercados, que operam tanto na

---

pessoas. Esses fluxos têm colaborado, principalmente, para um relaxamento da clássica concepção de soberania estatal – segundo a qual competia exclusivamente ao Estado regular todo e qualquer processo ocorrido dentro dos seus limites territoriais.

Política externa e democracia no Brasil

modelagem das instituições públicas como na difusão de crenças e ideologias. Susan Strange, a esse respeito, afirmou: "Se os Estados foram alguma vez os mestres dos mercados, agora são os mercados que, em muitos aspectos cruciais, são os senhores dos governos estatais" (Strange, 1996, p.4). A proposição é de que os governos dos Estados, numa escala mundial, grandes e pequenos, democráticos e autoritários, têm-se enfraquecido em virtude das mudanças tecnológicas e financeiras e da acelerada integração das economias nacionais, conduzindo a uma economia de mercado global. Strange complementou:

> [Acontece] que algumas das responsabilidades fundamentais do Estado em uma economia de mercado – responsabilidades primeiramente reconhecidas, descritas e discutidas extensamente por Adam Smith, duzentos anos atrás – não estão sendo devidamente assumidas por ninguém. No coração da economia política internacional, há um vácuo, um vácuo que não é preenchido por instituições intergovernamentais ou por um poder hegemônico que possa exercer liderança para o interesse coletivo. (Strange, 1996, p.14)

A autoridade moral do Estado vem sendo esvaziada pela atuação de agentes paralelos (algumas vezes, gerados pelo próprio Estado).[6] Governantes empoderados pelo método eleitoral tido como democrático não conseguem atender às aspirações de seus eleitores. Mecanismos de *accountability* do Estado demonstram insuficiência em face das demandas por maior participação popular na gestão pública. A esse fenômeno, tem-se nomeado de *déficit democrático*. Em acréscimo, o lócus do poder político efetivo parece ter-se deslocado dos governos nacionais para outros centros de governança difusa – o que eleva a desconfiança em relação às

---

6 Faz-se menção ao rosário de associações não governamentais que são mantidas, de forma direta e indireta, pelo próprio Estado.

formas assumidas pela democracia contemporânea e, portanto, mina a autoridade do Estado e de suas agências (Held, 1991; 1999).

À luz do que se vem descrevendo, Mark Zacher (2000) sugeriu que os pilares que sustentavam a ordem internacional – dentro da qual o Estado-nação se afirmou como a grande referência institucional de autoridade política moderna – começaram a ruir. Com o advento da era nuclear, não mais vigora a relação de custo-benefício que motivava os Estados territoriais a recorrerem à guerra. A dimensão territorial do Estado moderno perdeu importância. A crescente integração internacional desestimulou o enfrentamento bélico, dando azo a uma crescente cooperação. Os baixos níveis de interdependência econômica de antes deram lugar a uma economia global altamente conectada. Os reduzidos fluxos informacionais de outrora, que ajudavam a promover a especificidade cultural, transformaram-se em uma profusão de informações além-fronteiras, em "tempo real", e em um maior compartilhamento de signos e instituições entre os povos. O absolutismo da primeira modernidade vai sendo substituído pela democracia eleitoral como forma predominante de organização política das comunidades. Os "pilares caídos" de Zacher, como se poderá oportunamente diagnosticar, estão estreitamente relacionados com a mudança nas formas de legitimação da política externa brasileira da contemporaneidade.

III

Ao estudar a formação do Estado brasileiro moderno, Fernando Uricoechea notou que, na passagem da dominação patrimonial para a dominação burocrática, ocorrida em meados do século XIX, estabeleceu-se uma ordem legal inteiramente nova, responsável por apartar, de maneira mais nítida, a esfera pública da vida privada. Essas novas regras e normas aplicáveis à gestão do Estado nacional já refletiam mudanças na base da autoridade política moderna. Logo, não se tratava apenas de uma "simples questão administrativa" (1977, p.61), e sim de uma complicada operação sociológica.

Para o autor, a admissão dos limites privados do Estado, típica do patrimonialismo medieval, não era consistente com a ideia de autoridade política. Sugere então que a grande carência nacional à época da independência era a autoridade estatal, uma vez que "o Estado exerce poder, sim; mas ainda não é imperioso (*authoritative*): ele não impõe obediência automaticamente; ele não persuade: coopta e barganha" (ibid., p.65). A institucionalização de uma ordem legal burocraticamente administrada era tornada impraticável pela fraca diferenciação existente entre o público e o privado, capaz de inviabilizar, como exemplifica Uricoechea, a instituição de um mero sistema abstrato de penas para os crimes comuns cometidos pelos indivíduos.

Uricoechea também relatou o desenvolvimento paulatino de uma consciência racional legal na administração pública brasileira do oitocentos, numa avaliação que fez do comportamento dos altos burocratas e magistrados que aqui se encontravam. Apesar dos apelos – cada vez mais frequentes – pela "persuasão racional", nossa burocracia combinou-se, inicialmente, com elementos de arbítrio patrimonial. A base objetiva de ação ainda não era firme. A maturidade burocrática e a própria solidificação dos referenciais racionais legais viriam apenas no último quartel de século, na passagem do império para a república. Essas novas circunstâncias administrativas impunham, dentre outras coisas, um novo estatuto para os valores associados ao parentesco no interior das agências de governo.

É justamente à época da inauguração da experiência institucional republicana no Brasil que se consuma a transição de um modelo abertamente aristocrático (e abertamente patrimonialista) de gestão pública para um modelo tentativamente burocratizado, impessoal e, sobretudo, calcado em leis objetivas. No atinente à política externa do Estado brasileiro, talvez seja acertado dizer que o emergente quadro institucional republicano do início do século XX se tenha deixado influenciar, de diferentes formas, pela atmosfera aristocrática, típica do século anterior.

Tal aspecto pede atenção: de um modo geral, a agência governamental incumbida da política externa sofreu menos os impactos sociais do que as demais – especialmente, se considerado o contexto do início do século XX. A "burocratização das consciências administrativas", por assim dizer, foi bastante mais lenta e vacilante entre os responsáveis por assuntos internacionais do Estado brasileiro, o que cacifa, em última análise, a afirmação de que o Itamaraty se constituiu historicamente em "último refúgio da nobreza". Apesar de muitas explicações serem admitidas para o fenômeno, a mais recorrente enfatiza o transplante das instituições políticas portuguesas (Faoro, 1958) e, nomeadamente, a característica suprassocial do seu corpo diplomático (Silva, 2002), levando à não diluição dos referenciais simbólicos portugueses – porque *não havia à época uma sociedade brasileira para diluí-los ou substituí-los*. Donde a gênese de um republicanismo de persistente corte aristocrático, que não abandonaria facilmente o corpo diplomático brasileiro no curso de sua existência.

Traços do velho e do novo encontram-se presentes na condução do Itamaraty feita pelo barão do Rio Branco, de 1902 a 1912. Para efeito de demarcação histórica, considera-se usualmente a gestão de Rio Branco como o marco zero da era moderna do Ministério das Relações Exteriores. Não por acaso, Rio Branco é considerado, ainda hoje, o patrono da diplomacia nacional (pelos próprios diplomatas brasileiros).

A ver: em Roma, o poder coercivo da fundação política tinha natureza religiosa.[7] A força da autoridade estava intimamente

---

7 Entre os romanos, a cidade oferecia aos deuses do povo um lar permanente – ao contrário dos gregos, cujos deuses protegiam as cidades dos mortais e, por vezes, nelas habitavam, mas possuíam seu próprio lar, distante da morada dos homens, no Monte Olimpo.

ligada à força religiosa dos *auspices*,[8] que, ao contrário do oráculo grego, não sugerem o curso objetivo dos eventos futuros, mas apenas revelam a aprovação ou a desaprovação divina das decisões feitas pelo homem. Os *auspices* definem se as ações humanas estão ou não devidamente "autorizadas" pelos deuses. Os deuses "aumentam"-nas e autenticam-nas, mas não as guiam. Na mitologia romana, todos os *auspices* remontam ao sinal pelo qual os deuses deram a Rômulo a autoridade para fundar a sua cidade. Assim sendo, toda autoridade derivaria daquele ato de fundação, remetendo ao sagrado início da história romana e somando, por assim dizer, a cada novo momento singular, o peso do passado (Arendt, 1988, p.165).

Diferentemente dos romanos, para os quais o fundamento da autoridade residia sempre no passado, Nicolau Maquiavel – e também o revolucionário francês Maximilien de Robespierre – pensava que, para alcançar o fim último da (re)fundação, todos os meios, inclusive os violentos, seriam justificáveis. É esse o ponto que afasta, no referente à concepção de autoridade política, revolucionários franceses de americanos. Os "pais fundadores", como são chamados os líderes da Revolução Norte-Americana, conseguiram fundar um organismo político novo, os Estados Unidos da América, prescindindo, no ato de fundação, do recurso franco à violência.[9] O principal instrumento empregado para a projeção da sua autoridade política foi a Constituição – um documento que, porquanto autoritativo, ainda hoje continua a vigorar como lei fundamental do país (Arendt, 1988).[10]

---

8 Ainda no campo da etimologia, não surpreende que "autoridade" (*auctoritas*) e "augúrio" (*auspices*) provenham do mesmo vocábulo latino – *augere*.

9 A violência esteve sim presente em um momento anterior, de colonização do território americano. Durante o processo da Revolução Americana, restringiu-se mais ou menos às atividades bélicas regulares.

10 A respeito das revoluções da era moderna, afigura-se relevante a tentativa de reparar as fundações da autoridade política, ou, como elabora Hannah Arendt, "de renovar o fio rompido da tradição e de restaurar, mediante a

É nesse sentido específico que, sem exagero, se poderá considerar o barão do Rio Branco, para além de *patrono* dos diplomatas (o depositário da *patrum auctoritas*, segundo os romanos), um *revolucionário à americana*, espécie de "pai fundador" da PEB moderna – sempre associada aos valores do constitucionalismo e da resolução pacífica de controvérsias. No fraseado que o biógrafo Álvaro Lins lhe dedicou, por motivo de sua morte,

> agora morto, é que ele começava realmente a viver. Pois Rio Branco continua a ser a principal figura do Itamaraty, que se tornou de modo ao mesmo tempo simbólico e real a "Casa de Rio Branco". E isso aconteceu porque, morrendo no momento certo, ele deixou de ser um homem para se tornar uma imagem. Como imagem, ele é sempre um ideal inalterado e renovado, uma força imaterial da qual procuramos aproximar-nos incessantemente. (Lins, 1996, p.443)[11]

IV

À moda dos iluministas do século XVIII, Max Weber opôs a tradição à razão. Ao cotejar os seus três tipos de dominação legítima, Weber tratou da "dominação tradicional", vinculada à "crença na santidade dos ordenamentos e poderes senhoriais desde sempre existentes" (Weber, 1997, p.708). Para Weber, a tradição encontra-se na contramão da modernidade – a qual seria mais bem representada pela "dominação legal", ápice da

---

fundação de novos organismos políticos, aquilo que durante tantos séculos conferiu aos negócios humanos certa medida de dignidade e grandeza" (1988, p.185).

11 Sintomaticamente, José Maria da Silva Paranhos Júnior, o barão do Rio Branco, costuma ter suas ideias resgatadas, ainda hoje, para emprestar legitimidade tanto a posições críticas quanto a posições alinhadas ao que esteja sendo produzido em termos de *"policy"*, isto é, da política externa efetivada pelo governo.

racionalização nas formas de controle humano. O semiólogo americano Charles Peirce, em suas proposições, chegou à estranha equivalência entre o método da autoridade e a tradição católica. Edmund Burke seguiu trilha parecida, comparando a autoridade a um meio pouco racional de apreensão da realidade, muito próximo da superstição. Toda essa crítica, velada ou explícita, ao mecanismo da tradição culminou, no século XIX, com a Filosofia da História de Auguste Comte e a tentativa de emprestar autoridade às coisas e pessoas pela via da argumentação científica (buscando-se extinguir, ou pelos menos mitigar, toda afetação que porventura houvesse da tradição) (Friedrich, 1974).

A palavra tradição deriva do latim *tradere*, que quer dizer "transferir" ou "entregar". O termo tem uma raiz eclesiástica ou religiosa, correspondendo, originalmente, à *entrega de um depósito precioso (de origem divina) a um eleito, uma pessoa escolhida*. Donde a associação, comum a Weber e a tantos outros, entre tradição e pré-modernidade. Mas há um equívoco comum a essas visões: a não percepção da tradição como uma criação humana e, portanto, mutante, passível de alterações em sua composição. Diferentemente da religião, a tradição não se refere a um conjunto específico de crenças e práticas, a ser conservado a todo preço, mas à maneira como essas crenças são organizadas, especialmente em relação ao tempo. A tradição está orientada para o passado, mas para um passado que não se desgarra do futuro, um passado que projeta e modela o futuro, constituindo-se em "presente contínuo". A tradição é um corpo vivo de hipóteses, sujeito à ação dos homens. Sua estruturação dá-se "de forma distinta em termos temporais e espaciais, de acordo com as experiências vividas pelo homem" (Giddens, 1991, p.106-7).

Frequentemente, líderes mais velhos não compreenderam como a autoridade da qual estiveram investidos, durante um tempo considerável de suas vidas, evaporou subitamente. "Evapora pelo fato de que seu fracasso em compartilhar os novos valores [novas tradições] os priva da capacidade de elaboração racional de um curso de ação proposto" (Friedrich, 1974, p.66). Para citar casos famosos, envolvendo políticos profissionais do século XX, destacamos as trajetórias de Winston Churchill, Konrad Adenauer e Charles de Gaulle. A autoridade com que foram revestidos aqueles políticos sofreu acelerado declínio quando pareceu claro, para a maior parte dos seus "autorizadores" (isto é, os seus eleitores), que as propostas por eles defendidas não mais representavam as suas preferências de valores. Churchill, o líder da Inglaterra durante a Segunda Guerra, foi vítima da guinada para uma conjuntura de paz, perdendo o pleito no imediato pós-guerra para Clement Attlee (a despeito de permanecer ainda bastante popular entre os ingleses). O nome de Churchill continuava vinculado ao contexto de beligerância, conforme a interpretação que prevaleceu, gerando a rejeição de seu comando entre os ingleses. Adenauer não conseguiu captar que os alemães já não estavam mais sintonizados com a sua preocupação quase exclusiva com a política exterior, a ponto de negligenciar questões urgentes da política interna. E o general de Gaulle mostrou-se insensível à progressiva europeização dos franceses (especialmente no tocante às questões agrícolas), vindo a defender posições de cunho nacionalista quando estas, a uma determinada altura, não mais faziam sentido. As tradições políticas estavam sendo questionadas. Fez-se claro, nesses casos e em tantos outros, que o ganho e a perda de autoridade estão ligados à transformação nos padrões de valores e crenças.

Anthony Giddens apontou o advento de uma "ordem social pós-tradicional" (1991). Uma ordem pós-tradicional, no entanto, não é aquela em que a tradição desaparece, mas aquela em que a tradição muda de *status*. Segundo Giddens, na modernidade corrente "as tradições têm de explicar-se, têm de se tornar abertas à interrogação e ao discurso". O sociólogo entende que o próprio Iluminismo, embora rechaçasse as tradições do *Ancien Régime*, tratou de substituí-las por "novas tradições". Tradições de grande importância foram inventadas, como o nacionalismo.[12] Outras tradições foram reinterpretadas, para melhor lidar com a família, o gênero, a sexualidade. A ciência, aparentemente oposta às formas tradicionais de pensamento, tornou-se uma tradição. Transformou--se em repositório de autoridade, relativamente inquestionável para enfrentar os dilemas da vida social (Giddens, 1996, p.13-4).

Tomando-se um esquema de comportamento social um pouco mais complexo, com cidadãos reflexivos e aptos a protagonizar relações de autoridade política, a tradição não pode permanecer fechada em torno de si mesma, não pode repelir o diálogo. Tampouco ser considerada um dado existente desde sempre. A tradição – assim como a autoridade – há de ser pensada de forma contingente e contextual, em renovação contínua. Assim, várias tradições podem entrar em conflito, competindo por um mesmo espaço. Isso fica bastante evidente no caso de vários indivíduos reclamarem para si a autoridade sobre um determinado campo, cada qual baseando a sua reivindicação em um diferente corpo de crenças e conhecimentos (ibid.).

Dificilmente uma tradição se faria *tradição*, isto é, dificilmente um conjunto de ideias (mitos, práticas, costumes etc.) se tornaria suficientemente arraigado numa comunidade se os indivíduos

---

12 Tome-se a formulação do historiador Eric J. Hobsbawm: "Inventam-se novas tradições quando ocorrem transformações suficientemente amplas e rápidas tanto do lado da demanda quanto do lado da oferta. Durante os últimos duzentos anos, tem havido transformações especialmente importantes, sendo razoável esperar que estas formalizações imediatas de novas tradições se agrupem neste período. A propósito, isto implica, ao contrário da concepção veiculada pelo liberalismo do século XIX e a teoria da 'modernização', que é mais recente, a ideia de que tais formalizações não se cingem às chamadas sociedades 'tradicionais', mas que também ocorrem, sob as mais diversas formas, nas sociedades 'modernas'. De maneira geral, é isso que acontece, mas é preciso que se evite pensar que formas mais antigas de estrutura de comunidade e autoridade e, consequentemente, as tradições a elas associadas, eram rígidas e se tornaram rapidamente obsoletas; e também que as 'novas' tradições surgiram simplesmente, por causa da incapacidade de utilizar ou adaptar as tradições velhas" (Hobsbawm, 1984, p.12-3).

nela viventes não o autorizassem. Há de se ter em conta que as tradições são produtos da ação do homem – do *auctor*, do autor, do ator social. Elas dependem da reiterada consagração de seu conteúdo por seres autônomos, a fim de se constituírem (e até de se reconstituírem). A tradição é uma rotina intrinsecamente significativa. Tradição não é tradicionalismo, não é o recurso compulsivo ao antigo, ao clássico.[13] Não se trata de um hábito por amor ao hábito, vazio de conteúdo. O tempo e o espaço não são dimensões ocas, porque estão eles mesmos "contextualmente absorvidos na natureza das atividades vividas" (Giddens, 1991, p.107). Autoridade e tradição são noções entrelaçadas, portanto. Repisando a etimologia, a fundação da autoridade corresponde a, está incrustada em, ou é tributária de, uma tradição, um corpo de valores, crenças, práticas, comportamentos.

Sob o impacto dessa exposição, não se faz despropositada e tampouco surpreende a atribuição ao chanceler Antonio Azeredo da Silveira do seguinte dístico: "a melhor tradição do Itamaraty é saber renovar-se".

V

A evolução do sistema de formulação e tomada de decisão em política externa brasileira não tem sido preocupação rotineira

---

13 A citação de Otto Maria Carpeaux ajuda a esclarecer a diferença entre a tradição e o tradicionalismo: "A tradição é [...] uma tática pedagógica, que nos ensina a guardar a continuidade em relação às experiências do passado, e a escolher as experiências que nos servem para reconhecer o durável dentro do instável em nosso curto momento de vida. Essa 'escolha' é de extrema importância. Sem essa escolha, nós nos abandonaríamos ao falso tradicionalismo dos 'homens de ontem', retardatários, rancorosos, amadores 'do que já foi antigamente e para onde é preciso voltar' [...]. Não cito isso para lembrar o elemento disciplinar, pedagógico, da tradição, mas para sublinhar o elemento ativo, dirigido para a vida, e que prevalece na função escolhedora. A verdadeira tradição é sempre ativa" (Carvalho, 1999, p.204).

ou objeto preferencial de análise de nossos acadêmicos. Também por isso, um dos estudos pioneiros sobre o assunto – a dissertação de mestrado de Zairo Borges Cheibub, defendida no ano de 1984, no Iuperj, sob o título *Diplomacia, diplomatas e política externa: aspectos do processo de institucionalização no Itamaraty*, além de artigos supervenientes – assumiu rapidamente a condição de referência incontornável, pelo que me cumpre, afinal, revisitar algumas de suas ideias centrais.

Cheibub (1985) estabeleceu uma divisão bifásica para explicar a história institucional do Itamaraty. Segundo o autor, houve uma era patrimonial (de 1822 ao fim do século XIX) e, a partir do início do século XX, instituiu-se a era racional-legal (de aproximadamente 1920 até o início dos anos 1980). As duas fases foram entrecortadas pelo que se chamou de "momento carismático", alusivo à permanência de uma década (1902-1912) do barão do Rio Branco na chefia do Ministério das Relações Exteriores do Brasil.

Resumidamente, enquanto a primeira era correspondeu ao predomínio das relações personalistas, clientelísticas e fracamente institucionalizadas – aos moldes da *maison du roi* de Bourdieu (1997) – no tocante aos negócios estrangeiros do país, a segunda é pontuada pela modernização do Estado brasileiro, com a realização de concursos públicos para acesso a cargos na chancelaria (a partir de 1918), a unificação dos serviços diplomático e consular (consumada em 1938) e a criação do Instituto Rio Branco, academia diplomática brasileira, em 1945. A profissionalização da carreira diplomática fez-se acompanhar pela instauração de um regime meritocrático e a crescente e contínua burocratização dos procedimentos, no âmbito do MRE.

A julgar pela observação das instituições formais encarregadas do exercício da diplomacia nacional e, particularmente, considerado todo o movimento de diferenciação, segmentação e aperfeiçoamento institucional do Itamaraty no curso de sua existência, o diagnóstico etapista de Cheibub parece bastante razoável e, mais do que isso, heuristicamente útil. Não obstante, ao cultivar a pretensão de apreender uma tendência evolutiva – com base em tipos ideais weberianos –, o autor não dá conta de explicar a dinâmica democratizante que passou a incidir sobre o MRE nas duas últimas décadas (já redemocratizadas) da política brasileira.

Primeiro, por uma razão óbvia: seu estudo original data de 1984 – logo, é anterior à redemocratização brasileira. Outro problema que lhe acomete é que, em virtude da opção pela historiografia institucional, Cheibub deixou de capturar importantes focos extrainstitucionais de autoridade e poder no processo decisório da PEB. Como exposto anteriormente, a política externa antecede e também engloba os meios diplomáticos. Já havia pensamento relevante sobre a inserção internacional do Brasil antes mesmo de o Estado tornar-se politicamente independente. Antes do MRE, o debate sobre as questões internacionais do Brasil passou por canais tão distintos quanto o Conselho de Estado, o Senado, a Câmara e pelo próprio antecessor institucional do MRE, o Ministério dos Negócios Estrangeiros. Uma das principais "instituições" da PEB do século XIX era o imperador D. Pedro II em pessoa. Ora: o que se pretende sugerir aqui, em poucas palavras, é que investigar a plausibilidade contemporânea de uma política externa democraticamente orientada implica, necessariamente, extrapolar a arena institucional e avaliar o relacionamento crítico entre duas categorias primárias, quais sejam, o Estado e a sociedade. Sem esse deslocamento do olhar, a análise não resistirá a escrutínio mais severo.

Adiante no tempo, outro autor, Sérgio França Danese, aventurou-se na tentativa de conferir sentido à trajetória histórica do sistema de política externa do Brasil. Danese defendeu a posição de que a diplomacia pátria foi responsável pelo processo de construção da nacionalidade brasileira ao longo dos séculos, em estrita conformidade com a tradição portuguesa de *nation-building*. A começar pela assinatura do Tratado de Tordesilhas, em

1494 – segundo o autor, "um ato de pura diplomacia" (Danese, 1999b, p.103) –, passando pelo Tratado de Madri, de 1750, e pelos diversos acordos diplomáticos do século XIX, inclusive os arranjos para o reconhecimento internacional do Estado brasileiro, até chegar, na atualidade, ao Tratado de Assunção, de 1991 – "etapa-síntese da diplomacia como instrumento de construção nacional" (Danese, 1999b, p.114) –, o corpo diplomático brasileiro teria guiado reiteradamente os esforços para a constituição do povo brasileiro. Até a diretriz do desenvolvimentismo, que acompanhou a história da PEB do século XX, é apresentada, no texto em voga, como produto de uma ação orientada da diplomacia com vistas à geração de maior coesão nacional.

A argumentação não esconde a sua fragilidade, tampouco escapa de aporias lógicas. Em primeiro lugar, o exemplo da assinatura do Tratado de Assunção (documento constitutivo do Mercosul) como demonstrativo da capacidade do corpo diplomático brasileiro de fomentar uma nacionalidade "conessulina" não poderia ser, aos olhos de um observador no ano de 2010, mais inapropriado. A relação proposta entre diplomacia, Estado e nação também é passível de alguma revisão. Se o corpo diplomático sempre modelou, conforme alegado, os contornos da nacionalidade brasileira, como um Estado genuinamente brasileiro – pré-existente à chancelaria, por suposto – pôde configurar-se? Ainda mais dramático é cogitar se, em algum momento da nossa história de Estado independente, a diplomacia brasileira foi verdadeiramente *representativa* (no sentido democrático) da gente local.

O Estado brasileiro, na exposição de Sérgio Danese (1999b), é declaradamente demiúrgico, e o corpo diplomático, o seu principal instrumento. Ao cabo da leitura, em virtude do resistente "déficit democrático" da política externa brasileira na contemporaneidade, resta a impressão de ter-se atingido um típico paradoxo de Zenão – pois, se admitido o pressuposto de Danese (de que a diplomacia é, desde os princípios, a formatadora da nação no Brasil), por mais que a sociedade brasileira (Aquiles) se democratize radicalmente e busque participar mais ativamente do jogo da PEB, ela nunca o poderá, uma vez que os formuladores diplomáticos (tartaruga) sempre estarão à sua frente...

Em suma: para Zairo Cheibub, o caminho é o progressivo insulamento burocrático do Itamaraty – o repositório institucional da tomada de decisão em política externa brasileira; em Sérgio Danese (1999b), projeta-se a eterna tutela da sociedade pela chancelaria. Fundamentalmente, tanto o primeiro quanto o segundo ignoram o problema de pesquisa para cujo estudo nos oferecemos nesta obra. Ou, simplesmente, desviam-se dele, de forma deliberada ou não.

VI

O tema da democratização da política externa brasileira sequer parece estar posto, pelos atuais formuladores estratégicos da inserção internacional do Brasil, como um *problema* efetivo. Embora a retórica e a prática institucional do Itamaraty denotem uma ênfase crescente na questão democrática e na pluralidade dos atores sociais envolvidos, de uma forma ou de outra, com a política externa brasileira, não se observa aí senso de urgência ou de necessidade.

A fim de conferir algum parâmetro à análise em curso, portanto, toma-se a interessante discussão feita por Marco Aurélio Cepik (2003) acerca da compatibilização possível entre democracia e atividades de inteligência do Estado na contemporaneidade.[14] Mesmo que o objeto de pesquisa do autor não seja

---

14 Note-se que, assim como foi feito no decorrer desta argumentação, Cepik também reconheceu haver subestimação dos impactos da inteligência no cânone da teoria democrática (2003, p.188).

Política externa e democracia no Brasil

exatamente aquele que nos move nesta empreitada, há evidentes aproximações e pontos de contato entre eles. Por exemplo, Cepik admite que, para a teoria democrática moderna, a representatividade se estabelece, em regra, por meio de eleições e pela fiscalização mútua dos órgãos e dos poderes; e que isso acarreta um dilema agudo para o governante, pois existem inevitáveis tensões entre segredo governamental e direito do indivíduo à informação; ou, ainda, entre segurança estatal e segurança individual. Assim, o autor mostra-se um tanto cético em relação à possibilidade de um genuíno controle democrático sobre os atos referentes à área de inteligência do Estado – como se lê a seguir:

> De modo geral, na área de inteligência e segurança os mecanismos de controle público são bastante frágeis e incertos, sendo que os mais indiretos e horizontais tendem a ser relativamente mais efetivos. Diante dessa relativa fragilidade, é comum encontrar exortações sobre a necessidade de programas de treinamento e processos de socialização dos funcionários das agências de inteligência que incorporem elevados valores cívicos e altos graus de profissionalismo e respeito à Constituição. (Cepik, 2003, p.159-60)

Entre os principais mecanismos de controle público de que dispõe a sociedade democrática brasileira, arrolam-se: a) as eleições dos governantes; b) a opinião pública informada pelos meios de comunicação; c) os mandatos legais que delimitam funções e missões às agências governamentais; d) os procedimentos judiciais de autorização de certas operações e de resolução de disputas de interpretação sobre mandatos legais; e) as inspetorias e corregedorias dos próprios órgãos de inteligência; f) demais mecanismos de coordenação e supervisão do poder Executivo e g) demais mecanismos de supervisão e prestação de contas do poder Legislativo. É revelador que, para Cepik (ibid.), os mecanismos internos ao poder Executivo (mandatos legais, inspetorias e arranjos de coordenação) e os comitês parlamentares especializados em temas de inteligência, defesa e política externa sejam, na prática, instrumentos mais significativos (para efeito de controle democrático) do que as eleições ou a atuação dos canais da imprensa. Numa provocativa síntese do pensamento, o autor propõe que, apesar de a relação entre interesse nacional e segurança estatal não mais poder ser pensada nos termos do *Ancien Régime*, existem hoje novas razões práticas e morais que justificariam alguns dos "pontos cegos" de um regime democrático – em especial, o instituto do segredo governamental. Para tal, aplicar-se-ia a lógica republicana segundo a qual, sempre quando necessário, se deve abrir mão da transparência em nome da adequação.

Pelo paralelismo existente entre a discussão feita por Cepik e a nossa, seria possível inferir, ao menos provisoriamente, que o argumento republicano vem interditando – para o bem ou para o mal – o debate sobre a democratização da gestão da segurança estatal e da política externa no Brasil contemporâneo.

VII

A argumentação deste livro foi construída em cinco capítulos, uma introdução e algumas conclusões provisórias, em que alegou-se estar acontecendo, hoje, uma inédita abertura da PEB aos estímulos de diferentes atores da sociedade democrática. Tal abertura tem-se dado por diversos canais, impactando não somente a formulação de políticas públicas do Estado como o próprio processo decisório sobre as questões internacionais do Brasil. Para tanto, baseamo-nos em indícios factuais, discursivos e institucionais, de 1985 aos dias que correm. Ou seja: caracterizamos o fenômeno que buscou-se decifrar dali por diante.

Procedemos com discussão teórica para tentar apreender e explicar, por meio do método dedutivo, o fenômeno em voga. Enunciou-se que nada obstava, ao menos em tese, a conciliação

Política externa e democracia no Brasil

entre a democracia e a política externa, a despeito de a ideia de razão de Estado parecer estar ainda muito arraigada entre os tomadores de decisão da política contemporânea. Induzimos, depois de revisitar quatro das tradicionais hipóteses da literatura sobre a relação democracia/PEB, que não havia clareza a respeito dos fatores que bloqueavam, empiricamente, o exercício democraticamente orientado da política externa nacional.

Hipotetizamos que o fenômeno descrito ao longo dos primeiros capítulos do trabalho (qual seja, a crescente adequação da PEB aos procedimentos democráticos) constituiria um desafio ao "republicanismo aristocrático", gestado, historicamente, no interior do Estado brasileiro. Postulou-se que o movimento democrático na PEB pós-1985 contribuía, assim, para mitigar os efeitos desse republicanismo de inspiração aristocrática.

Na conclusão do trabalho, foi discutido, sucintamente, como as mudanças na relação de autoridade pública (tanto em termos estruturais, no papel desempenhado pelo Estado moderno, quanto em termos conjunturais, na transição de regime político ocorrida neste país) reverberaram nas novas maneiras pelas quais a política externa brasileira vem se legitimando socialmente. Esta seria a raiz da fenomenologia contemporânea relatada, logo da introdução ao problema de pesquisa, nas primeiras páginas deste livro.

Anexos

Entrevista com o embaixador Celso Luiz Nunes Amorim (I)[1]

A crescente democratização do debate sobre temas de política externa e internacional combina com a tradicional estabilidade da nossa diplomacia?
Celso Amorim: Ela revitaliza. Eu acho muito importante que a política externa não seja algo só discutido entre as elites, muito menos que seja exclusivamente o trabalho de diplomatas especializados. É claro que precisamos ter essas pessoas que realizam, digamos assim, a técnica da diplomacia. Mas é muito importante que a política externa seja discutida por toda a população.

---

1 Entrevista com o embaixador Celso Luiz Nunes Amorim, ministro de Estado das Relações Exteriores do Brasil (1993-1994 e 2003-2011), realizada por Pablo Souto, com roteiro de questões preparado por Dawisson Belém Lopes, por ocasião da cerimônia de abertura do evento Mini-ONU 10 Anos, em 9 de outubro de 2009, em Belo Horizonte, Minas Gerais. Transcrição da entrevista editada por Dawisson Belém Lopes. Registro aqui minha dívida de gratidão com Pablo Souto, o efetivo entrevistador do ministro Celso Amorim, e Fábio Saldanha, diretor de redação do *Primal Times*, jornal oficial do evento Mini--ONU 10 Anos.

Como o senhor avalia o desempenho da política externa do Brasil nos últimos anos, especificamente durante a gestão do presidente Lula? Trata-se de uma gestão de política externa mais "politizada" que as anteriores?

Amorim: Toda política, por definição, é politizada. É um erro e uma falsa visão achar que existe uma política que não é politizada. Agora, politizada no sentido de ser necessariamente muito ideológica, eu não vejo dessa maneira. O que houve nesses anos recentes é que o Brasil passou a tomar decisões muito firmes e mais ativas em relação a certos temas, e isso tem provocado o que é saudável: mais debate. Isso reflete a própria democratização do país.

A respeito da crise de Honduras (2009), qual é a visão da diplomacia brasileira? Entre a necessária defesa dos valores democráticos no continente e o não intervencionismo previsto na Constituição Federal de 1988, com qual nós ficamos?

Amorim: Não há impasse entre o governo brasileiro e o governo imposto em Honduras. Existe um impasse, se você quiser, mas eu espero que ele se desfaça em breve, entre toda a comunidade internacional, da qual o Brasil faz parte, e os golpistas de Honduras, para ver qual a maneira [por] que se pode devolver o poder ao governo legítimo. Embora entendendo que isso vai se dar num contexto antes das eleições [de Honduras], é importante que o presidente legítimo [Manuel Zelaya] retorne ao poder. É para isso que a OEA [Organização dos Estados Americanos] está lá agora.

Muita gente diz que o que aconteceu em Honduras, a julgar pela Constituição local, não pode ser considerado golpe de Estado...

Amorim: Eu só conheço o debate que diz que a Constituição de Honduras não configura o ocorrido como um golpe em dois lugares. E vou lhe dizer onde: os golpistas de Honduras e a oposição no Brasil. Ninguém mais no mundo tem essa posição. Tanto é assim que ela foi unanimemente condenada pela OEA, unanimemente condenada pelas Nações Unidas. Não se pode tirar, em nenhum lugar do mundo, um presidente do poder com o cano de um fuzil na cabeça, expulsá-lo do país e dizer que agiu legitimamente. Primeiro, há dúvidas, mas supondo que ele tivesse ferido a Constituição, teria de haver métodos legais e não o ato de expulsá-lo através de golpe militar.

Entrevista com o embaixador Celso Luiz Nunes Amorim (II)[2]

O que o senhor pensa a respeito da abertura dos temas de política externa ao debate público? Essa "democratização" é compatível com a secular estabilidade de propósitos de nossa política externa?

Celso Amorim: É importante que a política externa seja debatida pela sociedade brasileira. Política externa costumava ser um assunto discutido por um círculo muito restrito de pessoas que se conheciam. Esta realidade está mudando. A criação dos cursos de Relações Internacionais – processo em que eu mesmo tive um envolvimento pessoal, quando foi inaugurado o primeiro curso no Brasil, na Universidade de Brasília, nos anos 1970 – teve uma contribuição importante para a ampliação do debate sobre esses temas. O Itamaraty tem buscado envolver a sociedade nos debates sobre política externa. A Fundação Alexandre de Gusmão (Funag) organiza uma série de seminários e conferências

---

2 Entrevista com o embaixador Celso Luiz Nunes Amorim, realizada por meio de submissão de questionário, em 12 de fevereiro de 2010, ao gabinete do Ministro das Relações Exteriores do Brasil. O roteiro de questões foi integralmente respondido e devolvido, em 11 de junho de 2010, ao autor desta tese. Quero agradecer imensamente a eficaz intermediação do segundo secretário do MRE, Filipe Nasser, sem a qual esta entrevista dificilmente se teria processado em tempo hábil para constar em minha tese de doutoramento. Diplomata de carreira aposentado, Celso Amorim foi ministro de Estado das Relações Exteriores do Brasil entre 2003 e 2011.

com o intuito de aproximar os diplomatas aos acadêmicos. A Conferência Nacional de Política Externa e de Política Internacional (CNPEPI), que terá neste ano a sua quinta edição, é um exemplo desse esforço. Promovemos, com a Secretaria-Geral da Presidência da República, com o ministro Luiz Dulci, duas edições de encontro com movimentos sociais chamado "Política externa, diálogo social e participação social". Trata-se de uma oportunidade singular para o diálogo franco entre organizações de diversas naturezas e o governo federal. Além disso, as posições externas do Brasil, sobretudo aquelas que têm impacto direto para determinados setores ou que possuem maior especificidade, são objeto de consulta com outros ministérios, agências governamentais e mesmo representantes setoriais, como entidades patronais, sindicatos e ONGs. É possível dizer que relações mais estreitas têm sido desenvolvidas com o Congresso Nacional e com a imprensa nos últimos anos. Não me recordo de outro ministro do Exterior brasileiro que tenha atendido tantas vezes e com tanta frequência os convites para as audiências públicas nas Comissões de Relações Exteriores na Câmara dos Deputados e no Senado Federal. Com regularidade, colaboradores meus comparecem a audiências públicas nas Comissões do Senado e da Câmara para debater temas de atualidade da política externa. O Itamaraty também tem investido nas mídias sociais, de que são exemplo o perfil no *Twitter*, a página no *Youtube* e, futuramente, a nova página do Itamaraty, o que torna a política externa mais acessível para muita gente. A democratização do acesso ao debate em política externa é uma tendência que julgo irreversível.

Entre democracia e república, de qual conceito a PEB deve se aproximar mais?

Amorim: Trata-se de um falso dilema. A política externa pode ser igualmente "republicana", no sentido de promover e defender os interesses nacionais, e "democrática", uma vez que é sensível aos distintos interesses existentes na sociedade. Naturalmente, o interesse geral, estratégico, nacional deve prevalecer sobre os interesses setoriais na formulação e execução da política externa – o que não deixa de ser democrático, uma vez que é formulada por governantes democraticamente eleitos pelo povo.

Política externa é política de Estado ou de governo? Há como uma política de Estado não se influenciar por diretrizes governamentais (sobretudo, em um contexto democrático)?

Amorim: A política externa é, a um só tempo, política de Estado e política de governo. Política externa é uma política de Estado, na medida em que não pode estar influenciada pelas disputas eleitorais-partidárias cotidianas. Deve preocupar-se com a inserção internacional do país a longo prazo, tendo em consideração os interesses estratégicos. Mas é também uma política pública como as demais. Deve estar sujeita ao escrutínio da opinião pública e das urnas. É influenciada pela visão de mundo dos governantes eleitos e, portanto, sensível ao desejo da sociedade. É democrático que assim o seja. Não é à toa que, desde 1989, os programas de governo dos candidatos à Presidência da República têm seções referentes à política externa.

Para muitos comentaristas, defender a todo preço a democracia na América Latina colide com o princípio da não intervenção, previsto no artigo 4º da CF/1988. Quais são os limites desse relacionamento entre princípios constitucionais do país e busca do interesse nacional?

Amorim: Não se trata de defender a qualquer custo a democracia nos outros países. Até porque não cabe ao Brasil fazer julgamento acerca das particularidades da democracia nos países estrangeiros. O respeito às soberanias nacionais e a não intervenção nos assuntos internos de outros países são pedras angulares de nossa atuação diplomática, além de princípios constitucionais. Como país democrático, o Brasil pode incentivar a promoção da democracia nos países amigos. Por meio de canais institucionais legítimos, é possível elevar os custos para que um país decida abrir mão do regime democrático. O Brasil contribuiu fortemente para a aprovação do Protocolo de Ushuaia no Mercosul ou a Carta Democrática da Organização dos Estados Americanos (OEA) que criam incentivos dessa natureza. No caso do recente golpe de Estado em Honduras, nossa diplomacia agiu intensamente nos bastidores pelo regresso da normalidade democrática naquele país, o que, infelizmente, não aconteceu inteiramente até hoje.

Entrevista com o embaixador Gelson Fonseca Jr.[3]

O que o senhor pensa da abertura dos temas de política externa ao debate público? Essa "democratização" é compatível com a secular estabilidade de propósitos de nossa política externa?

Gelson Fonseca: Não vejo qualquer incompatibilidade. O mundo mudou, o Brasil mudou, e uma das tendências mais claras é a disposição da sociedade civil de participar mais ativamente de alguns temas que ligam o internacional e o interno, como direitos humanos e meio ambiente. É natural que os objetivos mais "permanentes" se adaptem e se transformem. O pecado seria se a política externa ficasse imobilizada diante de processos profundos de transformação, aqui e no sistema internacional. Os objetivos "seculares" só se enriquecem se captarem esse duplo movimento de transformação. O Ministro [Azeredo da] Silveira gostava de dizer que a melhor tradição do Itamaraty era saber renovar-se. Tinha razão. Dou um exemplo: se sempre buscamos

---

3 Transcrição editada da entrevista realizada com o Embaixador Gelson Fonseca Jr. Troca de correspondências com o autor do livro, por e-mail, entre janeiro e abril de 2010 (Brasília, DF; Belo Horizonte, MG). Diplomata de carreira, Fonseca Jr. foi Assessor da Secretaria-Geral da Presidência da República (1990-1992) e assessor-chefe da Assessoria Especial da Secretaria-Geral da Presidência da República (1995-1999), além de Representante Permanente do Brasil junto às Nações Unidas (1999-2002).

prestígio internacional e uma posição relevante nos processos decisórios, é evidente que uma posição que promova e defenda, de forma consistente, direitos humanos, só traria ganhos para o prestígio do país etc. Não era assim nos anos trinta ou mesmo, mais recentemente, durante o período autoritário. Essa estabilidade secular tem referências muito gerais e a diplomacia vive de desafios muito concretos, historicamente demarcados.

Entre democracia e república, de qual conceito a PEB deve se aproximar mais? Parece exagerada a afirmação de que a política externa tem sido, historicamente, a mais republicana de nossas políticas públicas?
Fonseca: Você pode me explicar o sentido de "republicano"?

O republicanismo é por mim concebido, em linhas gerais, como a tradição política centrada nas ideias de constitucionalismo (ou "fundação política" ou "constituição"), império da lei (ou "justiça") e empenho para a promoção do bem público (ou "grandeza da pátria" ou "virtude cívica"). Será de uma vertente popular, se previr participação de todo o povo (ainda que sob a mediação de instituições, onde se admitir a representação) na condução da política; ou aristocrática, se embutir como pressuposto o desejo de que os rumos da política sejam definidos apenas pelos mais aptos ao exercício (os ottimati). Além disso, nas versões ditas "romanas" ou "neorromanas" do republicanismo, o elemento militar é considerado e problematizado, assumindo relevância no esquema explicativo da vida dentro da sociedade política.
Fonseca: Entendi, creio, o esclarecimento que você fez sobre o alcance republicano da política externa. O fato de ser "republicana" não impede que a política externa seja também democrática, como, aliás, você mostra ao distinguir tipos de republicanismo. O que se teria que estudar é de que maneira as pressões que a democracia abre naturalmente afetam o "republicanismo". Acho que podem até reforçá-lo. A diplomacia do primeiro Getulio ou dos militares era republicana? Não é com a democratização que as virtudes republicanas (como você as define) ficam mais claras

na política externa? De qualquer maneira, lidar com fatores que definiriam de modo estrutural ou permanente a política externa envolve sempre um risco, que é o de obliterar diferenças. Sob o mesmo rótulo, aparecem políticas que obedecem a motivações diferentes, atendem a propósitos diferentes etc.

Em seu livro Legitimidade e outras questões internacionais *(1998), o senhor afirma, na p.231, que, enquanto as técnicas democráticas são fonte de legitimidade política no plano doméstico, elas frequentemente não o são no plano internacional. O senhor diz (em alusão ao tema da reforma do Conselho de Segurança nas Nações Unidas): "Ora, no plano internacional, o poder ainda modela, de perto, o desenho institucional e, do ângulo da legitimidade, pode arguir com a necessidade de eficiência que superaria a necessidade, em situações específicas, da expressão da vontade nacional" (p.232). De um modo geral, o senhor acredita em uma disjunção poder/democracia nas relações internacionais? Trata-se de duas lógicas diferentes, a interna e a internacional? Por que a ruptura ontológica? Explique-me esse ponto, por favor.*

Fonseca: A ideia de democracia foi concebida para lidar com realidades nacionais (ou, se você pensar nos gregos, com realidades sociais geograficamente limitadas). De outro lado, o ideal democrático é o núcleo moderno dos processos de legitimidade e, com tal força, que passa a inspirar também o sistema internacional. Agora, se no plano interno a democracia tem marcas claras (separação de poderes, eleições periódicas etc.), no plano internacional, há ensaios imperfeitos de legitimidade democrática (de certa maneira, trato disso quando falo dos parlamentos imperfeitos no multilateralismo). Seria a Assembleia Geral (AG) da ONU, baseada na igualdade jurídica, o ideal de democracia? Alguns teóricos contestam, afirmam que a democracia só se alcança com a manifestação direta dos indivíduos etc. e é necessário algo como o Parlamento europeu no plano mundial para que nos aproximemos da democracia internacional. Mesmo se aceitamos a AG como um paradigma de democracia, o Conselho de Segurança não é, e o Conselho é decisivo em temas fundamentais da agenda internacional. E a ONU é AG mais Conselho [de Segurança]. Outro ponto: as instituições democráticas (até pelo que podem trazer de distribuição de benefícios sociais) exigem um tipo de consenso dentro da nação que é difícil de reproduzir no plano internacional. É evidente, porém, que, como fonte universal de legitimidade política, os ideais democráticos ora servem como inspiradores para reformas do sistema internacional, ora como modelos de ação. Neste segundo caso, é típica a atividade das ONGs que transformaram, signficativamente, os modos de fazer política, tanto interna quanto internacionalmente. Com as conhecidas ressalvas que se fazem à legitimidade das ONGs, o fato é que ampliaram a participação da sociedade na elaboração da agenda internacional. É difícil conceber os avanços na proteção de direitos humanos ou de meio ambiente sem a participação das ONGs. Em tese, o ideal democrático não se altera, e o objetivo é sempre que os cidadãos tomem as rédeas das decisões que os afetam. Porém, as instituições e os processos são tão diferentes nos planos interno e internacional que é possível dizer que temos que lidar com duas lógicas (que permanecem distintas mesmo se, hoje, abolíssemos a guerra e a distinção que propôs o [Raymond] Aron sobre política interna e externa se dissipasse, já que existem muitas outras diferenças entre os dois mundos).

Um de seus principais parceiros intelectuais, o prof. Celso Lafer, tem afirmado haver no Brasil de hoje a politização (pela via partidária) da política externa. O que o senhor pensa disso? Política externa é política de Estado ou de governo? Há como uma política de Estado não se influenciar por diretrizes governamentais?

Fonseca: É muito difícil imaginar que a política externa seja isenta de influências partidárias ou mesmo pessoais. Veja o Getulio nos anos 1930, ou o Jânio com a política externa independente. É claro que, em ambos os casos, os presidentes respondem a condições que são dadas (a perspectiva da guerra ou a ascensão do Terceiro Mundo etc. e, no plano interno, a vontade de industrialização ou maior grau de legitimidade "à esquerda"), porém a natureza da resposta depende da visão pessoal dos presidentes e do sistema que [cada um] montou para governar. Com o governo Lula, o que talvez seja novo é o fato de que um partido, com plataforma e presença internacionais, seja um elemento decisivo (não sei precisar quão) na elaboração das políticas de relações exteriores. Política externa é de Estado e de governo, e o problema é como diferenciá-las. A novidade é, portanto, o próprio PT, muito diferente dos partidos que assumiram o poder desde 1945 que, se não me engano, tinham pouco interesse em política externa. De qualquer maneira, um dos pontos de apoio da primeira [isto é, da política de Estado] é a estabilidade das instituições e, neste sentido, do Itamaraty, que, desde 1945, só admite funcionários por concurso... Eis um fator que o distingue na burocracia civil. Sugiro que você reflita sobre como as políticas de Estado se ampliaram recentemente no Brasil, como, por exemplo, a estabilidade macroeconômica, as medidas contra a inflação etc. A permanência não impede variações. O problema é saber se as variações obliteram o que deveria ser permanente.

No tempo em que o senhor assessorou o presidente Cardoso, entre 1995 e 1999, não sofreu nenhum tipo de pressão do Partido da Social Democracia Brasileira? Não teve de se submeter a diretrizes de política externa imprimidas por aquele partido?
Fonseca: Não me lembro de nenhuma pressão do PSDB sobre a política externa.

Para muitos comentaristas, defender a todo preço a democracia na América Latina colide com o princípio da não intervenção, previsto no artigo 4º da CF/1988. Quais são os limites desse relacionamento?
Fonseca: A defesa da democracia faz parte, hoje, do marco institucional interamericano (Organização dos Estados Americanos) e está também no Mercosul. Houve claramente uma evolução

na interpretação da não intervenção, que, aliás, na ONU, tem antecedentes nas sanções contra o regime do *apartheid*. Defender a democracia é uma "obrigação". Pode entrar em choque com a regra da não intervenção. Pode, claro, e entramos no complexo debate sobre o que é a soberania legítima. Nas Américas, a legitimidade é cada vez mais modelada pela democracia. Isso não significa que os casos concretos de conflito não sejam difíceis de resolver e, mais ainda, a maneira de superar a não intervenção, ainda mais difícil.

Considera plausível (ou mesmo exequível) a ideia de a população brasileira deliberar, nas urnas, sobre matérias de política externa (como acontece, por exemplo, na Suíça)? Por quê?
Fonseca: Não é da nossa tradição a consulta plebiscitária e não vejo que se possa usar para temas de política externa. O tema atual é o de saber se, nas eleições presidenciais, os temas internacionais terão peso, obrigarão os candidatos a se manifestarem, interessarão os eleitores etc. Ainda é cedo para responder essas questões, mas pressinto que alguns temas mais polêmicos na área internacional podem entrar no debate dos candidatos.

Entrevista com o embaixador Luiz Felipe Lampreia[4]

Embaixador, o que o senhor pensa da abertura dos temas de política externa ao debate público? Essa "democratização" é compatível com a secular estabilidade de propósitos de nossa política externa?
Luiz Felipe Lampreia: Penso que a diplomacia não pode ser formulada desde uma torre de marfim. Pessoalmente, eu fiz

---

4 Transcrição editada de entrevista presencial com o embaixador Luiz Felipe Lampreia, realizada em 23 de março de 2010, na cidade do Rio de Janeiro, RJ. Diplomata de carreira aposentado, Lampreia foi secretário-geral do Itamaraty (1992-1993) e ministro de Estado das Relações Exteriores do Brasil (1995-2000).

coisas nesse rumo quando fui ministro – criei o conselho empresarial, promovi conversas com estudantes, imprensa, Congresso nacional. É assim que deve ser. O Itamaraty não pode ficar no vácuo social. Numa democracia, isso gera a suspeição dos atores sociais. O que não pode haver é a plebiscitarização da política externa. Ela é sempre ruim. Tome-se o caso de Chávez. É cesarismo pseudodemocrático. Na verdade, não há como se opor [ao governo].

Entre democracia e república, de qual conceito a PEB deve se aproximar mais?
Lampreia: A democracia é um conceito mais abrangente, que admite muitas variações, diversas concepções. Note que há até monarquias que são parlamentaristas – e, portanto, democráticas. A formulação da política externa deve sempre estar atenta aos interesses plurais. O que não se deve admitir é a ideologização da política externa, a adoção de critérios partidários. E a política externa brasileira, sobretudo para a América do Sul, está sendo assim conduzida. Veja o que foi feito com a Bolívia, com base na ideia de "generosidade". Fazer caridade com US$ 1,5 bilhão é fogo!

Permita-me insistir num ponto: se entendo por republicana aquela política voltada para o bem comum, seria exagerado dizer que a política externa é a mais republicana de nossas políticas públicas?
Lampreia: Estou entendendo o que você quer dizer... Não sei se a política externa é a mais republicana dentre as políticas públicas do Estado, mas ela certamente é muito republicana. É política de Estado.

Seu sucessor na chefia do MRE, o prof. Celso Lafer, afirmou recentemente haver no Brasil de hoje a partidarização da política externa. O senhor concorda com isso?
Lampreia: A política externa do presidente Lula quebrou um paradigma. Se, por um lado, há aspectos positivos nisso – o

Brasil aparece mais que antes [na cena internacional] –, por outro, tornou-se necessária a fidelidade à cartilha do partido [dos Trabalhadores].

Isso é velado?
Lampreia: Não, não é velado. É explícito.

Mas na época em que o senhor foi ministro, não havia também a influência do PSDB, partido do então presidente da República?
Lampreia: Não. É diferente. Nunca antes foi necessária, no Itamaraty, a filiação a um partido político. É claro que o ministro detém muito poder, e que isso gera algumas convergências, certos alinhamentos etc. Mas nem no regime militar houve essa ideologização! Veja que, durante o tempo em que chefiei o MRE, o [ex-secretário-geral do MRE] Samuel Pinheiro Guimarães era diretor de um importante instituto de pesquisas da Casa [o Instituto de Pesquisas de Relações Internacionais – Ipri]. Digamos que ele era a minha contribuição à pluralidade ideológica (risos).

Defender a todo preço a democracia na América Latina colide com o princípio da não intervenção, previsto no artigo 4º da nossa Constituição Federal?
Lampreia: É preciso flexibilidade. O Brasil não deve se prestar ao papel de promotor, de evangelista da democracia. Isso é estranho. No caso do abrigo a Manuel Zelaya [na embaixada do Brasil em Tegucigalpa], o país acertou inicialmente, condenando o golpe de Estado, mas errou ao conceder tribuna, palanque político ao ex-presidente de Honduras. Adotou uma posição quase que boba, porque inflexível.

Então houve, em seu entendimento, o golpe de Estado?
Lampreia: É claro que houve. Não conheço um país no mundo que não tenha reconhecido aquilo como um golpe de Estado.

O eleitorado deve participar do processo decisório/deliberativo da política externa? Qual o limite desse processo?
Lampreia: O povo deve eleger o governante com base nas suas propostas para a área de política externa. Ele, o governante, é quem é o responsável último [pela política externa]. Imagine se o povo tomasse as decisões na economia? Ela ia para o brejo...

Mas na Suíça os cidadãos decidem os rumos da política externa...
Lampreia: Eu morei por vários anos na Suíça. Trata-se de uma confederação. É natural discutir política externa, pois os cantões têm de coordenar entre si as ações políticas. Lá os referendos têm outro sentido. Eles são pilares da unidade nacional.

Entrevista com o embaixador Rubens Ricupero[5]

Senhor embaixador, o tema de nossa conversa é a "plausibilidade de uma política externa democraticamente orientada no Brasil contemporâneo".
Rubens Ricupero: O que você entende por "política externa democraticamente orientada"? Há algum exemplo disso no mundo contemporâneo?

Deixe-me esclarecer, com brevidade, o que pretendo por "política externa democraticamente orientada". Faço referência a uma condução dos assuntos relativos à política exterior do Estado que se dê em conformidade com a orientação pretendida ou endossada pela maioria dos membros do corpo político. Quanto maior e mais bem informada essa maioria,

---

5 Transcrição editada de entrevista com o embaixador Rubens Ricupero, realizada por meio da troca de correio eletrônico com o autor deste trabalho, entre janeiro e maio de 2010 (São Paulo–Belo Horizonte). Diplomata de carreira aposentado, Ricupero foi assessor internacional do presidente-eleito Tancredo Neves (1984-1985) e assessor especial do presidente da República José Sarney (1985-1987), além de ministro de Estado da Fazenda (1994) e secretário-geral da Unctad (1995-2004).

potencialmente mais densa será a experiência democrática. Não há democracia concebível sem a participação, direta ou mediada por instituições representativas, dos cidadãos nos assuntos relevantes à vida da "polis". E, considerada a crescente relevância de questões internacionais, é razoável supor que a política externa integre o rol de políticas do Estado decisivas para a autodeterminação de seu povo.

No tocante a experiências empíricas de "política externa democraticamente orientada", os países europeus podem prover alguns bons exemplos. A Suíça – onde o senhor viveu por alguns anos, certo? – talvez constitua o caso limite. Ali, como bem demonstraram Sciarini e Marquis (2000) pela técnica de "survey", não há nenhuma especificidade (em termos de "complexidade percebida") da política externa em relação às demais políticas públicas do Estado suíço – na opinião dos próprios cidadãos/eleitores. Ademais, as preferências manifestas pelos cidadãos em temas de política externa mostram-se coerentes com as preferências em outras áreas temáticas/assuntos de política "doméstica".

Ricupero: Obrigado por suas respostas esclarecedoras. O tema é dos mais fascinantes e, ao mesmo tempo, dos mais árduos e inesgotáveis, dada a variedade de aspectos concebíveis. Tentarei, de minha parte, responder aos poucos, refletindo sobre as questões e distinções.

Pois bem: o que o senhor pensa a respeito da abertura dos temas de política externa ao debate público? Essa "democratização" é compatível com a secular estabilidade de propósitos de nossa política externa?

Ricupero: Respondo, sem hesitar, de modo positivo à questão. A meu ver, quanto mais amplo e informado o debate sobre política externa, melhores serão as condições para que ela alcance seus objetivos. Não sou daqueles que favorecem uma diplomacia de corte aristocrático, com o monopólio da informação e da discussão em mãos de pequenos grupos, conforme se costumava descrever no passado a diplomacia britânica (ou a brasileira do Segundo Império). Penso, ao contrário, que o modelo desejável seria o de multiplicar associações, fundações, centros de estudos, entidades como as criadas nos Estados Unidos, com núcleos de pesquisa, revistas, publicações, cursos, enfim, tudo o que contribua para disseminar o interesse, o gosto e o estudo sistemático das questões externas. O Brasil melhorou muito nos últimos anos nessa matéria em relação à época em que ingressei no Instituto Rio Branco (1958), caracterizada ainda por um quase monopólio dos temas internacionais pelos diplomatas de carreira.

Estendo às questões estratégicas e de defesa o que afirmo sobre as diplomáticas: os dois gêneros de assuntos deveriam fazer parte do mais amplo debate público, e deveríamos nos esforçar para que o Congresso, os partidos, os políticos se interessassem mais por tais temas e adquirissem maior competência na sua discussão. No meu entender, a estabilidade do fundamental na política externa – por exemplo, a "cultura de paz", isto é, nossos quase 140 anos ininterruptos sem guerra com qualquer dos dez vizinhos, o cuidado em não regressar à etapa das interferências e intervenções em assuntos internos alheios (como fizemos, sobretudo, a partir da política do visconde do Uruguai, de 1850 em diante, com o saldo de várias guerras), a solução dos conflitos por meio de negociações e do Direito Internacional – receberia o endosso da maioria esmagadora dos cidadãos.

Entre democracia e república, de qual conceito a PEB deve se aproximar mais?
Ricupero: Devo dizer, de início, não estar inteiramente convencido da utilidade conceitual, para o objetivo da tese, da distinção entre "democracia" e "república". Existe, é claro, diferença entre os dois conceitos, mas deve-se ter cuidado em evitar dar à diferença o sentido de "oposição". O ideal, para a política externa como para outros tipos de políticas, é que elas sejam elaboradas e executadas por sistema político democrático e republicano, não um ou outro. Não vejo propriamente entre democracia e república uma oposição ou alternativa, mas sim uma complementaridade desejável. Acrescentaria apenas ser necessário precisar um pouco mais o que se entende aqui por democracia. No exemplo suíço,

Política externa e democracia no Brasil

que você cita (de fato, vivi em Genebra catorze anos), lida-se com uma situação *sui generis*, quase única no mundo. A democracia suíça é possivelmente no mundo moderno a que mais conserva certos elementos originários da democracia direta dos gregos. Ainda hoje, nos cantões mais tradicionalistas e pequenos, o povo se reúne uma ou duas vezes por ano na *Landesgemeinde*, a assembleia do povo, para decidir toda sorte de assuntos na base do braço levantado. O recurso ao referendo é tão frequente que hoje até se discute se não estaria havendo um cansaço devido à frequência das consultas, perceptível na diminuição dos que se dão ao trabalho de votar. O sistema se presta também com certa facilidade à manipulação dos piores sentimentos, como se viu na recente decisão contra os minaretes. O problema não me parece derivar da consulta em si, mas da distorção da informação que os partidos extremistas de direita conseguem efetivar em eleições como essas (o mesmo ocorreu durante muito tempo, no passado, na derrota da adesão da Suíça à ONU, o que só foi corrigido recentemente). Aliás, tais exemplos nos advertem para a necessidade de não confundir a democracia com a ditadura da maioria. Ou, o que se comete com frequência no Brasil, o erro de julgar que toda posição aprovada por maioria de votos é em princípio uma decisão democrática de conteúdo positivo. Não é preciso lembrar que ditadores como Mussolini e Hitler obtiveram vitórias estrondosas em referendos populares.

A democracia de nossos dias não é mais a democracia direta dos gregos. É a democracia representativa oriunda, sobretudo, dos pensadores das revoluções norte-americana e francesa. Convém não esquecer que os *federalists* norte-americanos se preocupavam imensamente com o risco da tirania da maioria, isto é, da possibilidade de uma maioria eventual (toda maioria é sempre eventual e pode mudar) aproveitar-se de sua vantagem ocasional para mudar as regras do jogo e impedir na prática a possibilidade de alternância no poder (como no caso da perpetuação no governo de dirigentes por meio de sucessivos referendos).

Entrevista com o ministro Alexandre Guido Lopes Parola[6]

O que o senhor pensa a respeito da abertura dos temas de política externa ao debate público? Essa "democratização" é compatível com a secular estabilidade de propósitos de nossa política externa?

Alexandre Parola: O primeiro ponto a sublinhar em sua pergunta está, naturalmente, no tema da abertura da política externa ao debate público. Ora, a menos que se imagine que a política externa não seja uma política pública – o que jamais vi afirmado na literatura –, é certo que a abertura à qual entendo que você se refira não apenas é benéfica, mas também, e sobretudo, é parte essencial da formulação e do debate sobre política externa. Em outros termos, sendo, por definição, a política externa parte essencial do conjunto mais amplo das políticas públicas, não há como imaginar que ela deva ou possa estar fora da agenda de debates da sociedade. O segundo aspecto suscitado pela pergunta tem sua resposta de alguma forma já preparada pelo que digo anteriormente. A democratização a que você se refere parece, pois, ser não apenas compatível, como ainda benéfica à estabilidade de toda política pública. Imaginar uma estabilidade que tenha sido, hipoteticamente, construída ao largo da influência da sociedade é imaginar uma estabilidade instável, se você me permite o oximoro.

---

6 Transcrição editada de entrevista realizada com o ministro Alexandre Guido Lopes Parola por meio da troca de correio eletrônico com o autor, entre janeiro e junho de 2010 (Genebra/Belo Horizonte). Diplomata de carreira, Parola foi porta-voz da presidência da República no governo de Fernando Henrique Cardoso (2001-2002).

Entre democracia e república, de qual conceito a PEB deve se aproximar mais? E de qual tem se aproximado mais, efetivamente?

Parola: Como eu havia antecipado por uma mensagem eletrônica, os termos "democracia" e "república" possuem uma longa tradição na história da filosofia política. Assim, a menos de estarmos prontos a embarcar em algo que a academia alemã chamaria de *Begriffsgeschichte*, não vejo como possa comentar de forma elaborada a sua pergunta. De forma muito sucinta, e confessadamente imperfeita, recorro à distinção kantiana entre *forma imperii* e *forma regiminis*. Em Kant ao menos não há razão para imaginar que haja a necessidade de escolher entre democracia e república.

Parece-lhe exagerada a afirmação de que a política externa tem sido, historicamente, a mais republicana (no sentido de "zelar pelo bem comum, pela coisa pública") de nossas políticas públicas?

Parola: Antes de avaliar se esta afirmação é exagerada, eu precisaria saber o que ela quer dizer precisamente. Quem a fez e em que contexto? A mais republicana de nossas políticas públicas em todos os tempos? Isso vale mesmo para momentos históricos menos republicanos? Como você vê, por formação intelectual e por vocação profissional, eu tendo a buscar com a maior precisão possível o que as palavras querem dizer e tento sempre ao máximo ser leal ao seu sentido. Na ausência disso, não teria elementos que me permitam responder de modo razoável a sua pergunta.

Tanto o embaixador Rubens Ricupero quanto o prof. Celso Lafer têm afirmado haver no Brasil de hoje a politização (pela via partidária) da política externa. Pergunto: política externa é política de Estado ou de governo? Há como uma política de Estado não se influenciar por diretrizes governamentais?

Parola: Na mesma linha do que observei antes, eu precisaria conhecer o contexto em que tais afirmações tenham sido feitas para poder aventurar-me a comentar seu alcance. A título muito geral, entendo que as distinções que você propõe precisam ser bem assentadas. Muito rapidamente, parece ser fora de dúvida que diretrizes governamentais fazem o que seu próprio nome sugere, ou seja, dirigem ações de governo. Entre estas estão, também naturalmente, as ações de política externa.

Para muitos comentaristas, defender (pragmaticamente ou "sinceramente") a democracia na América Latina pode colidir com o princípio da não intervenção, previsto no artigo 4º da CF/1988. Quais são os limites desse relacionamento entre princípios constitucionais do país e busca do interesse nacional?

Parola: Nesta pergunta em particular, eu encontro um número amplo de referências que talvez requeiram distinções mais precisas sobre seu sentido. Um exemplo é o contraste que você parece aceitar entre "pragmatismo" e "sinceridade". Não necessariamente se é pragmático de modo insincero. Pois bem: minha convicção é de que, por definição, não há como definir o interesse nacional à margem ou, ainda mais grave, contra a Constituição. Eu teria dificuldades em imaginar que algum ator político possa defender interesses nacionais à margem ou ao arrepio da Constituição.

Referências bibliográficas

Livros e artigos

ABRANCHES, S. O presidencialismo de coalizão: o dilema institucional brasileiro. *Dados*, Rio de Janeiro, v.31, n.1, p.5-33, 1988.

ALCÂNTARA, L. Os parlamentos e as relações internacionais. *Revista Brasileira de Política Internacional*, Brasília, v.44, n.1, p.13-21, 2001.

ALLISON, G. Conceptual Models and the Cuban Missile Crisis. *American Political Science Review*, Denton, v.63, n.3, p.689-718, 1969.

_____. *Essence of Decision*. Boston: Little, Brown and Company, 1971.

ALMEIDA, A. C. *A cabeça do brasileiro*. Rio de Janeiro: Record, 2007.

ALMEIDA, P. R. *O estudo das Relações Internacionais do Brasil*. São Paulo: Universidade São Marcos, 1999.

_____. A política internacional do Partido dos Trabalhadores: da fundação do partido à diplomacia do governo Lula. *Revista de Sociologia e Política*, Curitiba, n.20, p.87-102, jun. 2003.

_____. Uma política externa engajada: a diplomacia do governo Lula. *Revista Brasileira de Política Internacional*, Brasília, v.47, n.1, p.162-84, 2004.

_____. Uma nova 'arquitetura' diplomática? Interpretações divergentes sobre a política externa do governo Lula (2003-2006). *Revista Brasileira de Política Internacional*, Brasília, v.49, n.1, p.95-116, 2006.

_____. A diplomacia do governo Lula em seu primeiro mandato (2003-2006): um balanço e algumas perspectivas. *Carta Internacional*, São Paulo, v.2, p.3-10, 2007.

ALMEIDA, P. R. Do alinhamento recalcitrante à colaboração relutante: o Itamaraty em tempos de AI-5. In: MUNTEAL FILHO, O. et al. (Orgs.). *Tempo negro, temperatura sufocante*. Rio de Janeiro: Ed. PUC--Rio; Contraponto, 2008. v.1. p.65-89.

_____. A política externa nas campanhas presidenciais. *Revista Espaço Acadêmico*, Maringá, v.6, n.62, jul. 2006. Disponível em: <http:// www.espacoacademico.com.br/062/62almeida.htm>. Acesso em: 18 abr. 2010.

ALMOND, G. Public Opinion and National Security Policy. *The Public Opinion Quarterly*, [S.l.], v. 20, n.2, p.371-8, 1956.

AMARAL, R. Breve ensaio acerca da hermenêutica constitucional de Peter Häberle. *Revista Jus Vigilantibus*, [S.l.], 25 ab. 2003. Disponível em: <http://jusvi.com/artigos/1573>. Acesso em: 09 mar. 2010.

AMORIM, C. *Política externa*: democracia – desenvolvimento. Brasília: Fundação Alexandre de Gusmão, 1995.

_____. Concepts and Strategies for Diplomacy in the Lula Government. *Revista DEP – Diplomacia, Estratégia e Política*, Brasília, v.1, n.1, p.40-7, 2004.

_____. A nova política externa independente. Transcrição de palestra concedida por ocasião do II Curso para Diplomatas Sul-Americanos. Rio de Janeiro, 2 a 20 abr. 2007.

_____. *A diplomacia multilateral do Brasil*: um tributo a Rui Barbosa. Brasília: Funag, 2008.

_____. Transcrição do discurso do Sr. Ministro de Estado, Celso Amorim, por ocasião da cerimônia de abertura do 10º Modelo Intercolegial da Organização das Nações Unidas (MINI-ONU). Belo Horizonte, 09 out. 2009. Disponível em: <http://minionu10anos. wordpress.com/2009/10/10/discurso-de-abertura/>. Acesso em: 09 mar. 2010.

AMORIM NETO, O. *Presidencialismo e governabilidade nas Américas*. Rio de Janeiro: FGV; Fundação Konrad Adenauer, 2006.

ANASTASIA, F. et al. *Governabilidade e representação política na América Latina*. Rio de Janeiro: São Paulo: Fundação Konrad Adenauer; Unesp, 2004.

ANDERSON, P. *Linhagens do Estado absolutista*. São Paulo, Brasiliense, 2004.

ARANTES, R. Judiciário: entre a justiça e a política. In: AVELAR, L.; CINTRA, A. O. (Orgs.). *Sistema político brasileiro*: uma introdução. São Paulo: Rio de Janeiro: Unesp; Fundação Konrad Adenauer, 2007.

ARENDT, H. *Entre o passado e o futuro*. São Paulo: Perspectiva, 1998.

ARISTÓTELES. *Política*. São Paulo: Martin Claret, 2001.

ARON, R. *Paz e guerra entre as nações*. Brasília: UnB, 1979.

ASANO, C. L.; NADER, L.; VIEIRA, O. V. O Brasil no Conselho de Direitos Humanos da ONU: a necessária superação de ambiguidades. *Política Externa*, São Paulo, v.18, n.2, set.-out.-nov. 2009.

AZAMBUJA, D. *Introdução à Ciência Política*. Rio de Janeiro: Globo, 1968.

BADIE, B. *Le diplomate et l'intrus*. Paris: Fayard, 2008.

BALL, T. Party. In: _____. et al. (Ed.). *Political Innovation and Conceptual Change*. Cambridge: Cambridge University Press, 1999.

BALL, T.; et al. (Ed.). *Political Innovation and Conceptual Change*. Cambridge: Cambridge University Press, 1999.

BARBOSA, R. A política externa do governo Lula. *O Estado de S. Paulo*, São Paulo, 23 fev. 2010, Caderno A2.

BARBOZA, M. G. Portas abertas para o analfabetismo. *Jornal do Brasil*, Rio de Janeiro, 14 jan. 2005, p.A2.

_____. O Brasil e o eixo do Pacífico. *Ideias em Destaque*, Rio de Janeiro, n.27, mai-ago. 2008, p.170-3, 2008.

BARCELOS, W. *Os fundamentos da cidadania em Maquiavel*. Belo Horizonte, 2005. 140f. Dissertação (Mestrado em Filosofia) – Faculdade de Filosofia e Ciências Humanas, UFMG.

BARROS, A. de S. C. A formulação e implementação da política externa brasileira: o Itamaraty e os novos atores. In: MUÑOZ, H.; TULCHIN, J. (Orgs.). *A América Latina e a política mundial*. São Paulo: Convívio, 1986. p.29-42.

BARTELSON, J. *A Genealogy of Sovereignty*. Cambridge: Cambridge University Press, 1995.

_____. Making exceptions: some remarks on the concept of coup d'état and its history. *Political Theory*, [S.l.], v.25, n.3, p.323-346, 1997.

_____. *A Critique of the State*. Cambridge: Cambridge University Press, 2001.

_____. *Visions of World Community*. Cambridge: Cambridge University Press, 2009.

BECK, U. A reinvenção da política. In: GIDDENS, A.; BECK, U.; LASH, S. (Orgs.). *Modernização reflexiva*. São Paulo: Unesp, 1995.

BELÉM LOPES, D. Política externa, diplomacia e racionalidade no novo século. *Fronteira*, Belo Horizonte, v.1, n.1, p.37-56, 2001.

_____. O novo 'homo diplomaticus'. *Observatório da Imprensa*, Campinas, v.17, n.317, 22 fev. 2005. Disponível em: <http://www.observatoriodaimprensa.com.br/news/view/o_novo_homo_diplomaticus>. Acesso em: 16 fev. 2008.

BELÉM LOPES, D. Erro tático, acerto estratégico. *O Debatedouro*, edição 75, 2006. Disponível em: <http://www.odebatedouro.org/editorial75.html>. Acesso em: 16 fev. 2008.

_____. Relações econômicas internacionais, isomorfismo institucional e democracia na América Latina: explicando as convergências (inesperadas?) entre Uruguai, Brasil e Honduras. *Dados*, Rio de Janeiro, v.50, n.3, p.611-52, 2007.

_____. A plausibilidade de uma gestão democrática da política externa: algumas hipóteses (insatisfatórias) sobre o caso brasileiro. *Cena Internacional*, Brasília, v.10, n.2, p.98-118, 2008.

_____; RAMOS, L. Existe uma ordem econômica internacional? A problematização de uma premissa. *Revista de Economia Política*, São Paulo, v. 29, n.2, p.267-84, abr.-jun. 2009.

_____; VELLOZO Jr., J. Balanço sobre a inserção internacional do Brasil. *Contexto Internacional*, Rio de Janeiro, v.26, n.2, p.317-52, 2004.

BENDIX, R. *Nation-building and Citizenship*. Berkeley: Wiley Press, 1964.

_____. *Kings or People*. Berkeley: University of California Press, 1980.

BERRIDGE, G. R. et al. (Eds.). *Diplomatic Theory From Machiavelli to Kissinger*. New York: Palgrave, 2001.

BIELSCHOWSKY, R. *Pensamento econômico brasileiro*: o ciclo ideológico do desenvolvimento. Rio de Janeiro: Contraponto, 2000.

BIGNOTTO, N. (Org.). *Pensar a República*. Belo Horizonte: UFMG, 2002.

_____. *Republicanismo e realismo*. Belo Horizonte: UFMG, 2006.

BJEREFELD, U.; EKENGREN, A. Foreign Policy Dimensions: a Comparison between the United States and Sweden. *International Studies Quarterly*, Bloomington, v.43, n.3, p.503-18, 1999.

BOBBIO, N. *O futuro da democracia*. Brasília: UnB, 2004.

BOSCHI, R.; LIMA, M. R. S. O executivo e a construção do Estado no Brasil. In: VIANNA, L. W. (Org.). *A democracia e os três poderes no Brasil*. Belo Horizonte: Rio de Janeiro: UFMG; Iuperj-Faperj, 2002. p.195-253.

_____; DINIZ, E. *Empresários, interesses e mercado*: dilemas do desenvolvimento no Brasil. Belo Horizonte: UFMG, 2004.

BOURDIEU, P. De la Maison du Roi à la Raison d'État: un modèle de la genèse du champ bureaucratique. *Acte de la Recherche en Sciences Sociales (ARSS)*, [S,l,], n.118, p.55-68, juin 1997

BRECHER, M. *The Foreign Policy System of Israel*. London: Oxford University Press, 1972.

BRESSER PEREIRA, L. C.; GRAU, N. Entre o Estado e o mercado: o público não-estatal. In: BRESSER PEREIRA, L.C.; GRAU, N.

(Orgs.). *O público não-estatal na reforma do Estado*. Rio de Janeiro: Fundação Getulio Vargas, 1999.

BROWNLIE, I. *Principles of International Law*. Oxford: Oxford Univesity Press, 1994.

BRUNI, L. De militia. In: VITI, P. (Ed.). *Opere leterrarie e politiche*. Torino: Unione Tipográfico; Editrice Torinense, 1996.

BUENO, C. *Política externa da Primeira República*: os anos de apogeu (1902 a 1918). São Paulo: Paz e Terra, 2003.

BUENO DE MESQUITA, B. J. et al. Introduction. *The Journal of Conflict Resolution*, [S.l.], v.35, n.2, p.181-6, jun. 1991.

CAMARGO, S. de. Europe Debates Its Destiny. *Brazilian Political Science Review*, São Paulo, v.1, n.1, p.25-52, 2007.

CAMPBELL, D. *Writing Security*. Minneapolis: University of Minnesota Press, 1998.

CAMPOS, R. *Novas perspectivas da política externa brasileira (1979-1985)*. Memorando de Roberto de Oliveira Campos para o ministro das Relações Exteriores do governo Geisel, Azeredo da Silveira. Rio de Janeiro: CPDOC, 1978. Fundo ASS. MRE ag. 1978.08.30/Série MRE. MRE/Sub-série. Assuntos Gerais/Produção 30.08.1978 a 06.03.1979.

CARDOSO, A. *A década neoliberal e a crise dos sindicatos no Brasil*. São Paulo: Boitempo, 2003.

CARDOSO, F. H. Prefácio. In: GIAMBIAGI, F.; URANI, A.; REIS, J. G. (Orgs.). *Reformas no Brasil*: balanço e agenda. Rio de Janeiro: Nova Fronteira, 2004.

_____. *A arte da política*: a história que vivi. Rio de Janeiro: Civilização Brasileira, 2006.

CARDOSO, S. (Org.). *Retorno ao republicanismo*. Belo Horizonte: UFMG, 2004.

CARNEIRO, D.; MODIANO, E. Ajuste externo e desequilíbrio interno: 1980-1984. In: ABREU, M. (Org.). *A ordem do progresso*. Rio de Janeiro: Campus, 1990.

CARVALHO, J. M. de. *Cidadania no Brasil*: o longo caminho. Rio de Janeiro: Civilização Brasileira, 2001.

_____. Cidadania na encruzilhada. In: BIGNOTTO, N. (Org.). *Pensar a República*. Belo Horizonte: UFMG, 2002. p.105-30.

_____. Nação imaginária: memória, mitos e heróis. In: NOVAES, A. (Org.). *A crise do Estado-nação*. Rio de Janeiro: Civilização Brasileira, 2003a.

_____. *A construção da ordem / Teatro das sombras*. Rio de Janeiro: Civilização Brasileira, 2003b.

CARVALHO, J. M. de. *Pontos e bordados*. Belo Horizonte: UFMG, 2005a.

_____. *Os bestializados*. São Paulo: Companhia das Letras, 2005b.

_____. *A formação das almas*. São Paulo: Companhia das Letras, 2005c.

CARVALHO, M. A. R. de. Cultura política, capital social e a questão do déficit democrático no Brasil. In: VIANNA, L. W. (Org.). *A democracia e os Três Poderes no Brasil*. Belo Horizonte: Rio de Janeiro, Iuperj; UFMG, 2002a. p.297-329.

_____ (Org.). *República no Catete*. Rio de Janeiro: Museu da República, 2002b.

CARVALHO, M. I. V. O Itamarati, a política externa e os empresários. *Meridiano 47* (UnB), Brasília, v.7, p.11-13, 2001.

_____. Estruturas domésticas e grupos de interesse: a formação da posição brasileira para Seattle. *Contexto Internacional*, Rio de Janeiro, v.25, n.2, p.363-401, 2003.

CARVALHO, O. de (Org.). *Otto Maria Carpeaux*: ensaios reunidos. Rio de Janeiro: Topbooks; UniverCidade, 1999.

CASARÕES, G. S. P. e. *A economia política do governo Collor*: discutindo a viabilidade de governos minoritários sob o presidencialismo de coalizão. São Paulo, 2008. 138f. Dissertação (Mestrado em Ciência Política) – Faculdade de Filosofia, Letras e Ciências Humanas, Universidade de São Paulo.

_____. Media and Foreign Policy in Lula's Brazil. *Austral*, Porto Alegre, v.1, n.2, p.201-24, Jul.-Dec. 2012.

CASON, J.; POWER, T. Presidentialization, Pluralization, and the Rollback of Itamaraty: Explaining Change in Brazilian Foreign Policy Making in the Cardoso-Lula Era. *International Political Science Review*, [s.l.], v.30, n.2, p.117-40, 2009.

CASTELAN, D. R. *O fim do consenso e o consenso do fim*: a reforma da política comercial brasileira entre 1985 e 1994. Rio de Janeiro, 2009. 160f. Dissertação (Mestrado em Relações Internacionais) – Instituto de Relações Internacionais, Pontifícia Universidade Católica do Rio de Janeiro.

CEPIK, M. *Espionagem e democracia*. Rio de Janeiro: FGV, 2003.

CERVO, A. L. *O parlamento brasileiro e as relações exteriores (1826-1889)*. Brasília: UnB, 1981.

_____. Política exterior do Brasil: o peso da História. *Revista Plenarium*, Brasília, Câmara dos Deputados, ano 2, n.2, p.10-26, 2005.

_____. Conceitos em relações internacionais. *Revista Brasileira de Política Internacional*, Brasília, v.51, n.2, p.8-25, 2008.

_____; BUENO, C. *História da política exterior do Brasil*. Brasília: UnB, 2002.

CHEIBUB, Z. B. Diplomacia e construção institucional: o Itamaraty em uma perspectiva histórica. *Dados*, Rio de Janeiro, v.28, n.1, p.113-31, 1985.

CHITTICK, W. et. al. Persistence and Change in Elite and Mass Attitudes Toward U.S. Foreign Policy. *Political Psychology*, Herzliya, v.11, n.2, p.385-401, Jun. 1990.

CHITTY, N. Australian Public Diplomacy. In: SNOW, N.; TAYLOR, P. (Eds.). *Routledge Handbook of Public Diplomacy*. New York: Routledge, 2009.

CÍCERO, M. T. *De legibus*. Disponível em: <http://www.thelatinlibrary.com/cicero/leg3.shtml>. Acesso em: 10 jun. 2010.

CLARKE, M. The Foreign Policy System: a Framework for Analysis. In: CLARKE, M.; WHITE, B. (Eds.). *Understanding Foreign Policy*: the Foreign Policy Systems Approach. Cheltenham: Edward Elgar, 2000. p.27-59.

CLAUDE JR., I. Foreword to the 2nd Edition. In: COATE, R. et al. *The United Nations and Changing World Politics*. Boulder: Westview, 1999.

BRASIL. Casa Civil. Subchefia de Assuntos Jurídicos. Constituição da República Federativa do Brasil (1988). Disponível em: http://www.planalto.gov.br/ccivil_03/constituicao/constitui%C3%A7ao.htm. Acesso em: 09 mar. 2010.

CULL, N. Public Diplomacy before Gullion: the Evolution of a Phrase. In: SNOW, N.; TAYLOR, P. (Eds.). *Routledge Handbook of Public Diplomacy*. New York: Londres: Routledge, 2009. p.19-23.

DAHL, R. *After the Revolution?* Authority in a Good Society. Yale: Yale University Press, 1990.

_____. *Democracy and its Critics*. Yale: Yale University Press, 1991.

_____. *Poliarquia*: participação e oposição. São Paulo, Edusp, 1997.

_____. Can International Organizations be Democratic?. In: SHAPIRO, I.; HACKER-CORDÓN, C. (Eds.). *Democracy's Edges*. Cambridge: Cambridge University Press, 2001.

_____. Os sistemas políticos avançados nos países democráticos: êxitos e desafios. Disponível em: <http://bibliotecavirtual.clacso.org.ar/ar/libros/hegemo/pt/Dahl.rtf>. Acesso em: 29 mar. 2008.

_____; TUFTE, E. *Democracy and Size*. Stanford: Stanford University Press, 1973.

DALLARI, P. *Constituição e Relações Exteriores*. São Paulo: Saraiva, 1994.

DALTON, R.; DUVAL, R. The Political Environment and Foreign Policy Opinions: British Attitudes Toward European Integration (1972-1979). *British Journal of Political Science*, Cambridge, v.16, n.1, p.113-34, Jan. 1986.

DANESE, S. *Diplomacia presidencial*. Rio de Janeiro: TopBooks, 1999a.
_____. A diplomacia no processo de formação nacional do Brasil. *Revista Política Externa*, São Paulo, v.8, n.1, p.98-117, jun. 1999b
_____. *A escola da liderança*. Rio de Janeiro: Record, 2009.

DER DERIAN, J. *On Diplomacy*: a Genealogy of Western Estrangement. Oxford: New York: Basil Blackwell, 1987.

DEUTSCH, K. *Análise das Relações Internacionais*. Brasília: UnB, 1979.

DIAS, M. Carta aberta ao chanceler Celso Amorim. *Jornal do Brasil*, Rio de Janeiro, 16 dez. 2007, p.A11.

DIEGUEZ, C. O formulador emotivo. *Piauí*, São Paulo, n.30, mar. 2009.

DINIZ, S.; RIBEIRO, C. The Role of the Brazilian Congress in Foreign Policy. *Brazilian Political Science Review*, São Paulo, v.2, n.2, p.10-38, 2008.

DOYLE, M. A Liberal View: Preserving and Expanding the Liberal Pacific Union. In: PAUL, T. V.; HALL, J. A. (Eds.). *International Order and the Future of World Politics*. Cambridge: Cambridge University Press, 1999.

DUNN, J. Political Obligation. In: HELD, D. (Org.). *Political Theory Today*. Stanford: Stanford University Press, 1991.

DURANT, H. Public Opinion, Polls and Foreign Policy. *The British Journal of Sociology*, London, v.6, n.2, p.149-58, Jun. 1955.

DUROSELLE, J.-B. *Todo império perecerá*. Brasília: UnB, 1999.

ELSTER, J. The Market and the Forum: Three Varieties of Political Theory. In: BOHMAN, J.; REGH, W. (Eds.). *Deliberative Democracy*: Essays on Reason and Politics. Cambridge: MIT Press, 1997. p.3-33.

EVANS, P. *Embedded Autonomy*: States and Industrial Transformation. Princeton: Princeton University Press, 1995.

FAGEN, R. Some Assessments and Uses of Public Opinion in Diplomacy. *The Public Opinion Quarterly*, [S.l.], v.24, n.3, p.448-57, Autumn 1960.

FAORO, R. *Os donos do poder*: formação do patronato político brasileiro. Porto Alegre: Rio de Janeiro: São Paulo: Globo, 1958.
_____. *Os donos do poder*: formação do patronato político brasileiro. 2.ed. rev. e ampl. Rio de Janeiro: Globo, 2001.

FARIA, C. A. P. de. Opinião pública e política externa: insulamento, politização e reforma na produção da política exterior do Brasil. In: ENCONTRO DA ABRI, 1, 2007, Brasília.
_____. Opinião pública e política externa: insulamento, politização e reforma na produção da política exterior do Brasil. *Revista Brasileira de Política Internacional*, Brasília, v.51, n.2, p.80-97, 2008.

FARIA, C. A. P. de. O Itamaraty e a política externa brasileira: do insulamento à busca de coordenação dos atores governamentais e de cooperação com os agentes societários. In: ENCONTRO DA ABRI, 2, 2009, Brasília.

_____; NOGUEIRA, J.; BELÉM LOPES, D. Coordenação intragovernamental para a implementação da política externa brasileira: o caso do Fórum IBAS. *Dados*, Rio de Janeiro, v.55, n.1, p.175-220, 2012.

FAUSTO, B. *História concisa do Brasil*. São Paulo: Edusp, 2002.

FELDMAN, L. Três atos da 'consularização' da diplomacia brasileira. *Política Externa*, São Paulo, v.17, n.4, p.89-102, mar.-abr.-maio 2009a

_____. Soberania e modernização no Brasil: pensamento de política externa no segundo reinado e na primeira república. In: ENCONTRO DA ABRI, 2, 2009b, Rio de Janeiro.

_____. Soberania e modernização no Brasil: pensamento de política externa no segundo reinado e na primeira república. *Contexto Internacional*, Rio de Janeiro, v.31, n.3, p.535-92, 2009c.

FERREIRA, T. S. H. *O universalismo e seus descontentes*: a política exterior do Brasil no governo Figueiredo (de 1979 a 1985). Curitiba, Juruá, 2009.

FINNEMORE, M. *National Interests in International Society*. Ithaca: Cornell University Press, 1996.

FIORI, J. L. O debate da política externa: os conservadores. *Agência Carta Maior*, 02 dez. 2009. Disponível em: <http://www.cartamaior. com.br/templates/colunaMostrar.cfm?coluna_id=4483&boletim_id=622&componente_id=10414>. Acesso em: 11 mar. 2010.

FIORINA, M. P. *Retrospective Voting in American National Elections*. New Haven: London: Yale University Press, 1981.

FISCHER, F. *Citizens, Experts and the Environment*: the Politics of Local Knowledge. Durham: London: Duke University Press, 2000.

_____. *Democracy & Expertise*. Oxford: Oxford University Press, 2009.

FISHLOW, A. Uma história de dois presidentes: a economia política da gestão e da crise. In: STEPAN, A. (Org.). *Democratizando o Brasil*. Rio de Janeiro: Paz e Terra, 1988.

FONSECA Jr., G. *A legitimidade e outras questões internacionais*. São Paulo: Paz e Terra, 1998.

FOUCAULT, M. *Society Must be Defended*. New York: Picador, 2003.

_____. *Security, Territory, Population*. New York: Palgrave Macmillan, 2007.

FOYLE, D. Public Opinion and Foreign Policy: Elite Beliefs as a Mediating Variable. *International Studies Quarterly*, Bloomington, v.41, n.1, p.141-69, Mar. 1997.

FRANCO, G. *Opinião pública e política externa na abertura democrática brasileira*. Curitiba: Juruá, 2005.

FRANÇA, C.; SANCHEZ, M. A horizontalização da política externa brasileira. *Valor Econômico*, São Paulo, 24 abr. 2009.

FRIEDRICH, C. *Tradição e autoridade em Ciência Política*. Rio de Janeiro: Zahar, 1974.

GASPARI, E. *A ditadura encurralada*. São Paulo: Companhia das Letras, 2004.

GEORGE, A.; KEOHANE, R. El concepto de interés nacional: usos y limitaciones. In: GEORGE, A. *La decisión presidencial en política exterior*. Buenos Aires: Grupo Editor Latinoamericano, 1991. cap.13.

GIDDENS, A. *As consequências da modernidade*. São Paulo: UNESP, 1991.

_____. A vida em uma sociedade pós-industrial. In: BECK, U.; GIDDENS, A.; LASH, S. (Orgs.). *Modernização reflexiva*: política, tradição e estética na ordem social moderna. São Paulo: Unesp, 1995. p.73-134.

_____. *Para além da esquerda e da direita*. São Paulo: UNESP, 1996.

GOLDSTEIN, J.; KEOHANE, R. (Orgs.). *Ideas and Foreign Policy*. Ithaca: London; Cornell University Press, 1993.

GÓES FILHO, P. *O clube das nações*. Rio de Janeiro: Relume Dumará, 2003.

GRILLO, V. de A. Política externa: privilégio do poder executivo?. *Política e Estratégia*, [S.l.], v.4, n.1, p.129-35, 1986.

RAMOS, A. G. *Administração e estratégia do desenvolvimento*: elementos de uma sociologia especial da Administração. Rio de Janeiro: Fundação Getulio Vargas, 1966.

GUIMARÃES, C. et al. Entrevista com Cesar Guimarães. In: SENTO-SÉ, J.; PAIVA, V. (Orgs.). *Pensamento social brasileiro*. Rio de Janeiro: Cortez, 2005.

GUIMARÃES, S. P. *Desafios brasileiros na era dos gigantes*. Rio de Janeiro: Contraponto, 2005.

_____. *Quinhentos anos de periferia*. Rio de Janeiro: Contraponto, 2007.

HAASS, R. The Age of Nonpolarity. *Foreign Affairs*, Tampa, v.87, n.3, May-Jun. 2008.

HAGGARD, S. *Pathways from the Periphery*. Ithaca: Cornell University Press, 1990.

HALL, P.; SOSKICE, D. *Varieties of Capitalism*: the Institutional Foundations of Comparative Advantage. Oxford: Oxford University Press, 2001.

HALLIDAY, F. *Repensando as Relações Internacionais*. Porto Alegre: UFRGS, 1999.

HANSON, R. Democracy. In: BALL, T., FARR, J.; HANSON, R. (Eds.). *Political Innovation and Conceptual Change*. Cambridge: Cambridge University Press, 1999.

HAWKINS, D. et al. *Delegation and Agency in International Organizations*. Cambridge: Cambridge University Press, 2006.

HAZLETON, W. Los procesos de decisión y las políticas exteriors. In: WILHELMY, M. *La formación de la política exterior*: los países desarrollados y América Latina. Buenos Aires: GEL, 1987.

HABERMAS, J. *Ciencia y técnica como ideología*. Madrid: Tecnos, 1986.

_____. *La constelación posnacional*. Barcelona: Paidós, 1999.

HÄBERLE, P. *Hermenêutica constitucional*. Porto Alegre: Sérgio Antônio Fabris Editor, 1997.

HELD, D. Introduction. In: *Political Theory Today*. Stanford: Stanford University Press, 1991.

_____. The Transformation of the Political Community: Rethinking Democracy in the Context of Globalization. In: SHAPIRO, I.; HACKER-CORDÓN, C. (Eds.). *Democracy's Edges*. Cambridge: Cambridge University Press, 2001 [1999].

_____. *Global Covenant*. London: Polity, 2004.

HILL, C. *The Changing Politics of Foreign Policy*. New York: Palgrave, 2003.

HINCKLEY, R. Public Attitudes Toward Key Foreign Policy Events. *The Journal of Conflict Resolution*, [S.l.], v.32, n.2, p.295-318, Jun. 1988.

HOBSBAWM, E. Introdução: a invenção das tradições. In: _____; RANGER, T. (Orgs.). *A invenção das tradições*. São Paulo: Paz e Terra, 1984.

_____. *Nações e nacionalismos desde 1780*. São Paulo: Paz e Terra, 1990.

_____. *La era de la revolución (1789-1848)*. Buenos Aires: Crítica, 2001.

HOCKING, B. *Localizing Foreign Policy*. New York: St. Martin's Press, 1993.

_____. Changing the Terms of Trade Policy Making: From the 'Club' to the 'Multistakeholder' Model. *World Trade Review*, Falmer, 3, p.3-26, 2004.

BUARQUE DE HOLANDA, S. *Raízes do Brasil*. São Paulo: Companhia das Letras, 2006.

HOLSTI, K. The Objectives of States. In: LUARD, E. (Ed.). *Basic Texts in International Relations*. New York: Palgrave, 2002. p.311-7.

_____. *Taming the Sovereigns*. Cambridge: Cambridge University Press, 2004.

_____; ROSENAU, J. The Domestic and Foreign Policy Beliefs of American Leaders. *Journal of Conflict Resolution*, [S.l.], v.32, n.2, p.248-94, 1988.

HUNTINGTON, S. *Political Order in Changing Societies*. Londres: Yale University Press, 1968.

_____. *The Third Wave*: Democratization in the Late Twentieth Century. Norman: University of Oklahoma Press, 1991.

HURRELL, A. Political Regimes and Foreign Policy: an Introduction. In: SARAIVA, L. F. S. (Org.). *Foreign Policy and Political Regime*. Brasília, Instituto Brasileiro de Relações Internacionais, 2003. p.29-63.

HVEEM, H. Foreign Policy Thinking in the Elite and the General Population: a Norwegian Case Study. *Journal of Peace Research*, Oslo, v.5, n.2, p.146-70, 1968.

ISERNIA, P. et al. Foreign Policy and the Rational Public in Comparative Perspective. *The Journal of Conflict Resolution*, [S.l.], v.46, n.2, p.201-24, 2002.

JACOBS, L.; PAGE, B. Who Influences U.S. Foreign Policy?. *American Political Science Review*, Denton, v.99, n.1, p.107-23, 2005.

RIBEIRO, R. J. Democracia versus República: a questão do desejo nas lutas sociais. In: BIGNOTTO, N. (Org.). *Pensar a República*. Belo Horizonte: UFMG, 2002. p.13-25.

_____. O Itamaraty e o inglês. *Centro de Mídia Independente*, 22 jan. 2005. Disponível em: <http://www.midiaindependente.org/pt/blue/2005/01/303867.shtml>. Acesso em: 27 maio 2010.

_____. Sobre o conceito de interesse nacional. *Interesse Nacional*, v.2, p.76-85, 2008. Disponível em: <http://interessenacional.com/artigos-integra.asp?cd_artigo=8>. Acesso em: 07 abr. 2010.

_____. República plena, não. Democrática, menos ainda. *O Estado de S. Paulo*, São Paulo, 23 ago. 2009.

JERVIS, R. Hypotheses on Misperception. *World Politics*, Princeton, v.20, n.3, p.454-79, Apr.1968.

_____. *The Logic of Images in International Relations*. New York: Columbia University Press, 1989.

JESUS, D. Mídia e política externa: democratização ou instrumentalização?. *Revista Política Externa*, São Paulo, v.18, n.3, p.189-204, 2009.

KANTOROWICZ, E. *The King's Two Bodies*. Princeton: Princeton University Press, 1997.

KEENS-SOPER, M. Wicquefort. In: BERRIDGE, G. R. et al. (Eds.). *Diplomatic Theory From Machiavelli to Kissinger*. New York: Palgrave, 2001.

KENNEDY, L.; LUCAS, S. Enduring Freedom: Public Diplomacy and US Foreign Policy. *American Quarterly*, Baltimore, v.57, n.2, p.309-33, 2005.

KING, T. Human Rights in European Foreign Policy: Success or Failure for Post-Modern Diplomacy?. *European Journal of International Law*, [S.l.], v.10, n.2, p.313-37, 2009.

KISSINGER, H. *Diplomacy*. New York: Simon & Schuster, 1994.

KOENIG-ARCHIBUGI, M. International Governance as New Raison d'État?. *European Journal of International Relations*, Sussex House, v.10, n.2, p.147-88, Jun. 2004.

KOSELLECK, R. *Futuro passado*. Rio de Janeiro: Contraponto; PUC Rio, 2006.

KRASNER, S. Who Gets a State, and Why?. *Foreign Affairs*, Tampa, 30 Mar. 2009. Disponível em: <http://www.foreignaffairs.com/articles/64872/stephen-d-krasner/who-gets-a-state-and-why>. Acesso em: 14 mar. 2010.

KRATOCHWIL, F. On the Notion of 'Interest' in International Relations. *International Organization*, Wisconsin, v.36, n.1, p.1-30, 1982.

_____. *Rules, Norms and Decisions*. Cambridge: Cambridge University Press, 1991.

_____. Re-Thinking the 'Inter' in International Politics. *Millennium*: Journal of International Studies, London, v.35, n.3, p.495-511, 2007.

_____; RUGGIE, J. G. International Organization: a State of the Art on an Art of the State. *International Organization*, Wisconsin, v.40, n.4, p.753-75, 1986.

LAFER, C. O legado diplomático da viagem presidencial de Tancredo Neves. *Contexto Internacional*, Rio de Janeiro, v.1, n.2, p.13-8, 1985.

_____. *Política externa brasileira*: três momentos. São Paulo: Fundação Konrad Adenauer-Stiftung, 1993. (Série Papers, 4).

_____. Discurso do ministro Celso Lafer, no Dia do Diplomata, por ocasião da cerimônia de formatura da turma Antonio Houaiss do Instituto Rio Branco. Brasília, 12 junho 2002. Disponível em: <http://www.radiobras.gov.br/integras/02/integra_1206_1.htm>. Acesso em: jun. 2004.

_____. *A identidade internacional do Brasil e a política externa brasileira*. São Paulo: Perspectiva, 2004.

_____. Novas variações sobre a política externa. *O Estado de S. Paulo*, São Paulo, 16 dez. 2007, p.A2.

_____. Partidarização da política externa. *O Estado de S. Paulo*, São Paulo, 20 dez. 2009, p.A2.

_____. et al. Entrevista com Celso Lafer. *Revista Estudos Históricos*, Rio de Janeiro, v.2, n.12, 1993.

LAFER, C.; FONSECA Jr., G. Questões para a diplomacia no contexto internacional das polaridades indefinidas: notas analíticas e algumas sugestões. In: FONSECA JR., G.; CASTRO, S. (Orgs.). *Temas de política externa brasileira II*. Brasília: São Paulo: FUNAG; Paz e Terra, 1997. v.1.

LAMPREIA, L. F. O Brasil e o mundo no século XXI: uma visão do Itamaraty. *Revista Política Externa*, São Paulo, v.5, n.3, p.37-49, dez. 1996.

_____. *Diplomacia brasileira*: palavras, contextos e razões. Rio de Janeiro: Lacerda, 1999.

LARSEN, H. A Distinct FPA for Europe? Towards a Comprehensive Framework for Analysing the Foreign Policy of EU Member States. *European Journal of International Relations*, Sussex House, v.15, n.3, p.537-66, 2009.

LASH, S. A reflexividade e seus duplos: estrutura, estética, comunidade. In: GIDDENS, A. et al. (Orgs.). *Modernização reflexiva*. São Paulo: Unesp, 1995.

LESSA, R. *A invenção republicana*. Rio de Janeiro: TopBooks, 1999.

_____. Da mediação não-imparcial. *O Estado de S. Paulo*, São Paulo, 30 nov. 2009, p.J5.

_____; HOLANDA, C. B. de (Orgs.). *San Tiago Dantas*: textos de política internacional. Brasília: Fundação Alexandre de Gusmão, 2009.

LIJPHART, A. *Modelos de democracia*. Rio de Janeiro: Civilização Brasileira, 2003.

LIMA, M. R. S. de. Instituições democráticas e política exterior. *Contexto Internacional*, Rio de Janeiro, v.22, n.2, p.265-303, 2000.

_____. Aspiração internacional e política externa. *Revista Brasileira de Comércio Exterior*, Rio de Janeiro, n.82, p.4-19, jan.-mar. 2005.

_____; CHEIBUB, Z. Instituições e valores: as dimensões da democracia na visão da elite brasileira. *Revista Brasileira de Ciências Sociais*, São Paulo, v.11, n.31, p.83-110, 1996.

_____; SANTOS, F. O Congresso e a política de Comércio Exterior. *Lua Nova*: Revista de Cultura e Política, São Paulo, n.52, p.121-47, 2001.

_____; HIRST, M. Contexto internacional, democracia e política exterior. *Revista Política Externa*, São Paulo, v.11, n.2, p.78-98, 2002.

_____; _____. Brazil as an Intermediate State and Regional Power: Action, Choice and Responsibilities. *International Affairs*, Chatham House, v.82, n.1. p.21-40, 2006.

LIMA Jr., O. B. *Instituições políticas democráticas*. Rio de Janeiro: Jorge Zahar, 1997.

LIMONGI, F.; FIGUEIREDO, A. *Executivo e Legislativo na nova ordem constitucional*. Rio de Janeiro: Fundação Getulio Vargas, 1999.

LINS, A. *Rio Branco*. Brasília: Funag; Alfa-Ômega, 1996.

MAGNOLI, D. O inimigo americano. *O Estado de S. Paulo*, São Paulo, 24 dez. 2009, p.A2.

MAINWARING, S. *Sistemas partidários em novas democracias*: o caso do Brasil. Rio de Janeiro: Fundação Getulio Vargas, 2001.

_____; PÉREZ-LIÑÁN, A. *The Third Wave of Democratization in Latin America*. Cambridge: Cambridge University Press, 2005.

MANZUR, T. Opinião pública e política externa do Brasil do Império a João Goulart: um balanço historiográfico. *Revista Brasileira de Política Internacional*, Brasília, v.42, n.1, p.30-61, 1999.

MAOZ, Z. *National Choices and International Processes*. Cambridge: Cambridge University Press, 1990.

MARIN, D. Brasil amplia presença internacional para reforçar política externa Sul-Sul. *O Estado de S. Paulo*, São Paulo, 06 dez. 2009, p.13.

MARSHALL, T. H. *Cidadania, classe social e status*. Rio de Janeiro: Zahar, 1967.

MARTINS, L. *Estado capitalista e burocracia no Brasil pós-1964*. Rio de Janeiro: Paz e Terra, 1991.

MAQUIAVEL, N. *The Prince*. Chicago: Encyclopaedia Britannica, Inc., 1952. (Great Books of the Western World, 23).

_____. *O Príncipe*. São Paulo: Abril Cultural, 1987. (Coleção Os Pensadores).

_____. *Discursos sobre a primeira década de Tito Lívio*. São Paulo: Martins Fontes, 2007.

MATTOS, I. *O tempo saquarema*. São Paulo: Hucitec, 2004.

MEINECKE, F. *Machiavellism*: Doctrine of Raison d'État and its Place in Modern History. New York: Praeger, 1965.

MELISSEN, J. (Org.). *The New Public Diplomacy: Soft Power in International Relations*. Basingstoke: Palgrave Macmillan, 2005.

MELLO, M. A.; GALLUCI, M. Ministro Marco Aurélio: 'O STF não conduz a política externa do Brasil'. *O Estado de S. Paulo*, São Paulo, 15 nov. 2009, p.A4.

MERLE, M. *La politique étrangère*. Paris: PUF, 1984.

MERLINGEN, M.; MUJIC, Z. Public Diplomacy and the OSCE in the Age of Post-International Politics: the Case of Field Mission in Croatia. *Security Dialogue*, [S.l.], v.34, n.3, p.269-83, 2003.

MERQUIOR, J. G. *A natureza do processo*. Rio de Janeiro: Nova Fronteira, 1982.

MERQUIOR, J. G. *Liberalism, Old and New*. Boston: Twayne Publishers, 1991.

MILNER, H. *Interests, Institutions and Information*. Princeton: Princeton University Press, 1997.

BRASIL. Ministério das Relações Exteriores do Brasil – MRE (1985). *Anuário do Instituto Rio Branco, 1985*. Disponível em: http://www.irbr. mre.gov.br/anuarios/anuario_irbr_85.pdf. Acesso em: 07 mar. 2010.

_____. *Reflexões sobre a política externa brasileira* (documento de trabalho, circulação restrita). Brasília: FUNAG; IPRI; Subsecretaria-Geral de Planejamento Econômico e Político, 1993.

_____. *Organograma resumido do Ministério das Relações Exteriores do Brasil*. Disponível em <http://www.mre.gov.br>. Acesso em: 30 dez. 2009.

MOORE, D. Foreign Policy and Empirical Democratic Theory. *American Political Science Review*, Denton, v.68, n.3, p.1192-7, Sep. 1974.

MORAVCSIK, A. Taking Preferences Seriously: a Liberal Theory of International Politics. *International Organization*, Wisconsin, v.51, n.4, p.513–53, 1997.

MORGENTHAU, H. J. *Politics Among Nations*. New York: Alfred Knopf, 1978.

MOSES, J.; KNUTSEN, T. Inside Out: Globalization and the Reorganization of Foreign Affairs Ministries. *Cooperation and Conflict*, [S.l.], v.36, n.4, p.355-80, 2001.

MOURA, C. P. Herança e metamorfose: a construção social de dois Rio Branco. *Revista de Estudos Históricos*, Rio de Janeiro, v.25, p.81-101, 2000.

_____. O inglês, o parentesco e o elitismo na casa de Rio Branco. *Cena Internacional*, Brasília, ano 8, n.1, p.20-34, 2006.

_____. *O Instituto Rio Branco e a diplomacia brasileira*. Rio de Janeiro; FGV, 2007.

MURRAY, J.; LEDUC, L. Public Opinion and Foreign Policy Options in Canada. *The Public Opinion Quarterly*, [S.l.], v.40, n.4, p.488-96, Winter, 1976-1977.

NABUCO, J. *Um estadista do Império*. Rio de Janeiro: Topbooks, 1997.

NASSER, F. *Pax Brasiliensis*: solidariedade e projeção na construção de um modelo de engajamento do Brasil em operações de paz da ONU. Brasília, 2009. 165f. Dissertação (Mestrado em Diplomacia) – Instituto Rio Branco.

NASSUNO, M. O controle social nas organizações sociais no Brasil. In: BRESSER PEREIRA, L. C.; GRAU, N. C. (Orgs.). *O público não-estatal na reforma do Estado*. Rio de Janeiro: Fundação Getulio Vargas, 1999.

NELSON, E. Republican Visions. In: DRYZEK J. S.; HONIG, B.; PHILLIPS, A. (Eds.). *The Oxford Handbook of Political Theory*. New York: Oxford University Press, 2008. p.193-210.

NEVES, J. A. de C. O papel do Legislativo nas negociações do Mercosul e da Alca. *Cena Internacional*, Brasília, v.5, n.1, p.35-57, 2003.

NICOLSON, H. *Diplomacy*. London: Thornton Butterworth, 1939.

NINCIC, M. A Sensible Public: New Perspectives on Popular Opinion and Foreign Policy. *The Journal of Conflict Resolution*, [S.l.], v.36, n.4, p.772-89, Dec. 1992.

NORTH, D. Economic Performance Through Time. In: BRINTON M.; NEE, V. (Eds.). *The New Institutionalism in Sociology*. Stanford: Stanford University Press, 1998.

NUNES, E. *A gramática política do Brasil*: clientelismo e insulamento burocrático. Rio de Janeiro: Brasília: Jorge Zahar; ENAP, 1997.

NYE JR., J.; KEOHANE, R. *Power and Interdependence*. Boston: Little, Brown and Company, 1977.

O DEBATEDOURO. Conversa com Jefferson Peres, edição 60, 2004. Disponível em: http://www.odebatedouro.org/conversas/jeffersonperes.pdf. Acesso em: 15 fev. 2008.

_____. Conversa com a Embaixadora Maria Luiza Ribeiro Viotti, edição 80, 2008. Disponível em: http://www.odebatedouro.org/viotti80. html. Acesso em: 9 mar. 2010.

O'DONNELL, G. *Notas sobre la democracia en América Latina*: informe la democracia en América Latina (Anexo 2: el debate conceptual sobre la democracia en América Latina), 2004. Disponível na internet em: http://democracia.undp.org. Acesso em: 28 jul. 2006.

OFFE, C.; PREUSS, U. Democratic Institutions and Moral Resources. In: HELD, D. (Ed.). Introduction. In: *Political Theory Today*. Stanford: Stanford University Press, 1991. p.143-71.

OGAWA, T. Origin and Development of Japan's Public Diplomacy. In: SNOW, N.; TAYLOR, P. (Eds.). *Routledge Handbook of Public Diplomacy*. New York: Londres: Routledge, 2009. p.270-81.

OLDENDICK, R.; BARDES, B. Mass and Elite Foreign Policy Opinions. *The Public Opinion Quarterly*, [S.l.], v.46, n.3, p.368-82, Autumn, 1982.

OLIVEIRA, A. J. Instituições e política externa. *Carta Internacional*, São Paulo, ano 8, n.85, 2000.

_____. O governo do PT e a Alca: política externa e pragmatismo. *Estudos Avançados*, São Paulo, v.17, n.48, p.311-29, 2003.

OLIVEIRA, E. R. de. *Democracia e defesa nacional*. São Paulo: Manole, 2005.

OLIVEIRA, H. A.; ALBUQUERQUE, J. A. G. (Orgs.). *A política externa brasileira na visão dos seus protagonistas*. Rio de Janeiro: Lúmen Júris, 2005.

ONUF, N. *The Republican Legacy in International Thought*. Cambridge: Cambridge University Press, 1998.

ONUKI, J.; OLIVEIRA, A. J. Eleições, política externa e integração regional. *Revista de Sociologia e Política*, Curitiba, n.27, p.145-55, 2006.

OSIANDER, A. Sovereignty, International Relations, and the Westphalian Myth. *International Organization*, Wisconsin, v.55, n.2, p.251-87, Spring 2001.

PAGE, B.; BARABAS, J. Foreign Policy Gaps between Citizens and Leaders. *International Studies Quarterly*, Bloomington, v.44, n.3, p.339-64, Sep. 2000.

PANG, E.-S. Brazil and the United States. In: MARTZ, J. D. (Ed.). *United States Policy in Latin America*. Lincoln: University of Nebraska Press, 1995. p.144-83.

PAROLA, A. *A ordem injusta*. Brasília: Fundação Alexandre de Gusmão, 2007.

PENNA FILHO, P. A pesquisa histórica no Itamaraty. *Revista Brasileira de Política Internacional*, Brasília, v.42, n.2, p.117-44, 1999.

PEREIRA, J. C. (Org.). *Diccionario de Relaciones Internacionales y Política Exterior*. Madrid: Ariel, 2008.

PELLET, A. et al. *Droit International Public*. Paris: Librairie Générale de Droit e de Jurisprudence, 1994.

PESSANHA, C. O poder executivo e o processo legislativo nas constituições brasileiras. In: VIANNA, L. W. (Org.). *A democracia e os três poderes no Brasil*. Belo Horizonte: Rio de Janeiro: UFMG; Iuperj-Faperj, 2002. p.141-94.

PETERS, G. *The New Institutionalism*. London: Cassells, 1998.

PÉCAUT, D. *Os intelectuais e a política no Brasil*. São Paulo: Ática, 1990.

PINHEIRO, L. Traídos pelo desejo: um ensaio sobre a teoria e a prática da política externa brasileira contemporânea. *Contexto Internacional*, Rio de Janeiro, v.22, n.2, 2000a.

_____. Unidades de decisão e processo de formulação de política externa durante o regime militar. In: GUILHON ALBUQUERQUE, J. A. (Org.). *Sessenta anos de política externa brasileira, 1930-1990*: prioridades, atores e políticas. São Paulo: USP, 2000b. v.4. p.449-74.

_____. Os véus da transparência: política externa e democracia no Brasil. *IRI Textos*, Rio de Janeiro, n.25, p.1-18, 2003.

_____. *Política externa brasileira*. Rio de Janeiro: Jorge Zahar, 2004.

PITKIN, H. Representation. In: BALL, T. et al. (Eds.). *Political Innovation and Conceptual Change*. Cambridge: Cambridge University Press, 1999.

POCOCK, J. G. A. *The machiavellian moment*. Princeton: Princeton University Press, 1975.

POWLICK, P.; KATZ, A. Defining the American Public Opinion/Foreign Policy Nexus. *Mershon International Studies Review*, Singapore, v.42, n.1, p.29-61, 1998.

PRZEWORSKI, A. *Democracy and the Market*: Political and Economic Reforms in Eastern Europe and Latin America. Cambridge: Cambridge University Press, 1991.

PUTNAM, R. Diplomacy and Domestic Politics: The Logic of Two-Level Games. *International Organization*, Wisconsin, v.42, n.3, p.427-59, Summer 1988.

_____. et al. *Comunidade e democracia*: a experiência da Itália moderna. São Paulo: Fundação Getulio Vargas, 1996.

RAMA, A. *A cidade das letras*. São Paulo: Brasiliense, 1985.

RAZ, J. *The Morality of Freedom*. London: Clarendon Press, 2001.

REIS, F. W. Institucionalização Política (Comentário Crítico). In: MICELI, S. (Org.). *O que ler na Ciência Social brasileira (1970-1995)*. São Paulo: Sumaré; Anpocs, 1999. v.3.

_____. *Política e racionalidade*. São Paulo: USP, 2000.

RICUPERO, R. O que restou do consenso de Tancredo?. *Folha de S. Paulo*, São Paulo, 30 jan. 2001.

_____. A terceira perna da mesa. *Folha de S. Paulo*, São Paulo, 13 jan. 2002a, Caderno B2.

_____. Diversidade e desenvolvimento. In: ARBIX, G. et al. (Orgs.). *Brasil, México, África do Sul, Índia e China*: diálogo entre os que chegaram depois. São Paulo: Edusp; Edunesp, 2002b. p.25-42.

_____. Fim do consenso?. *Folha de S. Paulo*, São Paulo, 12 jun. 2005, Caderno B2.

ROBIN, R. Requiem for Public Diplomacy. *American Quarterly*, Baltimore, v.57, n.2, p.345-53, 2005.

ROSE, G. Neoclassical Realism and Theories of Foreign Policy. *International Security*, Cambridge, v.22, Spring 1998.

ROSENAU, J. Comparative Foreign Policy: Fad, Fantasy, or Field?. *International Studies Quarterly*, Bloomington, v.12, n.3, p.296-329, Sep. 1968.

ROSS, C. Public Diplomacy Comes of Age. *Washington Quarterly*, Washington, v.2, p.73-83, Spring 2002.

RUGGIE, J. (Ed.). *Multilateralism Matters*. New York: Columbia University Press, 1993.

SALOMÓN, M.; NUNES, C. A ação externa dos governos subnacionais no Brasil: os casos do Rio Grande do Sul e de Porto Alegre – um estudo comparativo de dois tipos de atores mistos. *Contexto Internacional*, Rio de Janeiro, v.29, n.1, p.99-147, 2007.

SANCHEZ, M. R. et al. Política externa como política pública: uma análise pela regulamentação constitucional brasileira. In: ENCONTRO ANUAL DA ASSOCIAÇÃO NACIONAL DE PÓS-GRADUAÇÃO EM CIÊNCIAS SOCIAIS – ANPOCS, 30, 2006, Caxambu.

SANTOS, B. S. *Para um novo senso comum*: a Ciência, o Direito e a Política na transição paradigmática. São Paulo: Cortez, 2000.

SARAIVA, L. F. S. (Org.). *Foreign Policy and Political Regime*. Brasília: Instituto Brasileiro de Relações Internacionais, 2003.

SARNEY, J. O sentimento do mundo. In: SEIXAS CORRÊA, L. F. S. (Org.). *O Brasil nas Nações Unidas*. Brasília: Funag, 2007.

SARTORI, G. Método comparativo e política comparada. In: *A política*: lógica e método nas Ciências Sociais. Brasília: UnB, 1997.

SCHWARCZ, L. M. *As barbas do imperador*. São Paulo: Companhia das Letras, 2008.

SCHWARTZMAN, S. *As bases do autoritarismo brasileiro*. São Paulo: Campus, 1988.

SCHWELLER, R. Unanswered Threats: a Neoclassical Realist Theory of Underbalancing. *International Security*, Cambridge, v.29, n.2, p.159-201, Fall 2004.

SEIXAS CORRÊA, L. F. (Org.). *O Brasil nas Nações Unidas*. Brasília: Funag, 2007

SCIARINI, P.; MARQUIS, L. Opinion publique et politique extérieure: le cas des votations populaires en Suisse. *International Political Science Review*, [S.l.], v.21, n.2, p.149-71, 2000.

SICSÚ, J. et al. Por que novo-desenvolvimentismo?. *Revista de Economia Política*, São Paulo, v.27, n.4, p.507-24, 2007.

SILVA, J. J. C. R. *Ideário político de uma elite de estado, corpo diplomático (1777/1793)*. Lisboa: Fundação Calouste Gulbenkian, 2002.

SILVA, F. Crise da ditadura militar e o processo de abertura política no Brasil, 1974-1985. In: FERREIRA, J.; DELGADO, L. (Orgs.). *O Brasil republicano*. Rio de Janeiro: Civilização Brasileira, 2003. v.4. p.243-82.

SILVA, R. Liberdade e lei no neo-republicanismo de Skinner e Pettit. *Lua Nova*: Revista de Cultura e Política, São Paulo, n.74, p.151-94, 2008.

SINGER, P. *Um só mundo*: a ética da globalização. São Paulo: Martins Fontes, 2004.

SKIDMORE, T. *De Castelo a Tancredo*. Rio de Janeiro: Paz e Terra, 1994.

SKINNER, Q. *As fundações do pensamento político moderno*. São Paulo: Companhia das Letras, 2006.

SNOW, N. Rethinking Public Diplomacy. In: SNOW, N.; TAYLOR, P. (Eds.). *Routledge Handbook of Public Diplomacy*. New York: Londres, Routledge, 2009. p.3-11.

SNOW, N.; TAYLOR, P. (Eds.). *Routledge Handbook of Public Diplomacy*. New York: Londres, Routledge, 2009.

SNYDER, R. et al. *Foreign Policy Decision Making (revisited)*. New York: Palgrave Macmillan, 2002.

SOARES, A. T. *Organização e administração do ministério dos estrangeiros*. Brasília: Funcep, 1984.

SOARES, G. A. D. *A democracia interrompida*. Rio de Janeiro: Fundação Getulio Vargas, 2001.

SOBEL, R. *The Impact of Public Opinion on US Foreign Policy Since Vietnam*. Oxford: Oxford University Press, 2001.

SORJ, B. *A nova sociedade brasileira*. Rio de Janeiro: Zahar, 2001.

SOUZA, A. *A agenda internacional do Brasil*: um estudo sobre a comunidade brasileira de política externa. Disponível em: <http://www.cebri.org.br/pdf/100_PDF.pdf>. Acesso em 20 fev. 2008. Rio de Janeiro, Centro Brasileiro de Relações Internacionais, 2002.

_____. *A agenda internacional do Brasil*. São Paulo: Campus, 2009.

SPEKTOR, M. *Ruptura e legado*: o colapso da cordialidade oficial e a construção da parceria entre o Brasil e a Argentina (1967-1979). Brasília, 2002. Dissertação (Mestrado em Relações Internacionais) – Universidade de Brasília.

_____. *Kissinger e o Brasil*. Rio de Janeiro: Zahar, 2009.

STARLING, H. A república e o subúrbio: imaginação literária e republicanismo no Brasil. In: CARDOSO, S. (Org.). *Retorno ao republicanismo*. Belo Horizonte: UFMG, 2004. p.167-96.

STEPAN, A. *Os militares na política*. Rio de Janeiro: Arte Nova, 1975.

STRANGE, S. *The Retreat of the State*: the Diffusion of Power in the World Economy. Cambridge: Cambridge University Press, 1996.

STUART, D. Foreign-Policy Analysis. In: REUS-SMIT, C.; SNIDAL, D. (Eds.). *The Oxford Handbook of International Relations*. Oxford: Oxford University Press, 2008.

SZONDI, G. Central and Eastern European Public Diplomacy: a Transitional Perspective on National Reputation Management. In: SNOW, N.; TAYLOR, P. (Eds.). *Routledge Handbook of Public Diplomacy*. New York: Londres, Routledge, 2009. p.292-313.

THAKUR, R.; WEISS, T. United Nations 'Policy': an Argument with Three Illustrations. *International Studies Perspectives*, [S.l.], v.10, n.1, p.18-35, 2009.

TILLY, C. *Coerção, capital e estados europeus*. São Paulo: Edusp, 1996.

TOURAINE, A. *Palavra e sangue*: política e sociedade na América Latina. Campinas: Unicamp, 1992.

ULLMANN, W. *A Short History of the Papacy in the Middle Ages*. London: Methuen, 1972.

URICOECHEA, F. O Estado brasileiro moderno: das máximas patrimoniais aos princípios burocráticos. *Dados*, Rio de Janeiro, n.15, p.61-82, 1977.

VAN HAM, P. War, Lies and Videotape: Public Diplomacy and the USA's War on Terrorism. *Security Dialogue*, [S.l.], v.34, n.4, p.427-44, 2003.

VEIGA, P. Formulação de políticas comerciais no Brasil: a mudança do padrão de relacionamento entre o Estado e a sociedade civil. 2005. Disponívelem: <http://www.cindesbrasil.org/index.php?option=com_docman&task=doc_details&gid=371&Itemid=47>. Acesso em: 09 mar. 2010.

VIANNA, L. W. (Org.). *A democracia e os três poderes no Brasil*. Belo Horizonte: Rio de Janeiro: UFMG; Iuperj/Faperj, 2002.

_____. Experiência brasileira e democracia. In: CARDOSO, S. (Org.). *Retorno ao republicanismo*. Belo Horizonte: UFMG, 2004. p.197-227.

_____; BURGOS, M. B. Revolução processual do Direito e democracia progressiva. In: _____. (Org.). *A democracia e os três poderes no Brasil*. Belo Horizonte: Rio de Janeiro: UFMG; Iuperj/Faperj, 2002. p.377-408.

_____; CARVALHO, M. A. R. de. República e civilização brasileira. In: BIGNOTTO, N. (Org.). *Pensar a República*. Belo Horizonte: UFMG, 2002. p.131-54.

_____ et al. Entrevista com Luiz Werneck Vianna. In: SENTO-SÉ, J.; PAIVA, V. (Orgs.). *Pensamento social brasileiro*. Rio de Janeiro: Cortez, 2005.

VIEIRA, O. V. Quem tem a última palavra?. *Folha de S. Paulo*, São Paulo, 18 nov. 2009, p.A7.

VILLA, R. A. D. Política externa brasileira: capital social e discurso democrático na América do Sul. *Revista Brasileira de Ciências Sociais*, São Paulo, v.21, p.63-89, 2006.

_____; TOSTES, A. P. Democracia cosmopolita versus política internacional. *Lua Nova*: Revista de Cultura e Política, São Paulo, n.66, p.69-107, 2006.

VON ESCHEN, P. Enduring Public Diplomacy. *American Quarterly*, Baltimore, v.57, n.2, p.335-43, 2005.

WALKER, R. B. J. *Inside/Outside*: International Relations as Political Theory. Cambridge: Cambridge University Press, 1993.

WALLACE, W. Between Two Worlds: Think-Tanks and Foreign Policy. In: HILL, C.; BESHOFF, P. (Eds.). *Two Worlds of International Relations*: Academics, Practitioners and the Trade in Ideas. London: Routledge, 1994.

WALZER, M. Citizenship. In: BALL, T. et al. (Ed.). *Political Innovation and Conceptual Change*. Cambridge: Cambridge University Press, 1999. p.211-9.

WARREN, M. Deliberative Democracy and Authority. *American Political Science Review*, Denton, v.90, n.1, p.46-60, 1996.

_____. What Can Democratic Participation Mean Today?. *Political Theory*, [S.l.], v.30, n.5, p.677-701, 2002.

WEBER, M. *Economia y sociedad*: esbozo de sociologia compreensiva. Ciudad de México: Fondo de Cultura Económica, 1997.

WHITE, B. *Understanding Foreign Policy*: the Foreign Policy Systems Approach. Aldershot: Brookfield: E. Elgar, Gower Publishing, 2000.

WIGHT, M. *A política do poder*. Brasília: UnB, 1985.

WOLIN, S. *Politics and Vision*: Continuity and Innovation in Western Political Thought. Boston: Little, Brown, and Company, 1960.

ZACHER, M. Os pilares em ruína do templo de Vestefália. In: ROSENAU, O.; CZEMPIEL, E.-O. (Orgs.). *Governança sem governo*. Brasília: UnB, 2000.

ZÖLLNER, O. German Public Diplomacy: the Dialogue of Cultures. In: SNOW, N.; TAYLOR, P. (Eds.). *Routledge Handbook of Public Diplomacy*. New York: Londres, Routledge, 2009. p.262-9.

Entrevistas

Embaixador Celso Luiz Nunes Amorim, em 9 de outubro de 2009. Entrevista presencial (realizada por Pablo Souto, com roteiro de questões elaborado pelo autor do livro), por ocasião da cerimônia de abertura do evento "MINI-ONU 10 Anos", da Pontifícia Universidade Católica de Minas Gerais. Belo Horizonte, MG.

Embaixador Celso Luiz Nunes Amorim, entre fevereiro e junho de 2010. Submissão de questionário, elaborado pelo autor do livro, ao gabinete do Ministro das Relações Exteriores do Brasil. Belo Horizonte, MG e Brasília, DF.

Embaixador Gelson Fonseca Jr., entre janeiro e abril de 2010. Troca de correspondências, por e-mail, com o autor do livro do livro. Belo Horizonte, MG e Brasília, DF.

Embaixador Luiz Felipe Lampreia, em 23 de março de 2010. Entrevista presencial, realizada pelo autor do livro. Rio de Janeiro, RJ.

Embaixador Rubens Ricupero, entre janeiro e maio de 2010. Troca de correspondências, por e-mail, com o autor do livro. Belo Horizonte, MG e São Paulo, SP.

Ministro Alexandre Guido Lopes Parola, entre janeiro e junho de 2010. Troca de correspondências, por e-mail, com o autor do livro. Belo Horizonte, MG e Genebra, Suíça.

SOBRE O LIVRO

Formato: 14 x 21 cm
Mancha: 23,3 x 40 paicas
Tipologia: Iowan Old Style 10/14
Papel: Offset 75 g/m² (miolo)
Cartão Supremo 250 g/m² (capa)
1ª edição: 2013

EQUIPE DE REALIZAÇÃO

Capa
Estúdio Bogari

Edição de Texto
Thaisa Burani (Preparação de originais)
Mariana Pires (Revisão)

Editoração Eletrônica
Sergio Gzeschnik (Diagramação)

Assistência Editorial
Alberto Bononi

Impressão e Acabamento

FARBE DRUCK
gráfica e editora ltda.